JN258711

# 新版 国際関係論への ファーストステップ

Introduction to INTERNATIONAL RELATIONS
New Edition: Revised and Updated

Nakamura Miyako, ed.
中村　都 編著

法律文化社

# 新版はじめに

日本に住む私たちは2011年３月11日午後７時過ぎ以降、「原子力緊急事態宣言」のもとに毎日を過ごしています。この日の午後２時46分に発生した東北地方太平洋沖地震に端を発する東京電力・福島第一原子力発電所での未曾有の核惨事のためです。この原発震災で環境に放出され続ける放射性物質は人間の五感に感じられないだけで、今現在もおびただしい数の人々の生命や生活・地域社会、自然を刻一刻と破壊し続けています。

この人災でもあるフクシマの状況とその広範かつ半永久的な放射性物質と被ばくの影響について、日本のマスメディアの報道は同政府や東京電力の意向に沿い、危険の矮小化に傾斜しています。マスメディア信頼度が日本では４割前後と先進諸国中きわめて高い（「2010～2014年世界価値観調査」、日本は2010年調査分）なかでです。マスメディアが持つ議題設定機能を考慮するならば、フクシマ関連報道の少なさとその「安全・安心」報道はフクシマの隠蔽を図り忘却をねらっているかのようです。在日米軍の「在日特権」（米軍駐留経費［「思いやり予算」を含め、2016年度は過去最大の約7642億円］の世界的に突出した約75％もの日本側負担や米軍関係者の治外法権、米軍が基地外でも自由行動可能な権利）やこの特権に大きく関わる基地被害＝米軍関連の事件・事故が絶えない沖縄についての本土での報道の少なさや歪みと同じ構図と言ってよいでしょう。

こうした日本では、ところが、政治が国内外で問題の解消に努めるどころか、経済成長のためと称する「選択と集中」により、逆に平和と環境の破壊につながる問題をつくり出してきました。たとえば、雇用破壊（雇用の非正規化、OECD 国別統計での総コストに占める最低の賃金率など）による中間層崩壊は社会の不安定性を増大させ、日常のささやかな平和といえる個々人の幸福度（所得や教育水準、健康寿命、人間関係の幅、人生での選択の自由など）を減じ、武器輸出（2015年11月解禁）は軍需産業の裾野の広さと商品の性格ゆえに関連産業労働者の自由の制約や社会・経済の軍事化（汎用［軍民両用（デュアル・ユース）］技術の開発、軍学共同研究を含む)、ひいては人々の武力紛争の拡大・継続への願望をもたらし、日本製武器・防衛装備品の取引・利用は自然環境にも、日本の外交、民際関係にも悪影響を及ぼすこと必至です。自衛隊のさらなる海外「派兵」は「積極的平和主義」(構造的暴力がない状態を指す「積極的平和」とはまったく意味が異なり、安倍政権が武力で平和を購う意で使用)の名のもと、敵をつくって増やし、日本を紛争当事国に転換させ、戦争放棄(憲法9条)を掲げる戦後日本のまがりなりにもの平和国家としての立ち位置を180度転換せしめることになります(日本政府は国連「平和への権利宣言」採決に反対[国連総会で2016年12月採択])。

他方、世界社会の状況も概して望ましい方向にはありません。国連の開発目標であるMDGsは一定の成功を収めSDGsに引き継がれたものの、世界の貧富の格差は上位62人と下位36億人の資産が同額であり(オックスファム・インターナショナル、2016年)、生命と環境の破壊にしか使い道のない武器の輸出入は拡大を続け(『SIPRI[ストックホルム国際平和研究所]年鑑』)、米軍基地(2015年夏現在で米国外に推定約800か所;近畿初の米軍基地・米軍経ヶ岬(きょうがみさき)通信所[京丹後市]は2014年12月、レーダー運用を開始)も減少していません。基地は紛争をもたらす(C.ジョンソン著『帝国アメリカと日本　武力依存の構造』)うえ、武力による平和は平和と戦争の区別を曖昧にし、戦時体制を恒常的なものとしてしまいます。

先進国での資源の過剰消費(地球が安定的に供給可能な量以上に人間が自然資源を消費している状態)も続いています(世界自然保護基金[WWF]、2016年11月)。世界中の人が日本人同様の生活をした場合、地球全体で必要な自然資源(食料や水)の量は地球が安定的に供給できる量の2.9倍に達するのです。また、復興事業も視野の、武力での破壊(インフラ等)は二重に資源浪費です。

こうした状況こそ、福島核惨事とともに「明白かつ現在の危険」といって過言でありません。私たちはなぜ、難民(日本は2015年、7586人の申請に対し27人を認定[法務省、2016年3月];難民・国内避難民は世界で6530万人[UNHCR、2015年末]。地球上では113人に1人が難民)が発生するのか、いわゆるテロが起こるのか(公式見解のすべてが必ずしも真実とは限りません)、あくなき成長と効率の追求が何をもたらしてきたのか等を真摯に考えてみる必要があります。

本書は、こうした世界と日本の現実の一端を知るための、環境と平和をテーマにした国際関係論の入門書です。どこからでも関心のあるところから読むことができるようになっています。日本や世界のさまざまな事実や出来事を知らなくても、普通に暮らしていけるのではと思う人も少なくないでしょう。たしかに当面は何事もなく平穏に暮らしていくことができるかもしれません。しかし、身の回りのことだけにしか関心を持たないならば、民主的な制度を持つ国家・社会であっても、少しずつ時の権力に都合良くつくり替えられ、立憲主義・民主制が解体されていく可能性が十分にあります。近年の日本がまさにそのような状況下にあることは否定できません（2006年12月施行の新教育基本法、2014年12月施行の特定秘密保護法、また2017年通常国会提出予定の、犯罪準備行為だけで取り締まる、テロ等準備罪法案［過去に3度廃案になった「共謀罪法案」の言い換え］など）。日本での報道の自由度の著しい後退（180か国・地域のうち、2010年は11位、2016年は72位）を国際NGO「国境なき記者団」は報告しています。

日本や世界の、どのような状況やしくみが、私たちの日常にどのように結びつき、どのような問題をつくり出しているかが見えてくれば、私たちは力を合わせて、それらの問題を解決しようと行動を積み重ねていくことができます。スマートフォン（スマホ）などに不可欠の希少金属（コルタンやタンタルなど）が遠くアフリカや南米での地域紛争と結びつき、サッカーボールが発展途上国の子どもたちの労働と関わるなど、日常生活の一部が世界の出来事に関係していることはたくさんあります。過去は変えることができません。しかし、未来を変えることはできます。私たちが生きる地球社会を知ることは、地域から少しずつ社会を、そして世界全体を望ましい方向に変えていくための行動への第一歩です。

本書ができるまでには多くの方々にご尽力いただきました。横山正樹先生をはじめ、執筆に多くの時間を割いてくださった方々にあつく御礼申し上げます。出版には法律文化社編集部の上田哲平氏にたいへんお世話になりました。紙面を借りて御礼申し上げます。

2017年2月

編著者　**中村　都**

# 目　　次

新版はじめに
主な略語・単位

## 第Ⅰ部　地球社会の抱える問題群

❶ グローバル化と格差――より良き未来を探る　2
❶-1　人の移動と格差　9
❶-2　太り続ける人類と「健康格差」　10
❷ 途上国の貧しさ・先進国の貧しさ――その原因を探る　11
❷-1　臓器取引　19
❷-2　子どもの貧困と貧困の連鎖　20
❸ 国際援助という問題　21
❸-1　データをどう読む？　29
❹ 多発する紛争と資源収奪　30
❹-1　紛争が生み出す難民　36
❹-2　兵士にされる子どもたち　37
❺ 安全保障と軍事　38
❺-1　地域統合と平和　46
❺-2　世界で増え続けるヒバクシャ（Hibakusha）　47
❻ 気候変動と私たちの暮らし　48
❻-1　原子力発電と環境　55
❻-2　「地球温暖化」論・再考　56

❼ 企業の活動と人権――国連の取り組みを中心に ―― 57
❼-1 債務労働――借金を背負って働く …… 65
❼-2 健康と知的財産権―― HIV/AIDS 薬品をめぐって …… 66

## 第Ⅱ部　持続可能な社会の構想

❽ 持続可能な社会をめざして ―― 68
❽-1 地域のエネルギー資源が地球を救う …… 76
❽-2 国境を越える有害廃棄物 …… 77
❽-3 海洋環境管理のための自治体ネットワーク …… 78
❾ 先住民と環境 ―― 79
❾-1 先住民と知的財産権 …… 87
❾-2 内モンゴルの開発と社会 …… 88
❾-3 エコツーリズムとは何か …… 89
❿ 食料安全保障 ―― 90
❿-1 牛丼が消えた日 …… 99
❿-2 環境にあふれる非天然化合物 …… 100
⓫ 生物多様性条約――自然と共生する社会の創造をめざして ―― 101
⓫-1 遺伝子組換え生物と生物安全（バイオセーフティ） …… 110
⓫-2 外 来 生 物 …… 111
⓫-3 資源としての鯨と文化 …… 112

## 第Ⅲ部　多文化共生の時代

⓬ 異文化交流・理解の試み ―― 114
⓬-1 多民族社会ハワイにおける日系人の盆踊り …… 122
⓬-2 「ヒジャブ」が日本のファストファッションに出現！ …… 123

⓬-3　日本で暮らすムスリムが行う地域交流……………………… 124

⓭ 留学と国際関係—— 125

⓭-1　日本への関心と日本語教育……………………………… 132

⓮ ことばの多様性と文化—— 133

⓮-1　日本も多民族・多文化・多言語社会になる？！ ………… 141

⓮-2　日本の日系ブラジル人コミュニティ ……………………… 142

⓯ 教科書に書かれた日本の戦争—— 143

⓯-1　東アジアの平和を展望し、相互理解を深めるために……… 152

## 第Ⅳ部　21世紀の潮流

⓰ 人間の安全保障—— 154

⓰-1　保護する責任（Responsibility to Protect）……………… 162

⓰-2　日本の医療支援………………………………………… 163

⓱ 進化する国連の平和活動と平和構築の取り組み—— 164

⓱-1　持続可能な開発目標（SDGs）…………………………… 172

⓲ NGO による開発支援の変化
——先進国 NGO の 5 世代理論と現在の動向—— 173

⓲-1　アフガニスタンの現在…………………………………… 181

⓲-2　NGO ——国連への貢献………………………………… 182

⓲-3　ムスリムの NGO………………………………………… 183

⓳ 社会的企業—— 184

⓳-1　日本の社会的企業 ……………………………………… 190

⓴ グローバル化と社会福祉の変容—— 191

⓴-1　新しい社会を切り拓く北欧……………………………… 198

⑳-2　日本に来る外国人看護師・介護士……………………………… 199
⑳-3　ブータンの「国民総幸福（GNH）」――新たな社会福祉に向けた示唆… 200

## 第Ⅴ部　環境と平和の世紀へ

㉑ 核のない世界へ―――――――――――――――――――――――― 202
㉑-1　原爆の無差別な被害に巻き込まれた人たち ……………………… 210
㉑-2　平和教育の現実……………………………………………………… 211
㉒ より公正な地球社会をめざして
――国際連帯税と世界社会フォーラムを中心に――――――――― 212
㉒-1　フェアトレード（公正貿易）………………………………………… 220
㉒-2　ジェンダーと国際関係……………………………………………… 221
㉓ グローバル市民社会の可能性―――――――――――――――――― 222
㉓-1　インターネットと市民社会………………………………………… 229
㉔ トランプ政権期からの環境と平和
――環境平和学というチャレンジ――――――――――――――――― 231

執筆者・訳者紹介

# 主な略語・単位

| | | | |
|---|---|---|---|
| AIDS | エイズ＝後天性免疫不全症候群 | MDGs | 国連・ミレニアム開発目標 |
| ASEAN | 東南アジア諸国連合 | NGO | 非政府組織 |
| COP | 締約国会議 | NPO | 非営利団体 |
| EPA | 経済連携協定 | NPT | 核不拡散条約 |
| EU | 欧州連合 | ODA | 政府開発援助 |
| FAO | 国連食糧農業機関 | OECD | 経済協力開発機構 |
| FCCC | 国連・気候変動枠組条約 | PKO | 国連・平和維持活動 |
| FTA | 自由貿易協定 | SDGs | 国連・持続可能な開発目標 |
| GM | 遺伝子組換え(の) | TRIPs | 知的所有権の貿易に関する側面 |
| GNI | 国民総所得 | TPP | 環太平洋(戦略的)経済連携協定 |
| GNP | 国民総生産 | UNDP | 国連開発計画 |
| HIV | ヒト免疫不全ウイルス | UNEP | 国連環境計画 |
| IAEA | 国際原子力機関 | UNHCR | 国連難民高等弁務官事務所 |
| ILO | 国際労働機関 | WHO | 世界保健機関 |
| IMF | 国際通貨基金 | WIPO | 世界知的所有権機関 |
| IPCC | 気候変動に関する政府間パネル | WMO | 世界気象機関 |
| IWC | 国際捕鯨委員会 | WTO | 世界貿易機関 |
| JICA | 国際協力機構 | | |

PET　ポリエチレンテレフタレート（合成樹脂の一種）
QRコード　二次元コード（小スペースで大容量データの表示が可能な規格）
SNS　ソーシャル・ネットワーキング・サービス（インターネット上の交流サイト）

BMI　体格指数。ヒトの肥満度で、体重(kg)／身長(cm)の２乗。
PPM　微量物質の濃度を表す単位。100万分の１。

# 第Ⅰ部
# 地球社会の抱える問題群

ゴミの山に住む、カンボジアの子どもたち。急速な開発の影で大量のゴミが発生し、貧富の差が拡大している＝山本敏晴撮影

# グローバル化と格差
## ——より良き未来を探る

### 1　世界的な格差社会化の進展

日本では「一億総中流」という意識が少し前まで人びとの間で一般的であったと言われます。しかし、所得格差の拡大が近年進み、今では先進国のなかで米国に次ぐ格差社会になりました。その証拠に、相対的貧困率（所得が中位の人の半分に満たない所得層の割合）が、経済協力開発機構（OECD）に加盟する主要先進国のなかで2位になりました。しかも近年、「貧困家庭」、「給食費未納」、「貧困の世代間継承」、「若年無業」、「ワーキングプア」、「世代間格差」、「老後崩壊」、「地方消滅」など、格差に絡んださまざまな社会問題が取り沙汰されるようになっています。

こうした格差問題は日本や米国だけでなく、他の先進国でも重要課題になっており、格差や不平等をめぐる議論の再活性化した「不平等ルネッサンス」とも呼べる時代を迎えました（稲葉振一郎『不平等との闘い』文藝春秋、2016年、140頁）。もちろん失業や貧困は以前にもありましたが、先進国で今日ほど問題視されたことはありません。自由な市場経済には平等化の力が備わっていて、そのもとで起きる不平等は、非市場経済社会（たとえば封建社会）の不平等さに比べれば大したことはないと考えられてきたからです（同上書、149頁）。市場経済を通して社会にある資源（富や技能や知識など）を効率よく活用しながら経済成長を進め、所得や生活水準の全体的な底上げを図るべきで、そうすれば不平等や格差は問題にはならないとされがちでした。この通説を支えてきたのが、主流派経済学で長い間優勢であった「逆U字曲線」です。経済成長の初期には格差は広がるが、豊かになるにつれて逆に転じ、格差は縮小するという説です。

しかも、こうした成長至上主義の正しさを実証するかのごとく、市場経済化を進めることで、その受益者の所得や生活水準が先進国レベルに接近する旧発展途上国・旧社会主義国が現れました（同上書、89-91頁）。市場経済のグローバル化による恩恵です。1980年代に東アジア地域が成長軌道に入り、その後は中国やインド、ブラジルやロシア（通称 BRICs）が成長ブームに沸きます。近年では、サハラ以南アフリカでも成長を遂げる国が出てきました。かつては格差と言えば、貧しい発展途上国と豊かな先進国の間の問題としてとらえられがちでしたが、市場経済のグローバル化によって両者間の格差が縮小してきた面が見て取れるわけです。

こうした国家間格差の縮小をもたらしてきた市場経済のグローバル化は、20世紀の最後の 4 半世紀以降に顕著になりました（岩井克人『21世紀の資本主義論』筑摩書房、2006年、 81-83頁）。その背後には、先進国において安い国内労働力を調達できなくなり、そのうえ、国内市場の需要も飽和状態になり、利潤拡大の余地が狭まったという事情があります。そうしたなか、これまで以上に、先進国以外の地域を市場として取り込もうとする動きが活発化し、ひいては、世界各地に貿易や資本流入、技術革新が急速に広まり、その一部に経済的恩恵が及んだわけです。

では、こうした事態を歓迎するだけで良いのでしょうか。「逆U字曲線」の正しさを実証するように、目覚ましい成長を遂げる旧発展途上国・旧社会主義国の内部で格差問題が激化しました。それらの国々は現在「逆U字曲線」の上昇局面にあって、いずれ下降局面に入っていくと見なすこともできそうです（稲葉前掲書、145頁）。

## 2 「ひき臼」としての市場経済――その「形式的な意味」と「実質的な意味」

しかし、たとえ「逆U字曲線」のとおりに格差が縮小するとしても、市場経済のグローバル化を、以上のように所得や生活水準だけに引き付けて考えれば良いわけではありません。市場経済の陥穽について論じた経済人類学者のカール・ポランニーによれば、それでは経済を「形式的な意味」（経済合理性や効率性の観点）でとらえることになります（若森みどり『カール・ポランニーの経済学入門』平凡社、2015年、187-188頁）。「実質的な意味」（人間の生存・生活との関わり）に照らせば、市場経済は原理的に「悪魔のひき臼」になりやすく（同上書、48頁）、その点にも注意を向けなくてはなりません。

市場経済には、次のような「悪魔」的な魅力があります。今日では各自が得意とする仕事を分業し合って、効率よく富を生み出す合理的な体制ができた。一人ひとりが対等かつ自由に貨幣や生産物を交換できる相互利他的な社会のなか、私たちの暮らしは総じて「豊か」になった。このような印象を与え、現行の市場経済を甘受せしめる力です。

しかし現実的には、市場経済は「ひき臼」として、経済成長のためにあらゆるものが商品化され、闇雲に利潤が追求される社会状況を生んできました。市場経済では、本来は商品化になじまない労働や土地や貨幣までもが「売り物」としての側面を強めやすいからです（同上書、85頁）。そして、市場経済が人間の生存・生活の継承・発展のために機能するよりは逆に、人間社会の方が市場経済の原理に伏す状況に行き着きました。

第1に、自らの労働力を「売り物」にして、身ひとつで職場に勤務する人が増えました。そうした人たちは、自力で生計を立てるための土地や道具といった生産手段はもちろん、住民どうしのつながりを基盤とする地域の暮らしからも疎遠になります。多くの場所で結果的に、地域の祭事や防犯、学校行事から子育てといった面での住民の共助は低調になり、農家や商店や工場といった地元の働く場所も減って地域内交易も下火になりました。そうして、自らの手で社会を運営する気運が人びとの間で減退します。

第2に、それにつれて、土地を地域の大切な資源として地元のために利用するような生活様式も衰えます。代わって、土地が商品・サービス生産のための「売り物」としての側面を強め、地元で得た所得を都市部の本社に振り向けるような外部企業の誘致や、持続的な地域振興につながるとは限らない公共事業のために土地が「売り」渡されていきました。こうして多くの場所が、「人間の生活領域」から「資本の活動領域としての地域」へと転じたわけです（岡田知弘『震災からの地域再生』新日本出版社、2012年、203頁）。

第3に、購買の手段にすぎない貨幣までもが、今日では「売り物」として大手を振っています。先進国では上記のとおり、国内市場での利潤拡大の余地が狭まり、先進国の外に企業の投資先がよりいっそう向くようになりました。それに加えて、国内投資先の減った先進国経済が採ったもう1つの道が、余剰資金を「売り物」にする金融経済（「貨幣が貨幣を生む」経済活動）の振興です。その結果、金利や為替レートの差異や変動につけ込んで利殖を図るような投機的な動きが活発化し、実体経済（生活に必要な商品・サービスを交換する経済活動）を凌駕するようになりました。

## 3 「形式的な意味」での格差対応——現行グローバル化の手直し

このようにして労働や土地や貨幣の商品化が進み、人間社会が市場経済の原理に伏してしまったため、今日では人間の生存・生活基盤が不安定になりました。その結果、格差社会化が広まってきたわけです。

たとえば、労働の「売り物」扱いが進み過ぎた結果、非正規雇用者が増えており、正社員との格差の拡大、低賃金化や契約期間の短縮化、長時間労働や過大ノルマなどで苦しむ労働者が増えました。不安定就労者やワーキングプア（＝働いているのに最低生活費［＝それより収入が低い場合は生活保護対象者となる］を下回る所得しか得られない人たち）が社会問題になってきたのです。

また、土地の「資本の活動領域」への転化には、地域の経済的自立性を損なう面があります。実際、市場経済のグローバル化によって他所との競争に太刀打ちできなくなり、企業の撤退が相次いだ地域では、産業空洞化が進みました。地域に進出してきた外部企業は、地域を基盤にする経済主体（地元企業、第一次産業従事者、協同組合など）の場合とは違って、いつまでも地域にとどまる保障はないわけです。

また、金融経済の進展によって新規の金融商品がいろいろと出回るようになりました。そうして貨幣を「売り物」として儲ける金融機関や多国籍企業がある一方、世界各地で破産や失業といったしわ寄せを生じせしめてきました。その最たる例が、2008年の世界大の景気後退の元凶、低所得者向けの住宅ローンを証券化して売りに出して用意立てされたサブプライムローンです。本来はローンを借りる信用力のない低所得層のマイホーム願望につけ込んだ商品で、借り手が案の定返せなくなって破綻しました。

こうした事情を背景として、上記のとおり「不平等ルネッサンス」が生起してきたわけですが、私たちは格差問題にどう応じていけば良いのでしょうか。2013年にフランスで出版され、その後、英語や日本語にも訳されて欧米や日本で大ブームとなった『21世紀の資本』（トマ・ピケティ著）では、次の提案がなされています。労働所得に比して資産所得の伸びがはるかに大きいので、資産所得を持つ富裕層とそれ以外の人の格差が広がり続けてきた。したがって、富裕層への課税強化、あるいは国境を越えて税の支払い回避を行ってきた多国籍企業や富裕層への国際的な課税制度を整えるべきである。

しかし、この提案では、市場経済の「ひき臼」としての悪弊の広まりという根本問題が射程に入っておらず、その点で当座しのぎに過ぎません。今後も市場経済のグローバル化が進むことで、経済的な底上げを果たす国が増えていくでしょう。しかも、上述の「逆U字曲線」に沿って、それらの国々ではいずれ国内格差縮小が進むかもしれません。しかし、労働や土地や貨幣の過剰な商品化や、その結果としての人間の生存・生活基盤の不安定化までグローバル化してしまうと、市場経済の恩恵も無になります。

## 4 「実質的な意味」での格差対策——オルタグローバル化

したがって、市場経済のグローバル化を「形式的な意味」（経済合理性や効率性の観点）に切り詰めてはなりません。「実質的な意味」（人間の生存・生活との関わり）に引き付けて現行の市場経済のあり方を省察し、人間の生存・生活基盤の保全が大事にされるようなオルタグローバル化（現行型とは趣の異なるグローバル化）を追求することが大切です。市場経済のグローバル化による労働や土地や貨幣の過度な商品化の広まりに歯止めをかけて、人間の生存・生活の継承・発展を顧慮する経済体制へと転じていく必要性です。

そうしたなか、注目を集めているのが、地域の経済主体（地元企業、第一次産業従事者、協同組合など）と地方自治体の協力による循環型経済の推進です（岡田前掲書、165-177頁）。地域の経済主体は誘致企業に比して、地元での雇用や所得の創出に力を入れますし、その売上げは地方金融機関に預金として、地方自治体には税金として流れやすく、それが地域内投資力の形成にもつながります。また、そうして地域内の生産や交易でできるだけすませて外部依存を抑制するならば、人びとが顔を合わせやすい範囲が経済基盤となり、労働や土地が闇雲に商品化される事態も抑制されます。結果的に、労働や土地や貨幣が地域の大切な生産要素として、地元のために利用されやすくなるわけです。

個々の経営体に関しては、エシカル（倫理的）ビジネスの振興が有望です（内山節編『半市場経済』角川書店、2015年、67-116頁）。人間の生存・生活の継承・発展に資するという社会的ミッションを掲げ、それに賛同する顧客や取引先や地域社会とのネットワークが形成されていく。そうすることで労働や土地や貨幣を単なる利潤の源泉にとどめず、新たな社会の創造（CSV〔共通価値の創造〕）を期していくようなビジネスのことです。たとえば、違法伐採材を含む安価の輸入木材の使用が家具メーカーの常道となるなか、あえてそれに背を向け、国内の林業再興にも貢献すべく、純国産家具を製造する日本のメーカー、従業員による株式所有、従業員の議決権などを取り入れることで、職場全員の福利増進を社是に掲げる英国の百貨店など、社会的ミッション自体を生業とする企業です。ただし、利益を犠牲にした社会的ミッションの追求ではありません。

従来の「形式的な意味」でのグローバル化ではなく、「実質的な意味」を大事にした循環型経済やエシカルビジネスのような経済制度・主体が世界各地に広まるオルタグローバル化が進めば、市場経済の原理が人間の生存・生活基盤を不安定にする現況を是正していく展望が開かれます。これまでとは逆に、市場経済が人間社会のために機能するようになるわけです。そのようにして現行の市場経済体制の「ひき臼」としての悪弊を抑えることなしには、格差社会化の進展に対して実効的な手立てを施すことはできません。

市場経済の「悪魔」的な魅力（所得や生活水準が上がるのだから構わないというような現状肯定を生み出す力）に惑わされず、その「実質的な意味」を問うていく。そのうえで、人間の生存・生活の継承・発展を先んじたオルタグローバル化の議論や実践を広めていく。こうした営為が、格差社会化の進む今日求められています。

**✐ もっと知りたい人のために**

藻谷浩介・NHK 広島取材班『里山資本主義――日本経済は「安心の原理」で動く』角川書店、2013年。

## ❶-1　人の移動と格差

グローバル化の進む今日、「移住の時代」と呼ばれることがあります。読者のみなさんも、企業の海外駐在員、国際協力に従事する人、国外で活躍するスポーツ選手、海外の大学に通う留学生など、いろいろな人を思いつくでしょう。

現在、自分の生まれた国・地域の外で暮らす人たちは約2.5億人（世界人口のおよそ30人に１人）いますが、その全員がグローバル化の恩恵を受ける人たちではありません。同じ「移住者」でも移住を余儀なくされる人たちもいます。

国連のある報告によると、紛争や迫害のために郷里のある故国を離れざるをえなくなった難民の数は2015年末時点で1548万人でした。しかも、国外に出られない国内避難民は同じ時点で推定4080万人もいて、双方を合わせると世界人口のおよそ131人に１人になります。さらには、移動すらできずに脆弱な状況で居住地に止まる人の数は数億、数十億の規模と想定されており（墓田桂『難民問題』中央公論新社、2016年、30頁）、そうした人たちの存在も忘れてはいけません。

ただしもちろん、地球上の「移住者」全員を、居住地を無理やり追われた難民か、冒頭でふれたような、海外で就業や教育などの機会を得られた恵まれた人たち、というふうに二分すれば良いわけではありません。

いわゆる不法就労者は、地元にはない仕事に就くために国外での生活を選択した人たちです。一般的に先進諸国では少子高齢化で労働力が不足しており、短期滞在労働者として外国人を正規に迎えようとする動きもありますが、雇用が奪われる、治安が悪くなる、などといった反発が国内から出ることもあり、人の移動に関する国境の壁は（本論で述べた経済活動のようには）取り払われません。そこで、いつ国外退去させられるかわからない、あるいは社会保障も受けられない、といった不安定な立場に置かれた不法就労者の人たちが生まれるのです。

また、「移住労働者の女性化」も進んでいます。世界各地で女性の社会進出が進むなか、低賃金の女性移民に家事が任せられるケースが増えたばかりか、国際的な人身売買の横行によって、国外で性産業に従事する女性労働者数も多くなりました（日本も例外でなく、東南アジアをはじめ世界中の女性が送られています）。つまり、グローバル化とともに性差別主義が国境を越えて広まっているのです。

以上、「世界を又にかける」人たちの間の格差がなくなるよう、できるだけ多くの人が自分の望む生き方を実現できるような地球社会を創らなくてはなりません。

## ❶-2　太り続ける人類と「健康格差」

肥満対策は世界で公衆衛生上の課題に。カナダで＝中村都撮影

人類史上初めて、世界で太りすぎ（肥満［BMI≧30］と過体重［25≦BMI＜30］）人口（21億人以上）が低体重［BMI＜18.5］人口を上回っています。40年前、低体重人口が太りすぎ人口の２倍超でした。

OECD加盟34か国の成人（15歳以上）肥満率（平均20％）は日本・韓国の６％以下に対し、米国は38％、メキシコ・ニュージーランド・ハンガリーが30％以上、豪州が28％、加・英国が26～27％で、ほとんどの加盟国で肥満率が上昇中です。太りすぎは世界の子どもや発展途上国（この40年）にも急増し、南太平洋諸国（パラオ、ナウル等；一部は８割超）、次いで中東諸国（カタール、クウェート等）で同人口比が特に高くなっています。一方での肥満治療の外科手術（胃バイパス手術）急増（米、加）、米軍志願者での肥満による不適格者増大、他方での加糖飲料課税（米、メキシコ）［WHOは加糖飲料への課税を2016年10月、加盟国に要請］、学校での加糖飲料・スナック菓子の販売規制（米、豪）、健康減量大会の開催（トンガ）は太りすぎ蔓延の一面です。

太りすぎは高血圧や２型糖尿病、心臓病、癌の一因となり、医療費を増やし、寿命を縮めます。太りすぎによる早死は推定、世界で年470万人です。

太りすぎは食事と腸内細菌叢、身体活動（生活活動＋運動）等に関連し、社会環境（大量消費主義の市場経済、都市化、技術革新、交通機関の発達）も影響します。食品・外食業界での一食分の増量や手頃な価格の大量生産加工食品の大規模な流通、食事関連時間の短縮（加工食品利用、調理時間短縮）は過食を導きかねません。特にファストフード（ハンバーガーや牛丼）や菓子パン、加工・調理食品は塩分や糖脂質（GM原料使用の高果糖コーンシロップ［HFCS］やトランス脂肪酸）、また添加物が多く、野菜・果物・微量栄養素（ミネラルやビタミン）の不足した高カロリーで栄養価に乏しい食事です。

加工食品類の入手の容易さは世界の貧困層に太りすぎ増加を招き、経済格差は「健康格差」を生んでいます。

# 途上国の貧しさ・先進国の貧しさ
## ――その原因を探る

## 1　はじめに

現在、途上国では、飢餓、貧困、栄養失調などが原因で、６秒間に１人、１日に２万人近くの子どもたちが死んでいます。世界全体ではおよそ８億人が飢餓や栄養失調で苦しんでいます。

このような事態に対し、国連はもとより、先進国もODAなどを通じて、途上国を支援してきましたが、1960年に30対１だった世界の貧富の格差は、1989年に59対１にまで広がり、2001年にその比率は114対１になっています。現在は、たった26人の最富裕層が世界の下位38億人分の富を所有しています。本章の第１の目的は、まずこれらの途上国の貧しさの原因を突き止めることです。

他方、私たち「豊かな」先進国の人間は、一般に食べ物の不足や貧困、あるいは病気の際、治療を受けることができなくて、死ぬことはほとんどありません。しかし、先進国では生活習慣病、精神疾患、児童虐待などが増加し、日本では毎年２万人が自殺しています。また、近年に入り、先進国でもワーキングプアと呼ばれる貧しい人びとが急増し、大きな社会問題になっています。

本章の第２の目的は、この先進国の「貧しさ」の原因を考察することです。そして、最後に途上国、先進国における「貧しさ」をなくすために、どのような方向性が求められるのかを考えていきます。

## 2　必要な資金の大幅な不足

途上国の貧困問題の原因は数多くありますが、ここでは6つの原因に絞って検討しましょう。まず、貧困問題を解決するのに必要な資金が大幅に不足している点です。貧困問題を解決するための構想や政策は数多く提示されていますが、資金がなければそれらを実施することはできません。

2015年9月に、「2015年までに1日1ドル未満で生活する人口を半減させる」などの目標を掲げた国連ミレニアム開発目標（MDGs）の次の目標として、持続可能な開発目標（SDGs）が定められましたが、その達成のためには、途上国の対策だけで年間400兆円ほどの資金がいると試算されています（UNCTAD *World Investment Report 2014*）。しかしながら、これだけの資金が調達される見込みは立っておらず、このままではSDGsを達成できそうにありません。

## 3　国際経済の変容

次に、より本質的な原因として、近年、国際経済が大きく変容したという事実があります。世界には2つの経済があります。1つは実際にモノやサービスを売ったり買ったりする経済で、これを実体経済と言います。それに対し、大金を投機目的で、株式、債券、為替取引などに投資して、利ざやで短期的利益をあげるギャンブル経済（ないしマネーゲーム経済）があります。

2012年の実体経済（世界のGDP総計）が72.22兆ドル（7944兆2000億円。1ドル＝110円で計算。以下同様）であったのに対して、同年のギャンブル経済の規模は901.2兆ドル（9京9132兆円）となり、実体経済の12.5倍に達しました（上村雄彦編著『グローバル・タックスの構想と射程』法律文化社、2015年）。外国為替市場の規模は、1973年4兆ドルだったのが、80年代に40兆ドル、2007年には770兆ドルにも達しています。つまり、何の社会的利益も生まず、巨額の金を動かして巨利を求めるマネーゲームが、世界経済を「支配下」に置いているのです。このようなギャンブル経済の動きに国や企業は逆らえません。なぜなら、逆らえば国債や株式が売りを浴びせられ、価格が暴落するからです。そうなれば、国家は経済破綻し、企業は倒産してしまいます。

また、投機のせいで食料価格が高騰することがあります。途上国の人びとは貧しいため、稼いだお金のほとんどを食費に充てています。その価格が2倍になるとどうなるのでしょうか。たとえば、ハイチでは食料が買えなくなり、人びとは小麦などに泥を混ぜてつくった「泥クッキー」を食べて命をつないでいたことがありました。

しかし、大もうけしている人たちは多額の税金を納めて社会に貢献しているのではないかと思われるかもしれません。しかし、実態は世界貿易の50%、金融取引の50%が租税回避地（タックス・ヘイブン）と呼ばれる、そこに利益を移せば、税金がかからない地域や国を通じて行われています。

このため、たとえ先進国の企業が途上国で操業して利益をあげたとしても、途上国に多くは残りません。実際にお金は先進国から途上国に向かうのではなく、逆に貧しい途上国から豊かな先進国へ流れています。その額は、アフリカからは年間16兆2800億円、途上国全体から先進国へは年間55兆円です。

こうした租税回避地などに置かれ、課税を逃れている資金は、総額で5000兆円にも上ります。これは、きちんと課税されていれば、およそ年間50兆円の税収が世界に還元されていたことを意味しています。

このような状態を放置して援助を繰り返しても、「穴の開いたバケツに水を入れている」ようなものです。したがって、ギャンブル経済を抑制しつつ、租税回避地などの規制を通じて、お金の「漏れをふせぐ」ことが必要です。

## 4　米国という国

ここまで、主として経済や金融に焦点をあてて貧困問題の原因を探ってきましたが、国際政治の観点からも途上国の紛争問題、政情不安定、累積債務を要因とする貧困問題の原因が浮かび上がります。その側面をよく表しているのが、「軍産複合体」や多国籍企業と結びついた戦後の米国の動きです。

米国は、第2次世界大戦後、朝鮮、イラン、グアテマラ、キューバ、ベトナム、カンボジア、チリ、パナマ、アフガニスタン、イラクなど、67回の軍事介入を行ってきました。米国は、場合によっては自国の企業の利益のために民主的な政権をクーデター（非合法手段での政権の奪取）で転覆する一方で、米国政府の利益にかなえば、軍事独裁政権を支援するなどし、その過程で1200万人もの人を殺してきたと言われています。

たとえば、1953年にイランでは、民主的な選挙で選ばれ、多国籍企業が支配していた石油を国有化したモサデク首相が、CIA（米国中央情報局）に扇動された大衆デモと軍事クーデターで失脚し、親米独裁政権が誕生しました。その後、石油は多国籍企業の手に戻っています。

1954年、グアテマラでは、公正な選挙で選ばれ、多国籍企業が保有していたバナナなどのプランテーションの接収、大規模な土地改革など進歩的な政策を進めていたアルベンス大統領が、CIA の支援を受けた軍事クーデターで失脚し、親米軍事独裁政権が誕生しました。そして、プランテーションは多国籍企業に返還されました。

1973年に、世界で初めて選挙で社会主義政権が誕生したチリでは、米国軍基地の撤廃などが行われました。その後、アジェンデ大統領は同じく CIA に支援された軍事クーデターの最中に殺害され、軍事独裁政権にとってかわられました。同様に、米国の利益にならない政策を推進したエクアドルのロルドス大統領、パナマのトリホス大統領は、1981年、ともにヘリコプター搭乗中に「事故死」しています。

これらの軍事侵攻やクーデターの根底には、軍産複合体が肥大化し、戦争をしなければ経済が立ち行かない「戦争経済」体質に米国がなったことがあげられます。

近年では、2001年10月にアフガニスタンが米国の、2003年３月にイラクが米国と英国の軍事侵攻を受け、どちらも政権が倒されました。侵攻の裏には、アフガニスタンがもつ石油のパイプラインとイラクがもつ大量の石油、すなわち多国籍企業の利害関係があると推測されています。

## 5　IMF と世界銀行による構造調整プログラム

言うまでもなく、このような紛争や政情不安定は貧困を生み出します。ギャンブル経済の餌食となってしまったこととも相まって、途上国は多額の債務を抱えました。この債務を返済させるべく、1980年代初頭から開始されたのがIMF（国際通貨基金）と世界銀行による構造調整プログラムです。これは、国営企業の民営化、公務員・補助金の削減、換金作物の輸出、通貨の切り下げ、規制緩和、とりわけ外国企業の参入により債務返済能力を上げるというものです。しかし、これにより、債務の返済につながらない医療、福祉、教育予算が真っ先に削減され、換金作物の輸出では供給過剰で価格が下がって利益が上がらないなど、結果として途上国の貧困層はさらに困窮し、貧富の格差も拡大しました。

ちなみに、IMF と世界銀行に最も影響力があるのが米国です。世界銀行の総裁はつねに米国人、IMF の筆頭副専務理事もつねに米国人で、IMF、世界銀行、米国財務省が協調して政策をつくり上げる様を「ワシントン・コンセンサス」と呼んでいます。

以上のことから、現在の国際政治は、米国や多国籍企業、国際金融機関など、一部の強者の利益を軸にして動いていると考えることができます。しかし、そのつけは紛争、政情不安定、累積債務という形で、多数の弱者、とりわけ途上国に住む貧しい人びとにまわるのです。

## 6　新自由主義的グローバリゼーションの進展

ここまでの議論で、先進国は途上国を犠牲にして、「豊かに」なっていることがわかりました。それなのに、どうして先進国でワーキングプアが増加しているのでしょうか。

その大きな理由として、新自由主義的グローバリゼーションの進展があげられます。ここでいう「新自由主義」は、1979年に英国でサッチャー政権が、

1980年に米国でレーガン政権が誕生したことによって、強力に進められた構想、政策のことを言います。これが途上国では構造調整プログラム、日本では中曽根政権（1982年10月〜1987年10月）による三大公社の民営化推進や、小泉政権（2001年４月〜2006年９月）による「構造改革」として強力に進められました。

すなわち、規制緩和、民営化、減税（特に高所得者向けと法人税）、補助金の削減、貿易や金融の自由化を加速させる構想や政策を新自由主義と呼んでいます。これにより、自由に利益を追求できるようになった多くの多国籍企業、金融業界、富裕層はますます豊かになり、医療、福祉、教育などの分野で国家の助けを得てようやく生活が成り立っていた貧しい人びとは、補助金の削減など、この政策のあおりを受けて、先進国、途上国を問わず、生活に困窮し始めたのです。

また、新自由主義が規制を緩和して、自由に利益を追求できるようになった分、競争は激しくなりました。その結果、これまで年功序列や終身雇用制度を確立し、社員を家族のように扱っていた日本の企業も、競争に「勝つ」ためにこれらの制度を廃止して正社員を削減し、代わりにいつでも「クビにする」ことのできる非正規社員を増やしたのです。

すなわち、新自由主義的グローバリゼーションの進展によって、先進国、途上国を問わず、自由競争の勝者（その多くは、財力のある多国籍企業や富裕層）はますます富み、元来資本力の弱い中小企業や貧しい人びとは敗者となって、ますます貧しくなっていったのです。

さらに、新自由主義は自己責任を強調します。競争に敗れるのは力がないせいであって、責任は自ら取るしかないという精神を植え付けています。そのため、日々が他人との「闘い」となり、自分以外のすべての人は闘う競争相手になっているのです。そのため、人と人との絆や助け合いの精神が弱められています。競争に敗れた人たちは、精神的に劣等感にさいなまれ、生活するのに十分な収入を得られず、まわりからも、政府からも支援を失って、生きていけなくなります。それが、児童虐待、精神疾患、自殺などの増加につながっていると考えられるのではないでしょうか。

## 7　地球的統治の欠如

これまでみてきたように、現在の国際経済はギャンブル経済が「支配」し、実体経済に悪影響を与えています。したがって、お金の流れを透明にして、ギャンブル経済の実態を明らかにし、効果的にコントロールする必要があります。現在、国際決済銀行（中央銀行間の通貨売買（決済）や預金の受け入れなどを業務とする銀行）、IMF、G20（20か国の財務大臣・中央銀行総裁が定期的に集まり、経済・金融対策を議論するための会議。先進国に加え、中国、インド、ブラジル、インドネシア、南アフリカ共和国などが参加）などが、投機マネーの行きすぎなどに端を発した世界金融危機に対処しようとしていますが、十分とは言えません。

また、現在の国際政治は、途上国の貧しい人びとなどの弱者を犠牲にして、米国などの強国や多国籍企業などの強者の利益を強く反映するものとなっています。したがって、世界の強者の行きすぎた利益を抑制し、途上国や貧しい人びとなど、世界の多数の弱者の声がより反映されるような、より民主的な国際政治に変えていく必要があります。これまで、国連がその中心的役割を担うはずでしたが、十分な役割を果たせているとは言えません。

グローバルな格差も、ギャンブル経済の膨張も、強者がつねに「得をする」政治のしくみも、すべて新自由主義的グローバリゼーションによって、加速されています。つまり、先進国・途上国を問わず、豊かな人はますます豊かになり、貧しい人びとはどんどん貧しくなるしくみが強化されているのです。

今こそ、強者ばかりが豊かになる新自由主義的グローバリゼーションではなく、行きすぎた競争を緩和し、競争に敗れた弱者に手を差し伸べ、人と人との絆を取り戻しつつ、国内外の格差を是正するような、「人間の顔をした」グローバリゼーションに転換していく必要があります。つまり、途上国、先進国の貧困問題を解決するには、地球の統治のしくみ（これをグローバル・ガヴァナンスと呼びます）そのものを変えていかなければならないのです。

## 8 おわりに

途上国の貧困問題の原因として、必要な資金の不足、膨張するギャンブル経済、戦後の米国の動向、構造調整プログラムを吟味し、先進国の貧困問題と共通する原因として、新自由主義的グローバリゼーションの進展と地球的統治の欠如を考察しました。そのうえで、今後の方向性として、より透明で、民主的な地球的統治の構築を示してきました。

では、どうすれば必要な資金を生み出し、ギャンブル経済を抑制し、「人間の顔をした」グローバリゼーションを創造し、地球的統治を再構築することができるのでしょうか。これらの点については、㉒で考察したいと思います。

**もっと知りたい人のために**

デビット・コーテン著、西川潤監訳『グローバル経済という怪物——人間不在の世界から市民社会の復権へ』シュプリンガー・フェアラーク東京、1997年。

## ❷-1 臓器取引

人身取引（ヒューマントラフィッキング）には、強制ないし欺罔（ぎもう）によって臓器を提供させる、本人の合意にもとづいて臓器を売る、治療のためと偽って対象の臓器を摘出する等の臓器取引を目的としたものがあります。

最近では、アルジャジーラの2016年２月22日付オンライン記事がインドネシアにおいて西ジャワの村人が非合法に腎臓を5000ドルで売ったと報道しています。また、「イスラム国」を名乗る過激派組織 ISIL が戦闘員の臓器移植や売買の目的で人質の臓器を摘出しているという Mosul Eye（モスル在住の歴史家によって開設されたオンラインサイト）の2016年２月18日付投稿もあります。

臓器取引に関する国際条約には「国際的な組織犯罪の防止に関する国際連合条約（国際組織犯罪防止条約）」（2003年９月29日発効、2016年11月29日現在で米中韓を含む187か国が加盟）、同条約の３つの議定書の１つである「国際的な組織犯罪の防止に関する国際連合条約を補足する人（特に女性及び児童）の取引を防止し、抑止し及び処罰するための議定書（国際組織犯罪防止条約人身取引議定書）」（2003年12月25日発効、2016年11月29日現在で米中韓を含む170か国が加盟）があります。ところが、日本は2003年５月、2005年６月にそれぞれ国会で承認されたにもかかわらず、国際組織犯罪条約を実施するための国内法が国会で未成立であるとの理由でいずれの条約にも加盟していません。政府は同条約に加盟するには「共謀罪」法案を成立させる必要があると主張していますが、一方で不要であるとの意見もあります。

WHO の2008年度の調査によると、世界中で10万800件の臓器移植が行われています。2016年11月30日現在の日本における臓器移植希望者は１万3991名、これに対して実際に臓器移植を受けた者は306名（2016年１月より11月30日までの統計。公益社団法人日本臓器移植ネットワーク公表資料）に留まっています。一方、海外で臓器移植を希望する日本人に対しては、費用が高騰しているという問題に加え、他国の臓器移植を必要とする人々の機会を阻害するものであり、自国内の臓器移植に必要な数の臓器は自国内で自給自足を達成すべきという原理的批判もあり（「臓器取引と移植ツーリズムに関するイスタンブール宣言」、2008年５月）、日本の政府と市民社会の早急な対応が求められています。

その際には欧米の事例を参照することに加え、北東アジアさらに ASEAN 諸国における臓器移植の現状把握と多元的な対話・協議を通じて、日本社会固有の文化的課題に即した現実的かつ実効性のある対策を工夫する必要があります。

## ❷-2　子どもの貧困と貧困の連鎖

貧困問題は人類共通の最優先課題です。特に子どもの貧困は、子ども期に貧困で苦しむだけでなく、その子ども期の貧困が非常に高い確率で将来にわたって深刻で多様な影響を及ぼす可能性があります。

インドの場合、貧困状況は近年著しく改善したものの、いまだに2割以上の人々が貧しさのなかで暮らし、学齢期の子どものうち約8400万人が未就学で、就学児のうち約780万人が通学しながら働いています（2011年国勢調査）。

日本をみると、社会全体の貧困率は過去30年で概ね上昇傾向にあり、2012年、ついに子どもの貧困率（16.3%）が社会全体の貧困率（16.1%）を上回る事態に至りました。特にひとり親家庭の貧困率は5割以上で、子どもがいる現役世帯のうち大人が1人の世帯の貧困率はOECD調査の加盟33か国中、最も高くなっています。

つまり貧困問題は、途上国／先進国を問わず世界各地に存在します。絶対的／相対的貧困の違いはあっても貧困の当事者にそれぞれの苦悩に軽重の差はなく、親の貧困が子どもに受け継がれる貧困の世代間連鎖も共通の課題です。

途上国での貧困の世代間連鎖を考えてみましょう。成長期の子どもが貧困で十分な栄養を摂取できなければ、心身の健康な発達が阻害されます。その結果命を危険に晒したり病気に罹患したりするリスクを高めます。医療費がかかるため、すでに困窮している生活をさらに逼迫させたり、医療そのものを受けられなかったりもします。心身が健康でなければ、大人になってからも労働市場で不利になります。また、学齢期に就学できなければ、教育を受けられないまま大人になり、就業の機会が著しく制限されます。低賃金労働者や無職のまま親になれば、その子どもも親が経験したように健康や教育の機会を奪われた子ども期を送ることになります。

このように貧困は健康、発達、教育、安全など生活全般に関わる多面的現象です。ゆえに、いずれか一側面にのみアプローチする支援方法では、なかなか連鎖の打破につながりません。医療を提供しても教育の機会がなければ識字を獲得できず、教育を提供しても病気がちでは通学できないからです。こうした貧困の多面性を考慮し、インド政府は2009年から「支援の包括性」に重点を置いた児童福祉政策（一人の子どもに食事や住まい、教育、保護を同時に提供するプログラム）を導入しました。しかし、政策を実践する支援現場では支援対象者の規模や女児の受入窓口の縮小等の難しさも抱えています。

# 国際援助という問題

国際援助と聞いて、みなさんは何を思い浮かべるでしょうか。たとえば被災地、難民キャンプで食糧支援や医療支援などの救援活動を行っている人びとの姿をイメージするかもしれません。井戸掘り活動など水道や住環境を改善する支援、学校教育や保健衛生を改善する支援、農業や工業などの技術支援を思い浮かべる人もいるでしょう。ほかにも道路やダム、発電所建設といった社会基盤を整備する支援、国の抱える膨大な借金を削減するための金融支援など、社会のあらゆる分野において、さまざまな人びとや組織による国境を越えた援助が実際に行われています。

こうした国際援助の代名詞とも言われてきたのが、先進国から途上国に対して行われてきたODA（政府開発援助）です。たしかにODAには、OECD（経済協力開発機構）の開発援助委員会（DAC）による「援助」たるべき国際的な取り決めがあります。それによると、ODAとは公的に（Official）行われる、途上国の経済開発や福祉の向上（Development）に資するための事業であり、その提供の条件も無償で、あるいは返済を必要とする場合でも民間よりも条件が有利になるような形で提供される資金の流れ（Assistance）とされています。

また、援助と聞くと「相手を助ける、相手のために行われる」行為であり、何となく「利益のぶんどり合戦」という側面が強い国際政治とは無縁というイメージがあるかもしれません。とりわけ別の章で扱われているNGO（非政府組織）による援助には、そうした側面がより強く表れています。

とはいえ、国家にとって、ODAはまがうことなき「外交政策」の1つ。当然のことながら、自国の利益＝国益を確保するために行われるものと位置づけられています。はたしてODAは、誰のために、何のために行われているのか？　このジレンマこそ、長年にわたり国際援助が直面してきた問題にほかなりません。

同時にそれは、国益という限界をどのように乗り越え、新しい国際関係のあり方を模索するかという議論がぶつかり合う最前線でもありました。この章では、まさに国際関係の縮図とも言うべき国際援助においてODAが直面してきたジレンマに対し、世界がどのように取り組んできたのか、考えてみたいと思います。

## 1　援助の動機

そもそもなぜ国々は国際援助に取り組んできたのでしょうか。その代表的な説明として、「困っている国々、人びとを助けるのは当然」という素朴な理由があげられます。大規模災害や、紛争によって生じた難民などに対する緊急人道支援は、その代表例です。また、比較的最近まで、国境を越えた活動はもっぱら国家や国際機関が行うものという発想が強かったこともあり、経済的に豊かな国々から貧困に苦しむ国々への支援行為は、強きが弱きを助ける「援助」として、人びとにごく自然に受け入れられてきました。このように、困っている相手を支援するために援助を行うという道義的な考え方は、多くの人びとの共感を呼び、援助という分野を支える世論の力となってきました。

一方で、情けは人のためならず、自分にとってよい報いがあるからこそ援助を行おうという考え方もあります。わざわざ国のお金を使って他国に援助を行う以上、援助する側にとってメリットがなければ意味がないという考え方も、それと似ています。たしかに多くの人びとの意見を集約することによって成り立つ国家にとって、自らの利益にならない行動はとれません。この点が、NGOのように支援自体を目的とする自発的な市民活動とは異なるところです。

そもそも外交には道義など必要はない、という考え方もあります。国際関係の本質は利益のぶんどり合戦、力と力のぶつかり合いであり、そこにさまざまな利害関係や思惑が交錯するのは当然、というわけです。しばしば「現実主義」と呼ばれてきたこのような考え方は、「援助」とは無縁にみえて、実は決してそうではありませんでした。

## 2 冷戦と国際援助

途上国に対する国際援助が本格化するのは1960年代。ヨーロッパや日本がアメリカや国際機関からの援助を受けて戦後復興をなんとか果たし、ようやく一息ついたころのお話です。当時、世界の国家の数は植民地からの独立を果たして誕生する国々によって、戦後直後に比べ約2倍にふくれあがっており、その後も増え続けていきました。しかし、そうした新興独立国のほとんどは、まだ経済的な自立を果たせる状況にはありませんでした。世界が豊かな国々と貧しい国々に分断されているという状況を、東西問題（冷戦）と並ぶ重要な課題＝「南北問題」として認識するようになった国際社会は、「援助」によってそれを解決しようと動き始めます。

しかし、時は冷戦まっただ中。東西両陣営が「生き残り」をかけてにらみ合っていた国際政治の現実のなかで、政治的な利益のため、すなわち軍事的な安全保障のために援助を活用するという発想が、重くのしかかってきたのです。援助を受ける人びとや国々の利益よりも、援助する側の「陣営」に取り込むための援助、戦略上重要な拠点となるような場所に位置する国々や紛争地域の周りにある国々への援助を行うことで、自国の権益を確保しようといった発想です。

そうなると、道義的な目的はあくまでタテマエ。無視されるわけではないにせよ、むしろ優先されるのは援助をする側の政治的利益、とりわけ国家の「生き残り」と直結する軍事安全保障であり、援助による途上国内での開発・発展の効果自体は二の次とされがちでした。

また、援助「する」側の経済的利益を優先する傾向も目立ちました。たとえば、ODAを開始したころの日本は、言わば公共事業の海外版として、自国の産業発展のために援助を活用してきました。自国も世界から援助を受けながら戦後復興をめざしていた当時の日本にとって、ODAは経済成長の手段という役割をも担っていたのです。70年代半ばのオイルショック以後、資源を確保するために援助が打ち出されるようになっていくのも、同じような発想にもとづいていたと言えるでしょう。

## 3　「相手のため？」「自分のため？」

こうした現実を背景に、国際援助は「相手のため」か「自分のため」かといった議論が長い間対立してきました。というのも、これら２つの考えは両立できないという前提があったからです。たしかに、相手を利することは自分の損、自分を利することは相手の損なのだという感覚は、今でも根強いものがあります。「ゼロサムゲーム」と称されるこうしたあり方は、長らく国際関係の常識とされてきました。

また、援助する側とされる側の立場が決して対等とは言えない現実も、援助に影を落としてきました。国際法上、主権をもつ国家は平等な立場にあることが原則となっています。しかし、実際には経済力にも人口にも、あるいは軍事力にも、あまりに格差が大きいのが現実です。援助する側は、一般に経済的にも政治的にも力をもった国、される側はその反対であるというのが典型的な構図です。だとすれば、たいていの場合、援助する側の論理が通りやすいということは、想像に難くないでしょう。こうした国際関係の現実は、如実に援助にも反映されていたのです。

これに対し、援助の名のもとに、実際には援助「する」側の利益ばかりが追求されていたのではないかという批判が、しだいに高まるようになっていきます。援助はかえって貧富の格差を広げ、現地の腐敗した政権を維持させるために使われているのではないか。援助という聞こえのよい言葉は、単に人びとの受けをよくするために用いられているだけなのではないか。たしかにそれでは、本末転倒と言われても仕方ありません。

援助と称する以上、何よりも「される側」の利益を考えるという意見は正論です。一方で国家がコストを負担する以上、援助「する」側もメリットを確保したいという発想とどう折り合いをつけるか。そのためには「する」側「される」側双方にとってメリットがあるような方策を考える以外、解決策はありません。

そうしたことから、途上国の発展は安定した国際秩序をもたらすために必要だといった説明、あるいは先進国にとっても将来の市場の開拓につながるといった説明がしだいに強調されるようになります。日本でも1980年代には、軍事的脅威以外にも国家の安定に必要な経済、食料、エネルギーといった問題を総合的な戦略のなかで位置づける必要があるとする「総合安全保障」という考え方が登場しました。いずれも、軍事的な安全保障を援助に優先させるという発想がしだいに薄れ、援助される側の発展と援助する側の利益をできるだけ両立させようとする傾向の表れと言えます。

## 4 冷戦の終結と援助

援助する側、される側双方のメリットを同時に追求しようとする動きは、1990年代に入るといっそうはっきりしてきます。「国家の生き残り」という課題の前に本来の目的がかすみがちであった国際援助は、冷戦の終結によって、ようやくその呪縛から解放されるようになったのです。一方でそれは、援助のもたらすメリットとは何か、する側にとってもされる側にとっても、よりいっそう真剣に考えなければならない時代に入ったことを意味していました。

たとえば、平和や人権、民主化や環境保護といった、人類共通とされる目標の実現が、ODA の重要な役割として位置づけられるようになっていきます。日本でも、政府が1992年に発表した「ODA 大綱」のなかで、環境と開発の両立、国際平和と安定の維持強化、民主化促進、人権・自由の保障などを ODA 供与にあたって考慮するという方針が打ち出されました。

また、このころから、それまであまり国際関係に関心をもってこなかった世論が、国際社会の問題にも目を向けるようになってきます。NGO 活動の発展や、インターネットの発達によって、より多くの人びとが関心をもち、参加することのできる状況が整ってきたことが背景にありました。

それまでの国家が中心となってきた ODA では、先進国から途上国に、そして途上国の政府から途上国の国民にといった、いわゆる「上から」の援助が想定されてきました。たしかに、教育や情報・通信といった環境が十分整わず、一般の人びとが参加できる状況になければ、開発においてリーダーシップを国家が担うことには一定の有効性があったかもしれません。しかし、国民の「参加」が伴わないスタイルは、結局長続きできません。援助する側にとっては、国民からの関心や支持を得ることが援助の継続や改善に必要ですし、援助される側にとっても、自国民の参加がなければ、肝心の問題改善につなげることができず、ただ援助への依存を生むだけになりがちです。こうした動きに伴い、「援助」という、ともすれば上下関係を思い起こさせる言葉も、しだいに「協力」や「パートナーシップ」という言葉に置き換えられるようになっていきます。

援助の「透明性」という視点も重視されるようになってきました。誰がどのように援助のあり方を決めるのか。そのお金は適切に、効率的に用いられているのか。そうした情報がきちんと公開されているのか。より多くの人びとの支持や理解を得ることが求められるようになってきたのです。

安全保障という発想にも大きな変化がみられるようになります。それまでは、国家が生き残っていくために軍事的な安全を、また国家としての経済的利益を確保することが、援助においても最優先課題とされてきました。しかし、その結果、国民としてそこに暮らす人びとの生存、生活、尊厳がおろそかにされてきたのではないか、という反省がみられるようになります。国家の安全だけでなく、何よりも人びとの安全を保障することこそ第一という「人間の安全保障」の視点は、1990年代半ばにUNDP（国連開発計画）が提唱したことによって、急速に世界に広まっていきました。

2000年に開催された国連ミレニアムサミットでは、極度の貧困と飢餓の撲滅、初等教育の普及など8つの主要目標を2015年までに達成しようという「ミレニアム開発目標（MDGs）」が打ち立てられました。さらに、その教訓をふまえ、2015年の国連サミットでは「2030アジェンダ」がまとめられ、新たな国際目標として「持続可能な開発目標（SDGs）」が打ち出されています。そこでは、先進国、途上国問わず目標達成に取り組み、地球上の誰一人として取り残さないという姿勢が打ち出されました。

## 5　国際関係の縮図として

1980年代末から90年代にかけて世界一の供与額を誇っていたこともあり、ODA は日本外交の重要な柱の1つと位置づけられ、社会的な注目も集めていました。しかし、年々厳しくなる国の財政状況を背景に、その規模は世紀が変わる頃から順位を下げ、2019年時点で世界第4位（支出純額）。国民1人当たりの負担額（年間1万円強）や経済規模比の負担額（対国民総所得（GNI）比0.2〜0.3%程度）でも国際目標に遠く及ばず、政府による世論調査でも ODA に対する国民の共感が伸び悩んでいると指摘されています。このように、ODA は「する」側の国内事情に左右される側面もあります。

とはいえ、大学で学生たちに接していると、国際援助に関心をもつ若い人びとが、むしろ近年目立つようになってきたと感じることが少なくありません。実は世界的にみても、このところ多くの国々が ODA を増額するなど、国際援助にいっそう力を入れるようになっています。また、近年急速な経済成長を遂げた中国のように、かつて援助受け入れ国であった国のなかからも、新たな援助提供国が登場するようになりました。国際援助は、このように新たな段階に入りつつあります。

特定の国家、地域の利益や安定が、周りの国々、ひいては地球全体の利益や安定と一致しているという感覚が、しだいに国際社会の共通認識になりつつあります。たとえば、貧困や格差の問題を解消することは、地域紛争やテロといった問題に取り組むための有効な手段の1つとされるようになってきています。知恵やノウハウによる影響力「ソフトパワー」によって、「国益」が抱えていた限界を乗り越えようとするというわけです。

国際社会が援助という問題に取り組み始めてから半世紀あまり。その間に、全体としてみれば世界経済は大きく発展し、識字率や就学率、乳幼児死亡率といった指標も大幅に改善されてきました。一方で、厳然たる格差は今でも深刻な問題として存在し続け、あるいは新たに生み出されてきています。それは、現在の国際社会にまだまだ解決しなければならない問題が山積していることを示しているとともに、これからも国際関係の縮図としての援助に注目し続ける必要があるということをも意味しているのです。

**もっと知りたい人のために**

外務省『開発協力白書』『政府開発援助（ODA）白書』、各年版（http://www.mofa.go.jp/mofaj/gaiko/oda/shiryo/hakusyo.html〔2021年5月〕）。

## ❸-1 データをどう読む？

国際関係を学んでいると、さまざまなデータが出てきます。一昔前までは入手が難しかった官公庁や国際機関による統計データも、今ではネットで簡単に入手できるようになりました。

とはいえ、実際のところ、そこに出てくる数字など、ほとんど印象に残らないまま忘れてしまうのが現実ではないでしょうか。データは世界の現実を知る重要な手がかりであるにもかかわらず、何とももったいない話です。

数字の桁があまりに大きすぎて、通常の感覚では理解できないことが理由の１つかもしれません。たとえば講義で日本の年間防衛費はどれくらいかと質問すると、「10億円」「20億円」といった答えがよく返ってきます。ちなみに正解は約５兆円、国の年間経済力（国民総所得＝GNI）の約１％です。ちなみに10億円は、ほぼ戦車一両の値段に過ぎません。

仮にあまり関心のないテーマであったとしても、ある程度データを読む感覚をもつことができれば、もう少し現実的な理解の手助けになるように思います。そこで、コツを１つ紹介してみましょう。

私たちは物事を判断するとき、必ず何かを「目安」にしています。金銭感覚なら、普段のお買い物がその目安になっているかもしれません。でも、少しコツをつかめば、そうした感覚、随分バージョンアップできます。

たとえば、学生生活で１年間にどれくらいのお金が必要か、考えてみてください。家賃、光熱費、食費や交通・通信費など、生活費だけで月10万円程度が必要なはずです。加えて学費が年50～100万円程度、だとすれば、大学生なら年間200万円程度は消費している計算になります。学生でそうならば、１人当たりの年間総所得が約400万円という日本社会の現状が、少し身近にイメージできるのではないでしょうか。それに日本の人口を掛け合わせると、約500兆円という日本全体の年間経済規模というわけです。ほかにも、100万人規模の都市を運営するのに約１兆円という行政コストの目安を知っておくことなども、参考になるでしょう。

2021年現在、世界の人口は約78億人。そのうち日本人の占める割合は約60分の１。すでに国として日本の経済力を追い抜いたとされる中国の人口は、日本の10倍以上、とはいえ、１人当たりの所得は日本の４分の１程度に過ぎないのです（2019年世銀データより）。そうした比較の目安を意識してみると、少しばかりデータを具体的なイメージとしてとらえることができるのではないでしょうか。

# 多発する紛争と資源収奪

## 1　冷戦終結後における紛争の特性――多発する紛争と増大する犠牲者

冷戦終結後の1990年代、アフリカとアジアは武力紛争多発地帯として国際的な注目を浴びてきました。世界の武力紛争に関するデータを公開しているスウェーデンのストックホルム国際平和研究所（SIPRI）の年次報告書（2004年）によれば、1998年の世界における主要な武力紛争26地域のうち、アフリカでは11地域、アジアでは８地域に達しています。とりわけ、アフリカでは、大規模で残虐な暴力行為を伴う紛争が発生してきました。推定されている市民を含めた死傷者数は、中部アフリカのコンゴ民主共和国の内戦（1996～97年、1998～2002年）で390万人、シエラレオネ内戦（1991～2000年）で50万人、リベリア内戦で人口の１割に相当する25万人（1989～97年）、ルワンダの大量虐殺（ジェノサイド）（1994年）では３か月足らずで100万人となっています。

2000年代に入ってからはアフリカの紛争は総じて収束に向かっていると言われていますが、今世紀が平和と繁栄に満ちた世界で彩られ始めているわけではありません。武装勢力による市民への一方的な殺戮、性暴力を含む残虐な暴力、略奪や放火は、私たちの耳に届かないとしても、世界のどこかで今も発生しており、国外に逃れる難民や国内避難民の数は増加を続けています。

スーダンでは南北間の内戦が終結し、2011年には新たに南スーダン共和国が独立しましたが、その後、権力の掌握をめぐる派閥闘争が激化しており、依然としてきわめて不安定な情勢が続いています。ソマリアでは、内戦が発生した1991年から無政府状態が続いており、これまでに110万人が国内避難民となっています。また、コンゴ民主共和国の東部では紛争による死傷者に加えて、疾病や栄養不足による死亡も増加しており、2002年の内戦終結後から2007年までの死者数は210万人と推定されています。

冷戦期におけるアフリカの紛争の特質は、米ソ超大国の対立を基軸に形成された戦後の国際政治経済秩序のもと、米ソを後ろ盾にした代理戦争の様相を呈していました。しかしながら、冷戦の終結とともに、アフリカのいくつかの国はそれまでの後ろ盾を失うとともに、国家の実効支配能力を大きく弱体化させてしまい、このことが国家権力の行使や国家統治のあり方をめぐって国内紛争の発生を誘因したのです。

たとえば、ザイール（現在はコンゴ民主共和国）のモブツ大統領は、冷戦のさなか、共産主義に対する西側諸国の緩衝地としての立場を利用し、30年以上にわたり独裁政権を維持し、ザイールの天然資源を私物化してきました。西側諸国は、アフリカの大国の１つであったザイール情勢の不安定化をおそれ、モブツ大統領が権力の座に居座り続けることを黙認し、支援してきたのです。冷戦終結は、こうした政治的なバランスの崩壊を導き、ザイール国内では「権力の真空」状態を生み出しました。ここにモブツ政権下で抑え込まれていた反対勢力は武装蜂起の機会を見出し、大規模な内戦や虐殺を誘因したのです。

また、紛争による犠牲者は、当事者を含めて、戦闘員よりも市民の比率が冷戦後は劇的に上昇しており、現在では犠牲者のおよそ８割が市民（非戦闘員）となっています。さらに、弱体化した政府は、その統治機能を補完するために民間軍事請負会社に戦闘を外注化するといった現象もみられました。南アフリカ共和国のエグゼクティブ・アウトカムズ社は、政府軍の訓練や作戦の実施など軍事活動全般のサービスを提供し、アンゴラやシエラレオネの内戦に介入することで短期間のうちに終結させる一方、軍事サービス提供の見返りとして、紛争国政府から資源採掘権を獲得するなど、戦争を金儲けの手段としました。

英国の政治学者カルドーは、冷戦後のアフリカの紛争でみられたような、国家が破綻状態に陥るなかで発生した新しい紛争形態を「新しい戦争（new war)」と呼んでいます。「新しい戦争」は、旧来の国家間戦争と比べて、より拡散性のある、新しい形の組織的暴力としての特質を有しており、紛争国での軍閥や武装勢力は、資源の略奪や闇市場、密輸を駆使することで戦闘を継続するための資金を調達したのです。冷戦終結後に多く発生した紛争には、特殊な経済的な動機が密接に結びついたところで発生したと言えます。

アフリカでの紛争は、私たち先進諸国とは無関係に生じている出来事ではなく、歴史的にも、経済的にも深い関係性があるという視点を含めて捉える必要があるのです。次に、資源と紛争がどのような関係性をもっているのかの具体的な事例を提示します。

## 2　アフリカ資源紛争の構図

1990年代末、コンゴ民主共和国、アンゴラ、シエラレオネ、リベリアといった紛争国では、反政府武装勢力が支配地域から採掘したダイヤモンド原石（または希少金属（レアメタル）、木材等）を国際市場に売却し、武器等の資金源として利用しており、紛争の長期化を導いているという「紛争ダイヤモンド」問題が指摘されました。

国際NGOのグローバル・ウィットネスによれば、アンゴラ全面独立民族同盟（UNITA）は、国内のダイヤモンド鉱床の6～7割を制圧し、ダイヤモンド原石を密輸することで、1992～98年間で約37億米ドルの収益を得たと推定されています。シエラレオネの反政府武装勢力であるシエラレオネ革命統一戦線（RUF）は、隣国リベリアのチャールズ・テイラー大統領の支援を受けて組織されました。RUFはダイヤモンド原石の密輸による資金をもとにリベリアから大量の武器を購入し続け、1991年の内戦開始からほどなくして無秩序で残虐な武装集団へと転化していきました。RUFはシエラレオネのダイヤモンド鉱床を含むほぼ東半分を制圧し、密輸により年間1億米ドル程度の収益があったと言われています。RUFは、村々を襲撃する際に子どもを誘拐して強制的に軍事訓練を行い、子ども兵部隊を組織するとともに、現地住民に対する無差別な虐殺、手や足を切断したり耳を削いだりといった非人道的な残虐行為でも知られています。また、冷戦期にソ連が世界中の紛争地に送り込んだ自動小銃カラシニコフ（AK47）に代表される小火器・軽火器は、軽量で持ち運びが容易なうえに殺傷能力が高く、軍事訓練が未熟な者でもすぐに使用できることを特徴としており、そうした武器が大量にアフリカに流入したことで、子ども兵のような「人を殺せる層」が拡大したと言われています。

1990年代後半のコンゴ民主共和国では、「アフリカ大戦」とも呼ばれる、近隣6か国（ルワンダ、ウガンダ、ジンバブエ、アンゴラ、ナミビア、ブルンジ）を巻き込んだ大規模な紛争が発生し、近隣諸国の正規軍に加え、反政府武装勢力、民兵等の複数の主体（アクター）が介在してダイヤモンド原石をはじめとする地下天然資源を奪い合う状況が発生しました。国連の調査により、内戦下のコンゴ民主共和国では、ルワンダやウガンダ、ブルンジといった政府軍による鉱物資源の大規模な不法採掘や掠奪が日常的に行われていることが明らかとなりました。コンゴ民主共和国の隣国のルワンダは、ダイヤモンドや金などの豊富な天然資源が埋まっているコンゴ民主共和国の東部地域に大量の兵士を派兵するとともに、ルワンダ人の囚人を強制連行して鉱物資源の採掘を行っていたと言われています。コンゴ民主共和国では、ダイヤモンド原石が河川によって運ばれ、川床の泥土で見つかるような鉱床が多く、採掘可能な地域が広範囲にわたっています。そのため、政府による採掘の管理が難しく、武装勢力はダイヤモンド原石を容易に国外に持ち出すことができたのです。同国で不法に採掘されたダイヤモンド原石は、密輸を通じて年間4～6億米ドル程度が国際市場に出回っていたと推定されています。また、ダイヤモンド原石以外にもタンタルと呼ばれる希少金属の密輸も問題となりました。タンタルは、耐熱性を有する電解コンデンサとして、携帯電話や家庭用ゲーム機等の電子機器の製造に不可欠な鉱物で、ダイヤモンド原石と同様に、武装勢力の資金源となっていることが指摘されました。

以上にみたような、アフリカで展開される紛争と国際市場とが密接に関連していることが国際的な注目を浴びるようになったのは、国連によるダイヤモンド禁輸措置の発動やグローバル・ウィットネスといった国際NGOによるキャンペーンの実施が契機となっています。2000年5月には、国連および国際NGOが中心となってキンバリー・プロセスと呼ばれるダイヤモンド原石の採掘、流通に関する新たな規制枠組みの構築をめざす協議が開始され、2003年には、ダイヤモンド取引の規制強化と産出国へのキンバリー・プロセス特別査察団の受け入れ、すべてのダイヤモンド原石に対する原産地国証明付与の義務づけを規定したキンバリー・プロセス認証制度（KPCS）が実施されるようになりました。また、金の採掘に関しても、米国NGOのアースワークスとオックスファム・アメリカが共同して金鉱山周辺の地域社会、環境や労働者などへの十分な配慮なしに採掘することに反対する「クリーンな金（No Dirty Gold）」キャンペーンを展開しています。

紛争の発生や継続を経済的な側面から説明しようとする研究も進められています。世界銀行が実施した研究では、資源への経済的な依存や地理的な分布、経済成長率等の指標を用いて紛争の発生リスクに関する分析が進められ、この世界銀行の研究によれば、紛争国での武装勢力蜂起の背景には、民族・宗教、政治的な抑圧や不平等な分配に対する「不満」よりも経済的な「欲望」が強く働いていると指摘しています。また、豊富な資源が存在することは、その国を豊かにするのではなく、逆に社会を不安定化させ、経済停滞を招いてしまう負の相関関係が指摘され、「資源の呪い（resource curse）」と呼ばれています。

## 3　アフリカの土地収奪——“誰にとっての”食料の安全保障であるのか

近年ではアフリカの鉱物資源の収奪に関わる問題に加えて、大規模な「土地の収奪」に関する国際的な関心も高まっています。2007～08年にかけて、バイオ燃料用の農作物需要の増加や穀物貯蓄の低下、石油価格の上昇等の影響により、食料の国際価格が高騰し、世界各地で暴動が生じるなど、食料の安全保障の構造的な弱さが明らかとなりました。もともと食料資源の乏しい富裕国や新興国は、将来の食料安全保障に備えるために、広大で安価な未耕作地が残るアフリカの土地に注目し、土地の争奪戦を繰り広げています。国連食糧農業機関（FAO）の報告によれば、2004年以降、アフリカ５か国（スーダン、マダガスカル、エチオピア、マリ、ガーナ）だけで250万ヘクタールの土地が、中国や韓国、中東・湾岸諸国（バーレーン、サウジアラビア、クウェート等）によって取得または長期貸与されました。将来は更にアフリカの広大な土地が外国政府・企業の開発の対象となっていると言われています。

1996年に実施された国連食糧農業機関の世界食糧サミットでは2015年までに世界の栄養不足に陥っている人口を半減させることで合意しましたが、その一方で、栄養不足の人びとの数は1995～97年の８億2490万人から2014～16年の７億9500万人への減少にとどまっています。さらにアフリカにおいては、依然として４人に１人が栄養不足に陥っており、増加傾向にあります。現在進められている外国政府や企業によるアフリカの農地の開発は、将来、こうした人びとの減少に貢献するのでしょうか。

外国投資家は、農地への直接投資を通じて、新たに雇用が創出されることや、新しい技術が導入されること、また農業生産性が向上したり、食品加工産業が発展するなど、複数の経済的な長所を主張する一方、国連食糧農業機関は、政府の土地取引の不透明性や環境悪化への懸念、強制的な立ち退きなどの人権侵害やそこに住む人びとが土地や水にアクセスできなくなるなどの問題点を指摘しています。また、外国企業による農地開発の多くが、途上国の人びとが主食として必要な穀物等の生産ではなく、国際市場向けの換金作物や油糧種子等のバイオ燃料向け農作物の栽培を計画しているため、途上国の人びとの生活の改善に貢献しないとも言われています。

多国籍企業による農地開発が、新たな紛争に発展することも少なくありません。たとえば、マダガスカルでは、政府と韓国企業との間で、輸出生産に向けた130万ヘクタールの土地（長野県と同じくらいの面積）の長期貸借（リース）契約を進めていました。しかし、2009年３月、野党勢力が、ラバロマナナ大統領による外国資本主導の農地開発政策を批判して民衆の暴動を扇動し、ラバロマナナ大統領を辞任に追い込みました。この暴動の結果、多くの死傷者が生じ、土地のリース計画は取り消されました。2013年には新大統領が選ばれましたが、外資による大規模農地開発は依然として続けられています。

アフリカにおける資源収奪に続く土地収奪の問題、“誰にとっての”食料の安全保障であるのかの問題が十分に議論されないままに進められている開発の状況は、将来的な紛争の火種となる可能性を限りなく高めているのです。

### ✎ もっと知りたい人のために

勝俣誠『新・現代アフリカ入門——人々が変える大陸』岩波書店、2013年。

## ❹-1　紛争が生み出す難民

2005年1月9日、スーダン政府とスーダン人民解放運動／軍（SPLM/A）との間で包括和平協定が締結され、21年間続いたスーダンの内戦が終結しました。スーダン人民解放軍は南部を基盤として組織され、政府によって施行されたイスラム法の撤廃や分離独立を求めて武力闘争を行ってきました。内戦後のスーダンでは、2011年1月に住民投票が実施され、南部の分離独立が決まり新たに南スーダン共和国が誕生しました。

スーダンでは、国内避難民は400万人、周辺諸国に逃れた難民は60万人という膨大な数の人びとが難民生活を続けています。また、南スーダンでは、国連難民高等弁務官事務所（UNHCR）や国際NGOの支援のもと、紛争で破壊された建物やビニールシートを張り合わせたキャンプに一時的に滞在しながら故郷への帰還を待ち望んでいる難民が多数存在しています。内戦により村落や道路が破壊されたことに加えて、広範囲に埋蔵された地雷の除去作業が進んでおらず、農業活動や移動の妨げとなるような危険地帯が依然として存在することが、難民帰還の障害となっています。

もともと南部は牧畜業と農業に依存する脆弱な経済基盤しかもたない最貧困地域でしたが、その地に豊富な石油資源が眠っていることが発見（1978年）されると、カナダのタリスマン社等の国際石油会社による開発が進められました。国際NGOのヒューマン・ライツ・ウォッチの報告によれば、政府と国際石油会社との経済的、政治的、軍事的な協力関係のもと、石油開発に伴う安全確保を目的として、鉱床周辺の住民に対する組織的な人権蹂躙（強制退去、空爆、戦闘ヘリによる機銃掃射、無差別殺戮）が行われました。こうした人権を無視した資源開発もまた多くの難民を生み出す要因の1つとなってきたのです。

現在、南スーダンでは、権力の掌握をめぐり再び治安が悪化していますが、同時に、内戦後の復興・開発支援とともに、難民の自主的帰還の促進を目的とした統合的支援が必要とされています。難民の多くは、ほとんど財産というべきものを所有しておらず、彼ら自身で生計を立てるのは困難な状況に置かれています。そのため、単に難民を帰還させるだけではなく、安全な飲み水や食料の確保、住民の生命を守れるような行政が確保されたうえで、職業訓練等の社会復帰を含めた持続的な支援を積み重ねていくことが南スーダンの平和構築の重要な課題となっています。

## ❹-2 兵士にされる子どもたち

11才のときに、学校の前で反政府武装集団に誘拐され、その後の4年間で武装集団のなかでも有数の司令官になっていたシエラレオネの少年。2006年に国連総会に提出された、「子どもと武力紛争に関する国連事務総長の特別代表」の報告は、武力紛争において、子ども兵士となることを強いられる子どもが世界で25万人以上いることを、彼の例をあげて説明しています。

同報告書では、子どもたちは脅かされ、絶対服従を強いられ、また自分の家族や他の子どもの殺害に参加させられるなどして、もう帰ることができないと思い込まされていることがあげられています。一方、貧困や教育の機会の欠如、自分が生き延びるためや家族などを殺害された復讐のために自ら武装集団に加わる子どももいます。少女たちも兵士だけでなく、兵士の妻や性的奴隷とされています。生き延びることができた子どもたちも、大きなトラウマを抱え、自分たちの家族や共同体に復帰するのは困難です。また、家族や共同体の側でも、子どもたちを受け入れることに対する抵抗感がみられることもあります。

子どもの権利条約の武力紛争に関する選択議定書は、18才未満の子どもの戦闘行為への参加を禁止し、徴兵、強制徴募を禁止しています。また、オランダのハーグにある、戦争犯罪や大量虐殺など人道に対する罪を扱う国際刑事司法裁判所は、2012年にコンゴ民主共和国の武装勢力「コンゴ愛国者解放戦線（FPLC）」の指導者、トマ・ルバンガ容疑者に対して15才以下の子どもを含む子どもを兵士として徴募し、戦闘行為に参加させたなどの戦争犯罪に関して有罪として14年の刑を言い渡しました。彼の率いるFPLCは、コンゴ民主共和国のイツリ地方で、子どもを集め、軍事訓練を行い、前線で闘わせました。

2015年の国連特別代表の報告は、国連による啓発やキャンペーンによって多くの子どもが紛争当事者から解放されるなど進展がある一方、世界の各地で紛争が激化、長期化し、多くの子どもが兵士に徴募されるだけでなく、市民を狙った攻撃の犠牲になったり、住むところを追われ、避難を強いられるなど紛争に巻き込まれていることも述べています。

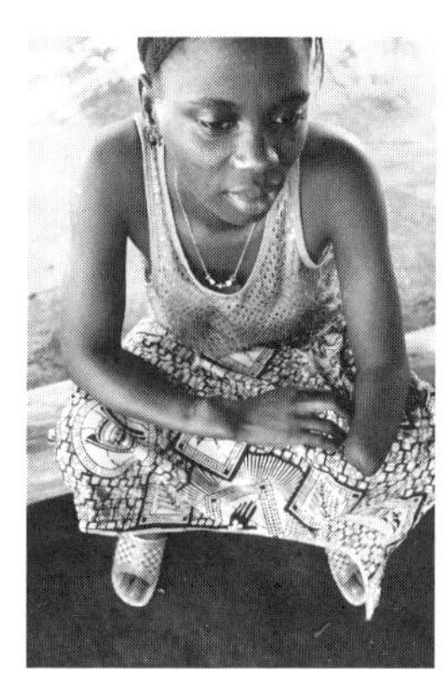
子ども兵だった女性。夜は性的奴隷（シエラレオネ・リベリア国境）＝山本敏晴撮影

# 5 安全保障と軍事

## 1　国際関係と安全保障

今日の「国際関係論」（国際関係学）と呼ばれる学問が本格化したのは、第1次世界大戦以降のことです。その重要な課題の1つが、いかに第1次世界大戦のような悲惨な戦争を防いで平和を維持するか、という問題でした。また国際関係を考えるうえで、いくつかの前提事項が存在しました。

最も重要な主体（アクター）は「主権国家」であり、主権国家の目的は「国益」の追求であり、国益追求の手段で最も重要なのは「軍事力」である、という考え方です。そして、国際社会は無政府状態（アナーキー）にあるため、主権国家が追求すべき最も重要な国益は「国家の生存」であり、安全保障は主権国家が担うべき最重要課題だと見なされました。今でもこの考えは、国際政治学者の一部で支持されており、彼らはリアリズム学派と呼ばれます。

それぞれの主権国家は、防衛目的で敵国を上回る軍備増強に励みます。もし双方がそれを行えば、共に侵略の意図がなくても軍拡が進み、全体として危険が高まります。いわゆる安全保障のディレンマという状態です。

それを克服していかに平和を実現するか。この問いに対し、さまざまな学派が論争を続けてきました。なかでも国際協調を重視し、民主主義や経済的相互依存、国際法など非軍事的手段による安定をめざす考えはリベラリズム学派と呼ばれ、リアリズム学派に対抗してきました。

だが21世紀に入り、人・カネ・モノ・情報が国境を越えて行き来し、グローバリゼーションがますます進む今、かつての前提であった主権国家、国益、軍事力重視の考え方も変わりつつあります。本章では冷戦期から今日までの、伝統的な安全保障の概念や「脅威」認識の変化をたどり、今後の安全保障のあり方について考えます。

## 2　安全保障の定義

安全保障とは何でしょうか。古典的な考えでは、自分の国を敵国の侵略から軍事的手段によって守ることを意味しました。しかし、論者の価値観によって見方はさまざまで、今日でも普遍的な定義は存在しないと言われています。

安全保障を考えるうえで、重要な問題があります。それは①何を、②何から、③いかなる手段で、守るのかということです。

①の対象は、かつては主権国家でしたが、その場合も国家の「何を」守るのかについては、「独立」「領土」「元首」「国民」など、見方はさまざまです。市民革命以前の欧州諸国では、国王が国家を体現していましたし、第２次世界大戦までの日本でも、国体と言えば天皇を意味していました。冷戦期には、東西の同盟国全体へと対象が広がりましたが、グローバリゼーションが進んだ今日では、「人間の安全保障」という考えが広まり、国家レベルではなく国境を越えて、広く地球に住む人類全体の安全や環境、権利、生活などを守ることの重要性が叫ばれています。

②の対象も、かつては自国に敵対する主権国家でした。したがって、直接は敵対国の軍事侵略がその対象となりますが、それにとどまらず、敵対国家や敵対国家同盟の軍備増強、軍事開発が警戒の対象となり、最近では核や大量破壊兵器の開発阻止も目的に含まれるようになりました。21世紀に入り、9.11同時多発テロを経験した米国から、国境を越えた「テロリスト」を対象とする考えが、世界に広められました。一方、軍事的脅威にとどまらず、地球温暖化など環境の悪化から地球を守る考え方も急速に広がっています。

③については、もともと軍事的手段のみを指していました。しかし、19世紀ごろまでの戦争の担い手はほぼ職業軍人に限られていたのに対し、第１次世界大戦以降は「総力戦」の時代に入り、科学技術や経済を含む国力全体が戦争を左右するようになりました。今日では、軍事力のみならず、外交、経済、科

学、情報などの非軍事的手段がますます重視される時代になっています。

## 3 「平和」観の変遷

安全保障に関する見方の変化と並行して、「平和」についての認識も変化しました。かつて平和の反対概念と言えば「戦争」でした。しかし第２次世界大戦以降、戦争以外にも人類の平和を脅かす多くの要因が存在することが認識されてきました。植民地支配、内戦・紛争、経済格差による貧困、劣悪な環境、民族差別、人権侵害、教育機会の喪失、ジェンダー差別をはじめ、平和の阻害要因はさまざまです。

こうした現状をふまえて1960年代、ノルウェーの平和学者ヨハン・ガルトゥングは、平和の反対概念を戦争ではなく「暴力」ととらえる考え方を提起しました。この場合の暴力には、戦争や武力紛争などの「直接的暴力」だけでなく、貧困、人権侵害、差別、環境破壊など、平和を阻害するさまざまな「間接的暴力」も含まれます。とりわけ社会構造そのものが個々人のさまざまな可能性を奪う状況は、「構造的暴力」と位置づけられました。

そして本来めざすべき平和とは、単に直接的暴力のない状態は「消極的平和」ではなく、間接的暴力や構造的暴力のない「積極的平和」だとされています。

## 4 冷戦期の安全保障

以上をふまえつつ、安全保障観の変化についてみてみましょう。1950年代から1990年代初めまでの東西冷戦期に、世界は米国を頂点とする西側自由主義陣営と、ソ連を頂点とする東側共産主義陣営、そしてどちらにも属さない非同盟諸国という、大きく３つのグループに分かれました。そして、世界構造に最も影響を与えたのは、東西両陣営が直接の戦争は回避しつつあらゆる面で対立した、いわゆる冷戦構造でした。

冷戦構造を政治・経済・社会の面でみれば、西側は議会制民主主義、市場経済における自由な経済活動、思想・信条・表現・政治活動の自由、を基調とする自由主義体制であったのに対し、東側は共産党独裁、国家による統制経済、思想・信条・表現・政治活動への国家の規制、を基調とする共産主義体制でした。また両陣営ともに自らの体制が優れていることを確信して対立したため、価値観やイデオロギーの対立の側面を強くもっていました。

その一方で東西両陣営は、米国とソ連がピーク時にはそれぞれ３万発を超える核兵器を保持し、まさに一触即発の緊張状態でした。もし一方が核兵器を使用すると、相手からの核の報復を招くことは必至で、1970年代には核兵器の数は、オーバー・キル状態、つまり全人類を抹殺できる以上の数に達したと言われました。核戦争にエスカレートすれば勝者がいなくなるのは明白です。

このため、実際には両陣営とも、相手陣営の核攻撃を未然に防ぐことが、安全保障の最大の課題でした。その手段として考えられたのが、核抑止戦略です。抑止とは、もし相手が特定の行動をとれば、それで得られる利益より損害の方が多いことを相手に示して、行動を思いとどまらせることです。米ソ両国は冷戦期、互いに核の第１攻撃に生き残って相手を攻撃する核の第２攻撃能力を確保して核戦争を防ぐ、「相互確証破壊戦略」を維持し、結果的に核兵器は使われませんでした。しかし、1962年にはソ連がキューバに核ミサイル基地の建設を企て、米ソが核戦争寸前までいった「キューバ危機」が起きたほか、1950年代の朝鮮戦争や1960～70年代のベトナム戦争では、米国が一時、核兵器の使用を検討したと言われます。

## 5　冷戦終結後の安全保障

1989年のベルリンの壁崩壊以降、東側同盟国の共産主義政権が相次いで倒れ、1991年にはソ連が崩壊して東西冷戦は終結しました。自由主義と共産主義の対立は終わり、世界は二極の対立構造から、米国を唯一の超大国とする一極の平和的構造へと移行するとの見方も強まりました。

ところが1993年、米国ハーバード大学の政治学者サミュエル・ハンチントンは、世界が今後、民族や文化、宗教を共有する文明圏ごとにまとまり、国境線ではなく文明圏の境目で紛争が発生する、という「文明の衝突」論を発表して、衝撃を与えました。

冷戦終結後の世界は西欧圏、東方正教圏、イスラム圏、南アジア圏、中国圏など約10の文明圏に分かれ、文明圏の境界線にそって民族、文化、宗教、言語、習慣などの違いから摩擦や対立が発生し、武力対立や紛争に発展する可能性が高まる、と指摘したのです。

実際、1990年代以降の世界では、旧ユーゴスラビアでセルビア系、クロアチア系、ムスリム系の各民族が対立するボスニア紛争が起き、さらに新ユーゴで政府軍やセルビア系住民とアルバニア系住民の武力衝突がきっかけでコソボ紛争が起きました。アフリカのルワンダでも約80万人のツチ族が多数派のフツ族に虐殺される事件が起きました。

こうした冷戦終結後の紛争処理機関として、国連への期待が高まり、ボスニアやルワンダをはじめ、紛争各地に国連平和維持活動（PKO）が派遣されました。また1990年のイラクによるクウェート侵攻に対し、国連安全保障理事会は武力行使を容認する決議を採択し、1991年に米国軍を中心とする多国籍軍がイラク軍を攻撃しました（湾岸戦争）。

一方、内戦から無政府状態に陥ったアフリカのソマリアに1992年、米軍を中心とする国連平和維持軍が派遣されましたが、1993年の現地武装勢力との戦闘で米兵が虐殺される事件が起きると、米国は部隊を撤退させました。それ以来、米国は国連の活動への参加には消極的です。国連PKOはすべての紛争当事者の合意を前提とするなど活動に一定の制約があり、十分に機能してきたとは言えません。

一方、コソボ紛争では、国連ではなく北大西洋条約機構（NATO）軍が1999年、被害住民を救済するという「人道上」の理由から空爆を行いましたが、「人道的介入」と呼ばれる軍事力の行使については、賛否両論があります。

## 6　「テロ」の時代の安全保障

1990年代の終わりから、世界は「テロ」という新たな脅威に直面していると言われます。その発端の１つは、1998年のケニアとタンザニアの米国大使館への同時テロで、260人が死亡し5000人以上が負傷しました。2001年には、米ニューヨークの世界貿易センターやワシントン郊外の国防総省など数か所で同時多発テロが起き、約3000人の死者が出ました。

米国政府はこれらの事件を、いずれもイスラム原理主義者オサマ・ビンラディンを指導者とするイスラム系武装組織アルカイダの犯行と断定し、ブッシュ政権は「テロ」を米国および世界の最大の脅威だと位置づけ、「対テロ戦争」を最大の安全保障政策に掲げました。さらに、2001年にはアフガニスタン戦争、2003年にはイラク戦争を、米英軍を中心とする有志連合で戦いました。アフガニスタンやイラクにおける武力行使は、国連安保理の決議にもとづくものとはいえず、湾岸戦争と比べて国連との関係は希薄であり、米国の単独行動主義を強く印象づけるものでした。

テロリストは個人で国境を越えて移動し、その動きを完全に捕捉するのは困難なため、米ブッシュ政権は、国民のプライバシーや人権に一定の制限を加えてでも、テロリストに備えることが必要だとの立場をとりました。また、イラク戦争での捕虜やテロリストの疑いで拘束した現地人を、正当な裁判等の手続きを経ないで長期間、キューバ・グアンタナモなどの米軍施設に拘留し、国際的批判を浴びました。

イラク戦争で特徴的なのは「戦争の民営化」です。2003年３月に始められたイラク戦争は、１か月後に終結宣言が出されましたが、その後も米軍は2011年12月までイラク駐留を続けました。この間、正規の米軍部隊以外のいわゆる傭兵や民間軍事会社の警備員などの大規模な関与が、報道などで指摘されています。

その全貌は不透明ですが、米議会予算局によると2008年初めの時点で、約19万人の民間人が米国資金によるイラクでの事業に従事し、民間人の米軍人に対する比率は１対１以上に多くなっています。また開戦以来2008年までの米軍の戦費の約20％は民間企業に支出され、総額は約1000億ドルにのぼり、うち約120億ドルが民間軍事会社への武装警備の委託費用だと言われます。

イラクで４万人の民間人を雇っている米国最大の受託企業は、米ブッシュ政権のチェイニー副大統領がかつて最高経営責任者だった軍事企業の子会社でした。米ブッシュ政権幹部の何人かは軍事企業とつながりがあり、こうした構造が戦争の民営化に影響を与えたとみられます。米国で進む「戦争の利権化」の実態解明も大きな課題です。

## 7　日本の安全保障

最後に、日本の安全保障について考えてみましょう。戦後日本の歴代政権は日米安保条約にもとづく体制を安全保障の根幹と位置づけ、本土への侵略には自衛隊でもちこたえつつ米軍の支援に依存する体制をとってきました。また「核兵器の脅威」に対しては「米国の核抑止力に依存する」政策、すなわち「核の傘」への依存を維持しています。

一方、日本の「脅威」認識は冷戦を境に変化しました。冷戦期の日本の最大の潜在的脅威はソ連で、そのため北海道には陸上自衛隊が二個師団、配備されていました。しかし冷戦終結後の日本政府は、北朝鮮および台湾海峡周辺で紛争が発生する「周辺事態」を最大の脅威と位置づけ、それが日本への武力攻撃に発展した場合（有事）に対処するため、新日米防衛協力のための指針（新ガイドライン）（1997年）を日米間で作成し、周辺事態安全確保法（1999年）および武力攻撃事態対処法（2003年）を制定しました。

こうした有事法制で、地方自治体などを動員して米軍の後方支援を行うことが可能になりましたが、周辺事態に地理的な限定がないため、中東等で米国が行う戦争への協力が可能になるとの指摘や、従来の自衛隊の「専守防衛」の枠を越え、日本国憲法が定めた戦争放棄に違反する、などの批判もあります。

一方、米国の「対テロ戦争」への積極的協力を表明した日本政府は、テロ対策特別措置法（2001年）やイラク人道復興支援特別措置法（2003年）を制定し、自衛隊のイラク派遣（2003〜09年）や、インド洋で対テロ阻止行動に従事する米英艦船などへの海上自衛隊による給油活動（2001〜10年）を行いました。2004年には「防衛政策の大綱」を改め（2005年から適用）、従来の専守防衛に加え、防衛の目的として「国際社会の平和と安定」を新たに盛り込みました。

その後、2012年12月に成立した第２次安倍内閣により、安全保障政策に重要な変更がなされました。2003年以降、『防衛白書』は北朝鮮に次ぐ脅威として中国をあげていましたが、同内閣になって中国を警戒する記述が増えました。そして安全保障を担当する組織として2013年12月、国家安全保障会議を創設し、防衛政策の根幹の文書となる「国家安全保障戦略」を策定しました。このなかで、アジア太平洋の安全保障上の課題として、核開発を進める北朝鮮と中国の台頭をあげ、日米同盟の強化が必要だとし、核の傘を不可欠だと位置づけています。

さらに、集団的自衛権、つまり日本と密接な関係にある他国が武力攻撃を受けた時に反撃をする権利についても、従来の政府は憲法９条により行使できないと解釈してきましたが、2014年７月に同内閣は憲法解釈を変更し、集団的自衛権を限定的に行使できるとする閣議決定を行いました。

この決定を受けて2015年９月には、自衛隊の海外での武力行使や米軍などへの後方支援を世界中で可能とするための、「武力攻撃事態法」など10法の改正案と「国際平和支援法案」からなる、いわゆる安全保障関連法案が参院で可決成立しました。これにより、国連平和維持活動（PKO）に参加する自衛隊員が、国連や民間 NGO 職員などを武力攻撃から守るために武器を使用する、いわゆる「駆けつけ警護」も可能となり、2016年11月、南スーダンの PKO に派遣される陸上自衛隊部隊に、初めて「駆けつけ警護」の任務などを付与するための実施計画が閣議決定されました。

こうした安全保障政策の一連の変更により、日本の本土防衛と無関係な場所で、自衛隊の軍事活動が拡大しているとの指摘もなされています。日本の安全保障政策についても、改めて国民的議論が必要でしょう。

**✐ もっと知りたい人のために**

竹内俊隆編著『現代国際関係入門』ミネルヴァ書房、2012年。

## ❺-1　地域統合と平和

地域統合とは、経済分野などで複数の国家が制度的に連携し、上位機関への主権の一部委譲をも含む現象を指します。地域統合の代表例であるEUは、第2次大戦後、西独と仏を中心とする6か国からなる欧州石炭鉄鋼共同体（ECSC）として出発しました。戦争を繰り返した独仏が、戦争の原因でもあった石炭と鉄を共同管理する体制がEUの原点です。独仏は、戦争で疲弊した欧州経済の復興という目的と並び、過去幾度も破られた平和条約に代わる実効性の高い紛争予防措置を模索したわけです。このためECSCは「不戦共同体」とも表現され、現在のEU（加盟27か国、総人口4億4732万人、2020年1月現在、EU統計局）もこの本質を受け継いでいます。

冷戦後、中東欧8か国（2004年）と東欧2か国（2007年）がEUに加盟し、欧州は「鉄のカーテン」による分断を克服しました。また現在の独仏間で戦争の可能性は皆無です。統合の進展が両国の不戦を確実なものにしました。この関係は他の加盟国にも当てはまりますので、地域統合は制度連携の「深化」と加盟国の「拡大」を通じて不戦関係を浸透・拡大する装置として機能するといえるでしょう。

EUは1993年に単一市場を始動し、2015年には単一通貨ユーロの導入を19か国（3億4241万人、2020年1月現在、EU統計局）にまで広げました。ただし財政政策は統合されておらず、2010年以降のギリシャ経済危機を招く要因にもなりました。EUはIMFと協力してギリシャ支援措置を講じていますが、ギリシャ国内では緊縮財政（増税、年金減額、公務員削減など）を強いられ、不満が高じています。また英政府が2016年6月の国民投票を受けEU離脱を決定しました。英国は2020年1月末の離脱後、2020年末の移行期間終了直前の12月24日にEUとの貿易協力協定を結び2021年1月から完全に離脱しましたが、通関手続きによる物流の停滞や金融センターとしての機能低下など早くも問題が発生しています。他にも東ウクライナをめぐるロシアとの対立、多発するテロ事件などEUに問題は尽きません。さらに移民・難民問題を契機として、EU官僚（欧州委員会）への反発が加盟各国で反EUを掲げる右派政党への支持となって現れています。

これらをふまえEU崩壊を論じる風潮すらありますが、EUは連邦制をも視野に入れた（異論もあります）社会実験の過程にあり、短期的な「後退現象」は避けられません。今後EUが、これらの課題にどう対処するかが注目されます。

## ❺-2 世界で増え続けるヒバクシャ（Hibakusha）

核兵器とその原理の応用は被ばく者を生み続けています。被ばく者とは原爆投下（1945年8月6日に広島市、9日に長崎市）で被ばく（放射線を体外から浴びること＝外部被ばく）した日本人と思いがちかもしれません。被ばく者にはしかし、日本の植民地・朝鮮から強制連行された人や原爆投下後に両市に入り残留放射能を体内に取り込み、内部被ばく（大気や水、食物を通じ体内に入った放射性物質から放射線を浴びること）した人、さらに次にみる核実験などによる無数の被ばく者がいます。

被ばく源を見てみましょう。①核実験：世界で2000回以上、過疎地や少数民族居住地（米は国連信託統治領期のマーシャル諸島、ソ連はセミパラチンスク、仏は仏領ポリネシア、中国はロプノール周辺、英は豪州）で実施。②核関連施設：世界の原子力発電所（原発）（稼動可能443基、建設中54基［2019年末、IAEA］）や再処理工場（使用済み核燃料からプルトニウム等を取り出す化学工場；仏のラ・アーグや青森県六ヶ所村〈試運転中〉）。③同施設の大事故：スリーマイル原発（米、1979）、東海村JCO核燃料加工施設（1999）、セラフィールド再処理工場（英、2005）など。④劣化ウラン（核燃料・兵器に使用するウランの濃縮で生じる副産物で放射性重金属；DU）兵器の使用：イラク、アフガニスタン、コソボ、シリアなど。

被ばくすると、一定量以上で死亡・急性障害を惹起し、ごく微量でも晩発性障害、子孫への影響が危惧されます。放射能を常に放出する核関連施設周辺とその労働者、DU汚染地には体調不良、心疾患、白血病、癌、奇形などが多発し、大事故では健康被害に環境破壊（自然・社会・文化・生活）が伴います。チェルノブイリ原発事故*は40万人の移住、500万人以上の汚染地（200km以上離れた高汚染地も）での生活を結果し、北半球ほぼ全域を汚染しました。1945～89年、6500万人が外部・内部被ばくにより死亡しています。2011年の福島第一原発事故は収束の見込みさえありません。

「日本は唯一の被ばく国」では不正確なうえ、核の被害者＝被ばく者のグローバルな存在が見えてきません。「（グローバル）ヒバクシャ」は被ばく者の世界的な広がりを示す言葉なのです。

* チェルノブイリ原発事故：ソ連（現・ウクライナ）で1986年、広島原爆の1000倍の放射能を環境に放出。事故炉は放射性物質飛散防止目的の急造のコンクリート製石棺の老朽化のため、2016年末、さらに鋼鉄製シェルターで覆われたが、事故で熔融した核燃料の取り出しは今後の課題。

# 気候変動と私たちの暮らし

## 1　気候変動とは？

世界自然保護基金（WWF）は2004年に「地球の目撃者プロジェクト」を開始し、30か国、120人以上の人たちの協力を得て、それぞれの人たちが自らの生活や生業のなかで気づいた自然環境の変化に関する証言を集めています。一つひとつは小さな変化ですが、証言をまとめて聞くことで、地球規模の気候の変化という現実がリアルに伝わってきます。

気候変動とは、数十年かそれ以上の長い期間持続する気候の変化のことを指します。国連気候変動枠組条約（FCCC）は、大気の組成を変化させる人間活動に起因する気候の変化を気候変動と定義して、太陽周期の変化や火山爆発など、自然起因のものと区別しています（第1条）。

2013年から2014年にかけて、国連の気候変動に関する政府間パネル（IPCC）は最新の自然科学と社会科学の知見を評価し、第5次評価報告書（AR5）にとりまとめて公表しました。評価報告書は「自然科学的根拠」（第一作業部会）、「影響、適応、脆弱性」（第二作業部会）、「気候変動の緩和」（第三作業部会）という3部に分かれています。

気象変動の自然科学的根拠を扱う第一作業部会報告書では、過去100年間に観測された気温や海水温の上昇、海面上昇、雪氷の減少などの傾向にもとづいて、気候システムの温暖化（地球温暖化）に疑う余地はなく、とりわけ、1951年から2010年の間には、過去数十年から数千年間に前例のない変化が観測されており、その主な原因は人間による影響であった可能性がきわめて高い（95%以上）とされました。

地球温暖化とは、二酸化炭素（$CO_2$）等の温室効果ガスが大気中に滞留することで、太陽からの放射熱が大気圏外へ逃れられず、世界の平均気温が上昇することを指します。地球温暖化はなぜ、起こるのでしょう。地球上の炭素は大気、海洋、森林、河川や湖沼、土壌、鉱物などにさまざまな形で存在し、これらの貯蔵庫の間で、交換・移動が行われています（炭素循環）。産業革命以前には、この炭素循環は定常的で、大気中の$CO_2$濃度の変化もゆっくりしたものでした。しかし、産業革命以後、化石燃料の燃焼やセメント製造、農地拡大のための森林伐採等によって大気中に排出される$CO_2$量が飛躍的に増加し、海洋や陸上で吸収しきれず、大気中に留まる$CO_2$量が増加したためです。温室効果ガスの影響は持続するため、AR5では、今後の気温上昇は過去のトータルの排出量（累積排出量）で決まり、人間社会や環境にとって危険な干渉とならない水準に気温上昇を抑えるためには、私たちに残された時間はそう多くはないことも示されました。

気温が上昇すると、極地の氷雪が溶けて海面が上昇し、沿岸域の生態系に影響が生じるほか、生物の生息域、季節的活動や移動のパターンが変化し、気候の変化に適応できず、絶滅する生物が増えるおそれもあります。人間社会への影響については、局地的に水資源を巡る競合が激化して、食料生産が困難となり、グローバルな需給のバランスが不安定化して、食料安全保障に深刻な影響が生じると予測されています。さらに、台風、暴風雨、干ばつ等、極端な気候現象による自然災害によって甚大な被害が発生し、変化への適応能力が脆弱な途上国や貧困層はとりわけ大きな打撃を受ける可能性が指摘されています（第二作業部会報告書）。気候変動は感染症のまん延などの健康に悪影響をもたらし、国土喪失や水・食料の不足によって大規模な強制移住が発生し（環境難民）、国際社会が不安定化するおそれもあります。このような気候変動の影響は、たとえ今すぐ$CO_2$排出量をゼロにしても、これから数世紀にわたって続き、このまま何も対策を講じなければ、重大で取り返しがつかない脅威をもたらすと予測されています。

気候変動への対応には、$CO_2$の排出削減や貯留・回収（$CO_2$を地中や海底の岩盤に封じ込めまたは海中に散布して、大気中に放出しないようにすること）等の「緩和」と、変化に備えて、自然や人間社会のあり方を調整する「適応」(たとえば、津波被害に備えたマングローブ植林や、土壌流出防止のために森の中で作物を育てるアグロフォレストリーなど）があり、地球規模の危機を回避するためには、これらを相互補完的に進めながら、社会のレジリアンス（変化に対応する強靭さ）を高める必要があります。「緩和」に関する第三作業部会報告書では、今後数十年間に大規模な排出削減を行って、今世紀末の排出量をゼロにすれば、今世紀後半の温度上昇を２度未満に抑制し、気候変動のリスクを回避する可能性はあるとされています。しかし、そのためには、再エネ、省エネなどに関する技術革新や環境保全型インフラへの投資を促進し、土地所有権の見直しや、開発計画への緩和、適応策の組み込み等、社会経済システムの抜本的な変革を進める必要があります。わたしたちはこれまでのような経済成長のモデルはもはや維持できないことを認め、残りの排出量を世代内、世代間で衡平に分け合う方法を考えなければならない段階に差しかかっています。100年後、自らの子孫の世代にどのような地球環境を残すべきかを考えて、今、とるべき行動を選択することが求められています。

## 2　気候変動への国際的対応

地球温暖化への対応が国際的に議論されるようになったのは1980年代後半ですが、気候の科学については不確実性が高く、当初は規制の必要性について先進国間で意見が分かれていました。交渉が本格的に始められたのは1990年以降です。1990年12月、国連総会は気候変動枠組条約（FCCC）の交渉開始を決定し、翌年、起草作業を開始しました。同条約は環境と開発に関する国連会議（リオ会議）(1992年６月）で採択され、1994年３月に効力を発生しました。

枠組条約とは、条約目的、考慮すべき原則、情報交換や交渉のための制度を定め、具体的な規制内容は後の交渉に委ねるという方式の条約です。規制の必要性については一応認めるがまだ科学的に不明確な点も多いので厳しい規制は避けたいという国が多く、この方式がとられました。FCCC の究極的な目的は、人の活動により、気候系に対する危険な干渉とならないよう大気中の温室効果ガスの濃度を安定化させることです（第2条）。どのレベルで安定化させるかは決められていませんが、生態系や食糧生産が脅かされないことが目安とされています。また、考慮すべき原則としては、衡平性、共通であるが差異ある責任原則（第3条1項）、予防原則（第3条3項）、持続可能な開発原則等（第3条5項）が定められました。具体的な義務としては、すべての締約国に温室効果ガスの排出吸収目録の作成と提出を求め、対応計画の策定・公表、協力も求められています（第4条1項）。また、附属書Ｉ締約国（先進国と市場経済移行国）には「2000年までに1990年レベルまで温室効果ガスの排出削減をめざす」という努力義務が課されました（第4条2項(a)）。さらに、附属書Ⅱ締約国（先進国）には途上国に対する資金供与と環境技術やノウハウの移転を義務づけて（第4条3-5項）、後に「特別気候変動基金」、「最貧国基金」、「京都議定書適応基金」等の資金供与メカニズムが設立されました。

しかし、第1回締約国会議（COP1：1995、ベルリン［独］）では、附属書Ｉ締約国のほとんどが、排出量を1990年レベルに戻すという約束を達成できないことが明らかとなりました。そこで、先進国に削減義務を課す議定書を作成して規制を強化し、途上国には新たな約束を導入しないということが合意され（ベルリン・マンデート）、1997年、京都で開催されたCOP3でこの内容を具体化した京都議定書が採択されました（2004年発効）。

京都議定書では、2008年から2012年の第1約束期間に附属書Ｉ締約国（先進国と経済移行国）の温室効果ガス排出量を基準年（原則として1990年）比で平均５％削減するものとして、EU８％、米国７％、日本６％等、国・地域毎の排出削減割当が決められました。また、交渉当時には、附属書Ｉ締約国が世界全体の排出量の５割を占め、過去の排出による温度上昇についてはその７割が先進国の責任である一方で、経済移行国や途上国にはエネルギー効率の悪い産業が残されており、削減ポテンシャルが大きいと見込まれていました。そこで、条約実施のメカニズムとして、排出量取引、共同実施、クリーン開発メカニズム（CDM）が定められ（京都メカニズム）、市場取引を通じて国家や企業に経済的インセンティブを与え途上国や経済移行国で削減を行って、先進国の条約義務の履行を促進するしくみが導入されました。「排出量取引」とは、温室効果ガスの排出割当を受けた先進国が約束期間内に割当の枠内に排出量を抑制できた場合、その余剰分を、割当を超過した他の国に売ることを認める制度です。「共同実施」とは、先進国や企業がロシアなどの経済移行国で排出削減事業や森林吸収源による除去事業を行い、その削減量または吸収量に相当するクレジットを発行して、事業に投資した国・企業に移転して、その国の削減同様に繰り入れることを認めるしくみです。「CDM」は先進国や企業が途上国の排出削減または吸収源事業に投資し、共同実施し同様の方式で削減量または吸収量に相当するクレジットを獲得するスキームで、途上国の持続可能な開発への貢献が求められています。CDM の事業内容には廃棄物処理場の改善、代替フロン（HCFC）の破壊、バイオマス発電（林業の端材、建築廃材などを燃やす発電）等があり、多くのプロジェクトが承認されて、途上国への直接投資が増大しました。

京都議定書の第１約束期間は2012年で終了し、日本は基準年比8.7％削減で、６％削減という京都議定書の義務の遵守を達成しました。ただし、正味の排出量は1.4％増加し、森林吸収源3.9％、京都メカニズムのクレジット利用による5.9％を差し引いた結果です。京都議定書の第２約束期間は2013年から2020年と決められましたが（COP18：2012年）、日本はこれ以上の削減は困難とみて途上国に削減を義務づけないのは不公平として不参加を表明しました。

京都議定書は炭素の排出自由から排出抑制というパラダイム転換をもたらし、排出枠取引市場や炭素税、再生可能エネルギーの導入促進等、各国・地域の気候変動・エネルギー政策を大きく進展させました。しかし、京都議定書のように各国に排出削減をトップダウンで割り当てて、義務を守らせるという方式を支持する国は少なく、この間に排出量が増大している中国などの途上国に義務を課すべきか、という点についても意見が分かれていました。そこで、2010年の COP16では、各国の事情に合わせて、2020年までの自主目標（先進国は削減目標、途上国は削減行動）を掲げるボトムアップ方式の合意が採択されました（カンクン合意）。しかし、各国の自主目標を積み上げても、気温上昇を産業革命前からの平均気温上昇を２度以内に抑えるというこの間に国際的に合意された長期目標を達成することは困難です。

このような行きつ戻りつの議論をふまえて、2015年12月、FCCC の COP21 でパリ協定が採択されました。パリ協定では、2020年以降の長期目標として、産業革命前からの気温上昇を「２度以内」（可能であれば1.5度以内）とすることが明記され（第２条１項）、今世紀末までに人間活動に起因する排出量を実質ゼロとすることが法的拘束力ある合意となりました（第４条１項）。各国はそれぞれ排出削減目標を掲げて５年毎に見直すものとされ（第４条９項）、見直しに際してはより高い目標を掲げることが求められています（第４条３項）。また、適応（第７条）、損害と救済のための国際的な枠組みづくり（第８条）、資金供与（第９条）や、長期目標の達成について国際的な取り組みの進捗状況を検証すること（第14条）などが盛り込まれました。

パリ協定は2016年11月４日、予想を上回るスピードで発効しました。世界全体で脱炭素社会（化石燃料に依存しない社会）をめざすという国際合意を国際社会が歓迎し、強く支持していることを示しています。日本も発効には遅れましたがパリ協定を批准しました。これからは、国際合意と整合的な国内法政策の実施や、企業・市民の取り組みがますます重要となってきます。

## 3　脱炭素社会の実現へ向けて

英国は2008年、世界で初めて気候変動対策の長期的かつ法的拘束力ある法律である「気候変動法」を定め、「2050年までに温室効果ガスの排出量を80％削減する」という目標を掲げました。この目標へ向けて、５年毎３期間の排出上限を設定し、独立した諮問機関である気候変動委員会を設立する等、気候変動対策を国家戦略の中核に位置づけて、エネルギー効率の高い産業育成や新たな環境技術の開発を促進しています。

このように、気候変動対策を効果的に実施するためには、国レベルで統合的な戦略を立てて、社会全体で取組む体制を築く必要があります。日本でも京都議定書の実施によって、エネルギー政策の見直しや省エネ規制の強化等が進められてきましたが、統合的な戦略を欠き、他国と比べて消極的で、政策変化は緩慢です。今後は、エネルギー政策の転換と共に（コラム❽-1）、低コストで排

酪農の盛んな岩手県葛巻町では、牧場の横に風車が建てられ、デンマークのような風景が広がっている＝2010年９月、葉山薫撮影

出削減を進めるための新たな施策として、炭素税（$CO_2$排出量の多い物・サービスの値段を課税によって引き上げ、排出抑制を図るしくみ）や、排出枠取引市場の創設（一定規模以上の排出を行う企業に排出上限（キャップ）を割り当て、削減目標の達成から得られる余剰分の市場取引（トレード）を認める制度、日本では東京都が導入しているが同じレベルでは試行的取り組みに留っている）等も検討する必要があります。経済界の強い反対により、政府による政策推進が進展しないなか、カーボン・フットプリント（製品の製造から廃棄・リサイクルまでの$CO_2$排出量を商品に表示し、環境負荷の「見える化」を行うこと）や、カーボン・オフセット（市民、企業、NPO法人、自治体等が自らの活動から生じる$CO_2$の排出削減の努力を行って、削減が困難な部分について、クレジット購入や排出削減・植林プロジェクトへの投資により、排出量の全部または一部を埋め合わせること）など、市民や企業が主体的に排出削減を進める取り組みも始められています。これからは、自らの生活や事業が地球環境に与える影響を知り、日々の生活や仕事のなかで誰もが排出削減に参加できるようなしくみを作ると共に、新たな技術開発や産業を育てる方向へとお金の流れを変えて、社会全体で脱炭素の取組みを進めていくことが必要です。

### ✎ もっと知りたい人のために

小西雅子『地球温暖化は解決できるのか――パリ協定から未来へ！』岩波書店、2016年。

## ❻-1 原子力発電と環境

放射線発生場所を示す放射能標識

福島第一原子力発電所事故（2011年）は、原子力発電が日本の政府・電力会社の主張に反し、生命を脅かし、環境負荷が無限大であることを如実に示しました。その結果、日本の約８割の人びとが原子力発電に反対しています。

日本政府はしかし、同事故後稼働停止中の原子力発電所（原発）の再稼働や稼働40年超の原発の60年稼働を認め（高浜１・２号機、美浜３号機）、原発輸出を試み（ベトナム、英国、トルコ等）、温暖化対策等に必要と原発重視のままです（国連・世銀は2013年、不支援を表明）。

原発はウラン燃料の核分裂でエネルギーを作り出す（核兵器と同じ原理）ため、化石燃料（石油、石炭、天然ガスなど）と違い、発電時、$CO_2$は出ません。ところが、原発は出力調整ができず、点検や事故、地震での停止、電力需要の変動に対し、大規模な火力・揚水式発電が不可欠です。また、ウランの採掘・精錬・転換・濃縮・加工・輸送、放射性廃棄物の処理・管理、原発の建設・廃炉などで膨大な$CO_2$と放射能が出ます。

原発は加えて、総出力の２/３（＝生み出す電気の２倍）の熱が廃熱のため、膨大な温排水（現在標準的な100万 KW の原発で70$m^3$/ 秒）が周辺の海を暖めます（流量70$m^3$/ 秒以上の日本の河川は30本未満）。川内（せんだい）原発のある川内川（流量88$m^3$ / 秒）河口周辺ではその温排水（周辺環境より８℃高）で魚卵・稚魚の大量死、生態系の異変（漁場の消滅や南方系魚類の冬季集中、磯焼け）が起きています。

原発の最大の問題は放射能で、原発は平和利用、核は軍事利用と言っても危険は同じです。原発は内部に膨大な量の放射能を含むため、チェルノブイリ事故など過酷事故には無数の被ばく者、地域社会の崩壊、広大な地域の放射能汚染が伴います。100万 KW の原発１基から広島原爆の1000倍超の「死の灰」＝放射性廃棄物が毎年生じています。原発の多重安全装置や過疎地での立地等はその危険性の証です。さらに、施設周辺住民や原発労働者（保守点検などに従事）等の被ばく、放射性廃棄物（使用済み核燃料や廃炉）の安全な管理・処分方法の不存在、原発等の事故や核拡散の可能性など、原発に問題は尽きません。

技術に中立はなく、技術的な可能が倫理的に許されるとは限らないのです。

## ❻-2 「地球温暖化」論・再考

地球温暖化、より正確には「人為起源の$CO_2$による地球温暖化説」（国連傘下のIPCCの主張）は事実と見なされ、温暖化防止のための会議、技術開発、事業、啓蒙活動などが広く行われています。

ところがIPCCの主張は仮説で、温暖化を否定したり、温暖化に合意しても$CO_2$原因説を疑問視したりする研究者も例外ではありません。これらの研究者によれば、温暖化説の問題は、①「ホッケースティック曲線（20世紀の気温急上昇を示す、過去1000年の気温図）」（IPCC 2001年報告書）は小氷河期の存在を無視、②温暖化の原因を$CO_2$（質量比で大気中の0.054％）にほぼ限定し、水蒸気（同0.330％を占める、最大の温室効果ガスで、温室効果の90％以上を決定）や地球の気候に影響する太陽の活動を無視、③不完全な気候モデル［気候変動を起こす要素は解明途上］に依拠した予測、④$CO_2$濃度上昇による気温上昇説の妥当性、⑤気温観測点の不足・偏在やその環境の劣化、などです。

IPCCはデータの開示拒否や反論・異論の排除（学術誌の論文審査の私物化など）をする一方、IPCC批判者は同報告書に不参加とされています。

IPCCに関しては、気候変動枠組条約・第15回締約国会議直前の2009年11月、クライメートゲート（Climategate）事件（英国の温暖化研究拠点のサーバーからIPCC報告書執筆陣の交信メール・文書がインターネット上に流出）で、データの捏造や報告書の誤記（誇張、虚報）が発覚しました。

地球環境問題は、冷戦に代わる国際政治の主題として登場したものです。国境を越える地球環境問題は解決に国際協調と資金を必要とし、自然科学、社会科学と国際政治を必然的に結びつけます。地球環境問題の領域でも、大国は主導権を争い、日米英仏、原子力産業は原子力発電推進を狙い、科学者は研究資金調達に大型プロジェクトを、官僚やNGOは社会的訴求力をもつ重要な議題を模索していました。こうした状況が、IPCC（「各国代表」の専門家で構成）での「科学」領域の後退・政治化に影響しています。

$CO_2$温暖化論は未確立で、古気候学の知見や史料によれば、気候変動には自然変動の可能性も高く、寒冷化すれば食料もエネルギーも不足する可能性があります。このため、生物多様性と共存する生態系農業の重視、食料の生産と流通（輸送・加工・貯蔵等）［生産と流通のエネルギー消費比率は3：7。FAO、2012］でのエネルギー削減等、永続可能な社会へと社会の適応能力を高めておくことが必要です。

# 企業の活動と人権
## ――国連の取り組みを中心に

### 1　人権の国際的保障

第2次世界大戦以降、国際社会は、国連を中心に人権の国際的な保障に取り組んできました。1948年、世界のすべての人に保障されるべき基本的な人権を掲げた、世界人権宣言が国連の総会で採択されました。宣言には、すべての人の平等の権利、生命の権利、思想、信仰、表現の自由、政治に参加する権利、拷問されない権利、奴隷とされない権利、公正な裁判を受ける権利、教育の権利、労働の権利、十分な生活水準への権利などさまざまな権利があげられています。この文書は、その後の人権の保障の基礎となり、それらの権利を保障することを国々が約束するさまざまな人権条約がつくられました。人種差別撤廃条約、社会権規約、自由権規約、女性差別撤廃条約、子どもの権利条約などです。これらの条約を批准した国は、その条約に拘束され、その条約にあげられた権利を実現するための措置をとることを約束したことになります。たとえば、平等を達成するために差別を禁止する法律を制定したり、権利を侵された人の権利を回復し、損害を補償する制度をつくることなどが求められます。

国際的な人権保障の基本的な考え方は、国家が、その領域や管轄のなかにいる人の人権を守る、ということでした。そのなかには、国家自身が人権を侵害しないことや、個人の間で人権侵害が起こらないようにする、ということも含まれます。また、人権を侵害された人に対して、救済措置を確保しなければなりません。

また、欧州、北・中南米、アフリカなど、地域で人権を保障する条約や機関もつくられました。これらの人権条約の権利の実施を推進する市民団体も世界各地で活動しています。しかし、各国ですべての人びとの人権が実現されるにはまだ至っていません。

## 2　企業と人権

一方、企業の国境を越えた活動もますます拡大し、なかには発展途上国をしのぐ経済力を有する企業もあると言われるほどになりました。企業の活動は、人びとに良くも悪くも影響を及ぼします。企業は、製品やサービスを提供したり、雇用を通してなど、人びとの欲求を満たし、利益をもたらします。他方、欠陥製品による被害、環境の悪化、劣悪な労働条件などによって被害を及ぼすことがあります。

たとえば、石油など資源の採掘のために、その地域の環境が破壊され、住民の健康が脅かされたり、その採掘のために、住民が立ち退きを強いられることもあります。そのような事態に抗議した人たちが、拘束されたり、危害を加えられたりすることがあります。あるいは、工場で長時間、休憩もなしに働かされ、労働組合をつくって自分たちの権利を守ろうとすると、迫害を受けることもあります。1990年代後半、複数の欧米の有名なスポーツ用品や衣料会社のいくつかのアジアの国の工場で、年少の子どもが働かされていたことが問題となったことがありました。製品の欠陥で、人びとの安全や健康が脅かされるような例は、日本でも起こっています。

そのような被害が起きた場合、被害とそれを引き起こした企業が同じ国のなかにあれば、被害を受けた人はその企業に対して損害賠償を求めて訴えることができます。その国は、被害が起きないよう、安全基準などを設けたり、場合によっては犯罪として取り締まることもできます。しかし、国境を越えて活動する企業に対して、本社のある国と被害を受けた人がいる国が違うときはどの国の当局が規制をするのか、それらの国々の法律が異なる場合はどうするのかなど、さまざまな課題があります。また、国によって違反を取り締まる制度や資源が十分にないこともあります。事態に対応するために、国境を越えて活動する多国籍企業に対して、国際的な基準を設けよう、という取り組みがすでに

1970年代後半に起こりました。

主に先進諸国が加盟している経済協力開発機構（OECD）は、1976年に多国籍企業に関する行動指針をつくりました。指針は、情報開示や雇用、環境、贈賄の防止、消費者の利益などについて、多国籍企業に責任ある行動をとるよう勧告を行っています。人権については、企業の活動によって影響を受ける人びとの人権を尊重する、という一般原則のほか、労働の権利の尊重、強制労働、子どもの労働の廃止に貢献することなどをあげ、消費者の利益について、消費者の健康と安全に関する表示や基準に適合すること、プライバシーや個人情報の保護などを勧告しています。なお、この指針は2011年に改正され、人権に関して新しい章を設けています。

また、国連の専門機関である国際労働機関（ILO）は、1977年に労働条件に関して「多国籍企業および社会政策に関する原則の三者宣言」をつくっています。同宣言では、雇用と労働について、平等、労働条件や生活条件、職場の安全や衛生などについて、政府や多国籍企業にとるべき行動を示しています。

これら指針や宣言は、多国籍企業の活動に対して、一定のガイドラインとなるようつくられましたが、守るかどうかはそれぞれの企業の自由であり、違反しても処罰されるものではありませんでした。1990年代に前述のようなアジア諸国での子どもの労働などの問題や環境の問題が明らかになり、国境を越えて活動する企業の人権も含めた社会的責任の議論がいっそう広がりました。

## 3　国連グローバル・コンパクト

企業の社会的責任への関心が高まるなか、国連のアナン事務総長（当時）は、1999年、企業と国連機関、市民社会とをつなげる試みとして、広く世界にグローバル・コンパクト（コンパクトは「盟約、約束」の意）を呼びかけました。2000年に正式に発足したこの取り組みは、人権、労働、環境に関わる10の原則、国際人権の尊重、人権侵害の加担の禁止、組合などをつくり、参加する結社の自由と団体交渉の権利の尊重、強制労働の禁止、子どもの労働の禁止、雇用、労働における差別の禁止、環境における予防原則、環境への責任、環境に優しい技術の開発普及、そして2004年に加わった腐敗防止の原則をあげています〈http://unic.or.jp/globalcomp/index/htm〉。企業だけではなく、市民団体や都市など自治体も参加することができます。

参加しようとする企業は、グローバル・コンパクトを支持し、その原則を守るという書状を国連事務総長に送ります。そして、グローバル・コンパクトの趣旨や10の原則を自分の企業にどのように取り入れ、実現しているかについて報告をします。

グローバル・コンパクトには多くの国から多数の企業が参加していますが、参加企業がどの程度原則を実施しているかなど評価する機関などは特にはなく、企業の自発的な参加によるネットワークとして、国連と企業、市民社会の連携の場をつくっています。

## 4　人権に関する多国籍企業および他の企業の責任に関する規範

企業が守るかどうか自発的に決めることができる指針のようなものではなく、強制的に守られなければならないルールが必要という考え方もありました。これまでつくられてきた人権条約は、国に人権を保護し実現する責任を課しますが、企業に直接義務を課す条約はありませんでした。

ルールづくりの１つの取り組みが、国連人権委員会の下につくられた「人権の伸長と保護に関する小委員会（人権小委員会）」における、企業の行動規範の作成です。人権小委員会は1998年に、小委員会「多国籍企業の事業方法および活動に関する作業部会」を設置し、2003年に、「人権に関する多国籍企業および他の企業の責任に関する規範」をつくりました。

規範はまず、国家が人権の尊重保護に関する第一義的責任を有することを確認し、多国籍企業および他の企業が、それぞれの活動と、その及ぼす影響の範囲内で人権を尊重し、保護する義務を有するとした一般的義務で始まります。これは、まず国家が人権の保障に関して責任を負う、という原則を確認する一方、企業にもその活動や影響の範囲に応じて責任を負うというこの規範の基本的な考え方を表しています。

次に、具体的にどのような権利、あるいは責任なのかということが続きます。たとえば、戦争犯罪や人道法違反などの禁止、それら犯罪から利益を得ることの禁止です。実際に軍事、治安関連の製品やサービスを生産・提供している企業が、戦争犯罪、大量殺戮（りく）、拷問などを行ってはならないというだけでなく、その製品やサービスがそのようなことのために使われないようにしなければならない、そのようなことにつながる取引を行わないということです。また、企業の安全確保、保安について、その国の法律のほか、国際人権規範をも守り、従業員や他の人の権利を侵害しないよう、人道法に反しないよう行うことが求められています。企業の警備に関わって、プライバシーの権利に反した情報の収集や、表現の自由の侵害、あるいは過剰な武力の行使などを行ってはならないということです。

労働者の権利については、強制労働の禁止、子どもの搾取からの保護、労働環境や労働条件、団体交渉権などの労働者の権利の保護があげられています。また、そのほかにも健康、食料や飲料水、教育、思想の自由、表現の自由など、市民的、政治的、経済的、社会的および文化的権利の尊重、消費者の保護、環境の保護など広範な権利を含みます。

この規範を守るために、企業は、この規範に沿った事業規則をつくって、それを実施するほか、他の企業や人との契約もこの規範に沿ったものとすることが謳われています。また、企業のこの規範の実施を監視し、検証する国連、または国際機関、国内機関についても言及しています。

この規範は、人権小委員会で採択された後、人権委員会に付託されました。しかし、そこで、国家や企業、経済団体などから批判を受け、結局、人権委員会は2004年の会期で、この規範について、何の措置もとらないことを決め、企業が守らなければならないルールをつくろうという試みは挫折しました。

## 5　ビジネスと人権のための枠組みと指導指針

一方、2005年、人権委員会は国連事務総長に多国籍企業および他の企業と人権の問題に関する特別代表を任命することを要請し、グローバル・コンパクトの設立にも関わった、ジョン・ラギー・ハーバード大学教授が任命されました。その間、国連自体の改革案が進められ、2006年には、人権委員会が廃止され、新しく人権理事会がつくられました。ラギー特別代表はその人権理事会に対し、2008年、企業と人権に関する議論の新しい枠組みとして、「発展の権利を含む、すべての人権、市民的、政治的、経済的、社会的および文化的権利の伸長と保護—保護、尊重と救済：ビジネスと人権のための枠組み」と題した報告を提出しました。

同報告は、グローバル化によって、経済的な勢力、企業などの規模や影響力が、それぞれの社会の対応できる範囲を超えてしまったところに、問題があるとしています。そのために、国や地域によって、企業の活動による悪影響に対応できたり、できなかったりという格差が生じ、企業に対して十分に規制することや被害者に十分な救済を提供することができない事態が起きていると述べています。そのような背景をふまえて、報告は企業と人権の問題の考え方を３つの原則を含む枠組みでとらえました。

１つめは、人権を保護する国の義務です。現在、国際的な人権の制度は、国家の領域のなかにおいて人権を保障する義務の上に成り立っています。企業の活動と人権の議論においても、国家が、立法、政策などを通して、人権を保護する義務があるということです。そのなかには、企業が人権を重視することを促すための措置や、経済発展、貿易・投資などの政策などにおいても人権の保護の側面を導入すること、また、各国間で情報共有や協力が必要なこともあげられています。

２つめは、企業の人権を尊重する義務です。特別報告者は、企業がどの人権を守るべきか、列挙する考え方をとらず、企業の活動がどの基本的人権にもなんらかの影響を及ぼしうると報告しています。それらの人権に対して、法律を守るほか、人権を尊重しなければなりません。そのためには、人権を侵害しない「相当の注意」を払わなければならないと報告は述べています。「相当の注意」を払うために、企業はどのような人権に影響を及ぼしうるか知ったうえで、防止するための方策や対応措置をとらなければなりません。人権への影響は、自分たちの活動がどのようなものか、どのような国や地域で活動しているかによっても左右されます。

3つめは救済へのアクセスです。企業の活動によって被害を受けた人は、被害を訴えて、元の状態への回復、補償、謝罪などの救済を得られなければなりません。救済のための措置には、国の裁判所やその他の機関や制度、企業の苦情申し立て制度などがあります。

2011年にはこの報告の提案した枠組を実施するために、国家や企業がすべきことをあげた「ビジネスと人権のための指導指針」が人権理事会において採択されました。さらに、この問題に関する作業部会を新たにつくり、ビジネスと人権の枠組みの促進を図っています。作業部会は各国に枠組みや指導原則を実施するような国ごとの行動計画をつくるよう呼びかけています。

## 6　これからの企業と人権

企業を対象になんらかの人権の基準、またはルールをつくる、という試みは頓挫してましたが、2014年、国連人権理事会は、新たに法的拘束力のある国際的な規則をつくる検討を始めることを決めました。企業や国に強制することのできない指針などでは、人権が守られない、というNGOなどが多くこのことを求めていました。

一方、企業の社会的責任については、国連以外でもさまざまな取り組みが行われています。上述のような、OECDの行動指針のようなもの、一定の要件を満たし認証を受けるという形のものがあります。また、企業の活動に資金を提供する投資家が、環境や人権の基準や要件をもち、それに反する企業には投資しない、あるいは投資を引き上げる、ということもみられるようになりました。グローバル・コンパクトも国連環境計画と協力して、投資家が投資する際に環境や社会などの問題を考慮する、責任投資原則（PRI）をつくっています。

企業が人権についてどのような責任をどの程度負うのか、という議論は今後も続きますが、企業にとって、人権は関係のない問題と考えることはもはやできなくなっています*。

＊　企業に対する人権や環境に関する国ごとの取り組み：企業に対する人権や環境に関する国際的な基準やルールづくりとは別に、国ごとの取り組みもあります。国ごとの取り組みも、2010年に製品に金、錫、タングステンおよびタンタラムを使用する企業はそれらの鉱物資源がコンゴ民主共和国またはその周辺国で採掘されたものかを確認し、そうであればその対価が武装集団などの資金源とならないよう注意を払い、そのことを報告するよう義務づける法律を採択しました。これらの鉱物はスマートフォンをはじめ、電子機器等に使われています。一方、希少なこれらの鉱物資源が紛争地で武装集団の資金源となり、さらに紛争を煽りさえしていることが報告されています。コンゴ民主共和国では、90年代後半から複数の武装勢力や周辺国も巻き込む武力紛争が続き、500万人以上が亡くなっていると言われています。米国の法律は「紛争鉱物」の使用や流通に光を当て、それらを使用しにくくするものでした。しかし、2017年就任のトランプ米大統領は、同年２月にこの法律が含まれるドッド－フランク法の廃止を表明しています。

### ✐ もっと知りたい人のために

ジョン・ジェラルド・ラギー著、東澤靖訳『正しいビジネス――世界が取り組む「多国籍企業と人権」の課題』岩波書店、2014年。

## ❼-1 債務労働――借金を背負って働く

日本の労働基準法は、働くことのできる最低年齢を原則15才としています。18才未満の子どもについては、労働時間や就くことのできる仕事についても制限があります。家の手伝いをしたり、学業のあいている時間にアルバイトをしたりする子どももいるでしょう。しかし、世界では、もっと低い年齢から厳しい労働に従事する子どもが大勢います。

ILO は2012年、労働に従事している5才から17才の子どもの数を1.68億人、あるいは、世界の子どもの約11％、そのなかでも子どもの健康や安全に悪影響を及ぼしうる危険な労働に従事している子どもの数を8,500万人と推定しています。世界の子どものほぼ10人に1人が働いていることになりますが、それでもこの数字は2000年に比べると、大幅に減少し、特に女の子については、40％も減少しているとしています。

これらの多くの子どもが、農場、鉱山や採石場などで、厳しい状況のなかで長時間働いています。炎天下での農作業や、石炭や鉱石を運ぶ作業を行い、殺虫剤や爆発物などの危険にさらされています。また、家事労働で働く子どももいます。外からでは家のなかで子どもが働いているのかどうかさえもわからず、虐待の対象となることもあります。長時間働いていると、学校に行くことができず、教育の機会が奪われてしまいます。

子どもたちが働かざるをえないのは、貧しいことが最大の理由ですが、なかには、親や他の家族が負った借金を働いて返している子どもたちがいます。これが債務労働です。家族で、あるいは子どもだけで、長時間働き、働いた分は債務を返すために使われるので、本人にはほとんどお金は入りません。債務を負っている期間は長期にわたり、家族代々で返済のために働くこともあります。

ILO は、「労働最低年齢条約」（138号条約）で、子どもが働く労働最低年齢を15才、経済や教育制度が十分整備されていない発展途上国では14才としています。さらに、「最悪の形態の児童労働条約」（182号条約）では、債務労働、強制労働などの奴隷制、奴隷制に似た労働、買春、ポルノグラフィーに関わらせること、麻薬など違法行為に関わらせること、その他にも子どもの心身の健康や安全に危害を及ぼしうる仕事を最悪の形態として、18才以下の子どもがそのような労働に従事することを禁止するよう求めています。

## ❼-2　健康と知的財産権――HIV/AIDS薬品をめぐって

1980年代、世界でエイズ（HIV/AIDS；ヒト免疫不全ウイルス／エイズ＝後天性免疫不全症候群）への感染が急激に拡大しました。一時は成人の5人に1人が感染している国があり、アフリカのサハラ砂漠以南の諸国では、1200万人の子どもが親を失っていると言われていましたが、現在、治療薬の開発が進み、薬によって症状を抑えることが可能になり、生存率が改善しました。しかし、そのためには複数の種類の薬品を定期的に摂らなければなりません。感染者が多い発展途上国にとって、薬が安価に提供されるかどうかは大きな問題となりました。

薬品は、製薬会社が長い時間と費用をかけて研究や試験を重ねて開発します。特許は、薬品の開発者に一定期間、製造・販売の独占を認め、開発者は特許によって開発費を回収することができます。特許は、知的財産の1つの形態です。

薬品など、特許に関わる製品は、貿易などで国境を越えて移動します。どのようなものに、どのような手続きで知的財産権*を認めるかは各国が決めますが、他国で勝手に模倣品をつくられたりしないよう、特許を含む知的財産権に関して、国際的な取り決めがつくられています。その主なものが、WTOの「知的財産権の貿易側面に関する協定（TRIPs協定）」です。

一方、薬品の価格が高すぎて、必要としている人の手に届かないものになってしまうことがあります。1990年代になると、発展途上国や市民団体による、知的財産やその保護を主張する製薬会社や先進諸国などに対する批判が高まりました。批判は世界的に広がり、2001年、WTOは「ドーハ公衆衛生宣言」を採択しました。TRIPs協定は、国家の緊急事態に企業などがもつ特許権を第三者（別の企業など）に与え、製造・販売させることができるという強制実施権を認めています。この宣言は、強制実施権の発動に際し、何が緊急事態か各国が決定でき、公衆衛生（エイズや感染症などを含む）の問題も緊急事態になりうるとしています。

ドーハ宣言以後、一部の国が、強制実施権を発動し、国内向けの薬品の供給を図りました。また、製薬会社が発展途上国に、他国よりも低価格の薬品を提供する場合もあります。

＊　知的財産権：ロゴや製品名などの商標権、小説、音楽などの著作権、発明などの特許など無形のものについて、独占的な所有・利用などを認める権利。知的所有権ともいう。

# 第Ⅱ部

# 持続可能な社会の構想

工場から出る煙（ルーマニア）。1989年、同国は社会主義から資本主義に。1990年代、欧州で最も公害がひどい都市と言われたコプシャ・ミカがある＝山本敏晴撮影

# 持続可能な社会をめざして

## 1 はじめに

身近なペット（PET）ボトル。飲み終わったらキャップをはずし、ラベルをはがして踏み潰し、分別用の回収箱へ。回収されてリサイクルされるから、環境に優しいと思っていませんか？　ペットボトルは軽くて持ち歩きに便利、落としても壊れないという利便性が好まれて、1997年から2000年代初めにかけて販売量が急速に伸びました。しかし、ペットボトルにはごみとして収集するときにかさばる、生産コストがかかるという短所もあります。そもそも、回収されたペットボトルはちゃんとリサイクルされているのでしょうか。また、ペットボトルはリサイクルされているから「環境に優しい」といえるのでしょうか？

日本のペットボトル販売量は56万9000トン、回収率は93.5％（2014年度）で、他国と比べて回収率は良好です。回収された廃ペットボトルは主に再生PETフレークとして卵パック、食品トレイ、自動車天井材・内装材、カーペット、衣類等に利用されています。ペットボトルのリサイクルは1997年に施行された容器包装リサイクル法（容リ法）の下、資源循環のしくみが作られることで進展しました。しかし、回収された廃ペットボトルの半分近くは（約25万トン：2014年度）中国に輸出されていると推定されています。原油価格の下落に伴う入札価格の低迷に加え、仲介業者が廃ペットボトルを高値で買い取り輸出することで、原材料の調達が困難となり、国内ではリサイクル産業が育たないという問題が生じています。容リ法では国境を越える資源循環は想定されていないため、税金を投入して回収した廃ペットボトルが有価物として国外に流出することに対し、実効的な対策はとられていません。

そもそも、ペットボトルは「環境に優しい」のでしょうか？　ある製品が環境に良いかどうかを評価するためには、製造から廃棄までの全過程の環境負荷を評価するライフサイクルアセスメント（LCA）という方法がとられます。飲料容器のLCAを比較した環境省の調査（2011年）では、環境負荷が最も小さいと評価されたのはリターナブル瓶（ビール瓶、日本酒の一升瓶など、有料で回収されるビン容器）を地域内で循環させる場合でした。「サザエさん」で三河屋さんが各家庭に御用聞きと空き瓶回収に回っていたような方法です。しかし、リターナブル瓶は環境に良いはずなのに、最近ではあまりみかけません。リターナブル瓶の回収には販売業者の手間とコストがかかりますが、使い捨て（ワンウェイ）瓶やペットボトルは容リ法の下、市町村が回収を行い、回収費用も負担するため、メーカーにとって好都合だからです。

このように、ペットボトルは環境に良いから普及したわけではなく、その背景には、利便性を求める消費者や回収コストを回避しようとするメーカーの意向が働いています。同法施行後も法の目的である容器包装の発生抑制は進展せず、回収作業を担う市町村の負担が増える一方で、有用資源の国外流出が生じています。環境に配慮して作られたはずのリサイクルのしくみが環境負荷の低減につながらず、新たな問題を生み出しているのです。

ペットボトルのリサイクルは、法や政策の目的と効果がずれてしまった事例です。前述の調査では、ステンレス製の水筒（マイボトル）を持ち歩いて、12回、繰り返し使用すれば、ペットボトル1本分の環境負荷を下回ることが指摘されています。リサイクル関連法令が整備されて、私たちはゴミの分別を行い、マイバックを持参するなど、自らのライフスタイルが環境に与える影響を意識して行動するようになりました。しかし、何が本当に「環境に良い」のかを見極めて、運用実態をふまえた制度の見直しを図っていくことも重要です。容リ法は2006年改正で排出抑制の施策が盛り込まれましたが、まだ十分とは言えません。

さらに、長い目で見れば、このシステムを維持することが、経済的にも環境面でも大きな負荷を生み出す可能性があります。今後、原油の供給不足が生じれば、原材料の調達は今より困難となる可能性があります。また、捨てられたプラスチックごみは河川を通じて海に流入し、海洋生態系に大きな悪影響を及ぼし始めています。

これまで、私たちは安くて豊富なエネルギーを利用して生産力を高め、世界各地の資源を利用して、便利で豊かな社会を築いてきました。しかし、さまざまな資源には限りがあり、世界的に供給不足となることが危惧されています。また、科学者らは人類の活動は地球全体の環境容量の限界を越えつつあると警告しています。世界人口は、今後もアジア、アフリカで増え続け、2050年には97億人、2100年には112億人となると推計されています（2015年、国連）。一人ひとりが「環境に優しい」ライフスタイルを心がけるだけではなくて、大量生産、大量消費、大量廃棄システムそのものを見直す必要が生じています。

これから、私たちは豊かさをどのように実現し、分かち合うべきでしょう。社会の公正さを維持しつつ、個人の幸福を実現することは可能でしょうか。本章では「持続可能性」という考え方を手がかりとして、この課題を検討していきます。

## 2　「持続可能性」とは

環境分野で「持続可能性」という言葉が使われるようになったのは、1980年代後半からです。「持続可能な開発」は、国連の下で設立された「環境と開発に関する世界委員会（ブルントラント委員会）」の報告書（邦訳『地球の未来を守るために』1987年）によって広く知られるようになりました。同報告書は「持続可能な開発」を「将来世代のニーズを満たす能力を損なわずに現在世代のニーズを満たす開発」と定義し、地球環境の悪化のなかで「生態学的健全さを維持できる開発と、政府・企業・科学・市民の協力関係の変革を目指す政策が必要である」と指摘しています。

1972年の国連人間環境会議（ストックホルム会議）は環境問題を初めて全世界の共通課題と位置づけて、人間環境の保全と改善のための原則を決定しました。1980年代後半になるとオゾン層破壊、地球温暖化等、地球環境問題が懸案となり、1992年、国連は環境と開発に関する国際会議（リオ会議）を開催して、地球環境問題への国際的対応を検討しました。同会議では、「環境と開発に関するリオ宣言」、「アジェンダ21」(「アジェンダ」は「議題」の意)、「気候変動枠組条約」、「生物多様性条約」、「森林宣言」等の重要な国際文書が採択されています。持続可能な開発原則はリオ宣言の指導原理と位置づけられて、環境保護と開発のバランスを考慮するべきであることが国際的に合意されました。本原則はさまざまな環境条約に導入されて、多くの国々がこれを国内環境法政策の基本原則と位置づけています。

もっとも、原則の具体的内容は明確ではありません。この概念は元来、漁業の「最大維持可能漁獲量(MSY)」や林業の「最大伐採可能量(MAC)」等、再生可能な天然資源を自然の復元力以上に利用しないという考え方を反映し、環境への悪影響を将来世代に負債として残さないという趣旨で理解されていました。しかし、アジェンダ21では社会開発を含むより広い概念へと拡張され、先進国と途上国との世代内衡平を重視する政策指針と位置づけられました。地球規模の環境問題への対応を進めたい先進国と、経済発展のために資金援助を求める途上国の見解が対立するなか、「持続可能な開発」という象徴的な用語に合意することで、両者の妥協が図られたからです。同会議で設立された「持続可能な開発委員会」は5年毎の国際会議でアジェンダ21の実施評価と新たな行動計画の策定を行っています。この過程では、原則の内容を曖昧なまま議論するのではなく、環境保護、経済発展、社会開発について各々数値目標を掲げ、進捗状況を評価することが合意されました。しかし、資金援助の範囲について、先進国と途上国の見解は折り合わず、その後もさまざまな場面で対立と妥協が繰り返されています。

このように、「持続可能な開発」という概念は、地球環境問題への対応が国際社会の共通利益と認められることで、新たな機会を得た途上国と先進国の交渉の中で、時間的、空間的な広がりをもった公正さを示す概念として生成しました。本原則は環境、経済、社会開発を統合する新たな発展の方向性を示していますが、先進国と途上国が互いの妥協を引き出すために援用したため、原則が指示すべき社会理念について、具体的な検討は進みませんでした。

## 3　持続可能性の指標

「アジェンダ21」は第40章で「意思決定に信頼できる根拠を提供するために持続可能な開発の指標の開発と利用が必要である」と勧告しています。その後、国際機構、国家、民間シンクタンクがさまざまな指標を提案し、政策への反映や事業活動の方向づけを試みています。

国家単位の環境指標としては、OECDの環境指標、エコロジカル・フットプリント等があります。エコロジカル・フットプリントとは、あるエリア内の経済規模を土地や海洋の表面積に換算し、人口で割って一人当たり面積として指標化し、環境容量をどれぐらい超えた活動をしているか、わかるようにしたものです。日本や欧米各国の収支はほとんどが赤字で、地球全体で見ると、フットプリントの総計は生産可能面積の1.6倍となり（2016年）、すでに持続可能なレベルを超えていることがわかります。

事業活動については「持続可能な開発に関する世界経済人会議」が「より大きな価値をより小さな環境負荷で」という環境効率の考え方を提唱しました（1995年）。隠れたフローを表す環境負荷指標としては、エコロジカル・リュックサック（物やサービスが作られるときに必要な資源とエネルギーの総量を重量として表示する指標）や仮想水（食料生産に使われる水量を示す指標）があります。

これらの指標は自然資本を定量化し、それを基盤とした経済活動の持続可能性に焦点をあてたものです。さまざまな指標が議論されるなかで、現在の社会・経済システムの維持は困難であり、国家間の著しい不公正につながることがより明確になってきました。こうした評価はローマクラブの『成長の限界』（1972年）とも共通していますが、これらの議論では、技術革新によりエネルギー効率や資源効率を高めることで、経済成長と環境悪化の分離（デカップリング）は可能であると論じられていました。

しかし、2007年の世界不況の後、先進諸国はエネルギー集約型産業に回帰し、中国、インドなどの新興諸国が大規模工業開発を進める中、このような楽観的な見通しは見直しを迫られています。

これまでの持続可能性の指標が、政策指針として十分な成果をあげていないなか、2009年、ストックホルム・レジリアンス・センターのロックストロムが招集した科学者グループは「地球の境界（Planetary Boundaries）」という新たな概念を提唱しました。これは気候変動、淡水利用、窒素とリンの循環、オゾン層破壊など、地球を相対的に安定状態に保つために必要な９つの相互関係にある地球システム・プロセスを示すものです。その概念図は９つの境界で区切られた１つの円で示されて、円の内側が「人類が安全に活動できる空間領域」とされ、気候変動、窒素循環、生物多様性喪失の３項目はすでに限界を越え、他の項目も限界に近づいていることが示されています。一方、人類の福利が実現されるためには、誰もが尊厳を奪われず、基本的人権を保障されていることが不可欠です。そこで、「社会の存立基盤」と環境の天井の間のドーナツ状の空間領域が「人類にとって、環境的に安全でかつ基本的人権という観点から社会的に公正な空間領域（environmentally safe and a socially just space for humanity）」とされ、世界には、まだその基準に達していない「置き去りにされた人々」が多くいることも明らかにされました。

このように、「地球の限界」という見取り図の下、「持続可能性」は環境だけではなく、社会的公正さを含む概念として再定義され、資源の再配分を通して「社会の存立基盤」をすべての人に保障することが最優先課題と見なされています。2000年の国連総会で採択された「ミレニアム開発目標（MDGs）」は開発における社会的優先課題として所得、栄養、ジェンダー（社会的性差）、疾病対策、教育、安全な飲料水と基礎的衛生設備など、脆弱な「社会の存立基盤」の改善に取り組むべきことを示していましたが、この点は2015年に採択された「持続可能な開発目標（SDGs）」にも引き継がれています。

先進国でも、経済成長と人びとの福利の間には必ずしも相関関係が成立していないことが実感されるようになり、過度の消費を煽りつつ経済規模の拡大を求める経済からグリーン経済へ、さらには成長なき豊かさをめざすエコロジカル経済へと新たな経済パラダイムへの転換が関心を集めています。「地球の境界」という見取り図の下、人びとの静かな認識変化を新たな政策に結びつけることができるか、私たちの意思と賢慮が試されています。

## 4　再び日本へ

多くの資源を輸入に依存している日本にとっても、社会経済の持続可能性は重要な課題です。環境基本法第15条にもとづいて策定された環境基本計画では、4つの長期的目標の1つに「循環」が含められ、「循環」とは「自然界全体の物質循環から、各種の規模の生態系・地域における人間の社会経済活動を通じた物質循環までを含む、さまざまな系において健全な循環が確保されること」と定義されています。自然界と社会経済という2つの循環を確保するためには「最終的な廃棄処分の段階だけでなく、資源採掘や原料調達、生産、流通、消費、廃棄の各段階で、できるだけ環境負荷を低減する必要がある」とされています。第三次循環型社会基本計画は「入口」(資源生産性)、「循環」(資源循環率)、「出口」(最終処分量) にかかわる指標について平成32年度の達成目標を定めていますが、いずれも順調に推移し、日本はデカップリングの優等生であると見ることもできます。各種リサイクル法令の見直しが行われ、廃棄されたスマホやパソコンに含まれる希少金属を、廃棄物から取り出すことで価値が生まれる「都市鉱山」と見て、その回収を行うしくみも作られました (小型家電リサイクル法：2013年施行)。環境適合設計やゼロエミッション (ある事業所、産業から出る廃棄物を他の事業所、産業分野の原料として活用することで、廃棄物を出さないことをめざすこと) など、企業の自主的取組も進んでいます。

しかし、日本の食品廃棄物 (年間約632万トン) は世界全体の食糧援助量の2倍に匹敵し (2014年度：約320万トン)、食品ロスの削減や資源としての利活用は喫緊の課題です。低い食料自給率の下、農産物を大量に輸入することで、他国の水資源の枯渇に間接的に寄与しているという問題もあります。エコロジカル・フットプリントでは、日本は地球3個分の高消費国と見なされており、世界各地の資源の過剰利用に依存する現況は公正かつ持続可能とは言い難いように思われます。

日本国内でも格差拡大や長時間労働が社会問題化するなか、「持続可能性」を再定義し、適正規模の経済で豊かさを実感できる社会へとスローダウンする

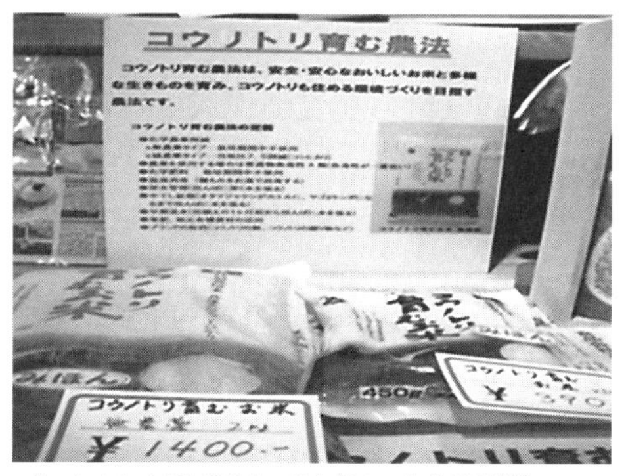


「コウノトリ育む農法」の取り組み＝遠井朗子撮影

ことは可能でしょうか。エコビレッジやトランジッションタウン運動*などの持続的な地域づくりの取り組みや、フェア・トレードやエシカル（倫理的）な（自然環境を損なわない、社会正義に反しない、地域社会を損なわない）消費など、個人レベルで新たな考え方を実践する人たちは徐々に増えています。社会全体を真に持続可能な方向へと転換していくためには、国際的な議論をふまえてめざすべき目標を明確化し、それを達成するための見取り図を描きつつ、社会のさまざまなレベルで科学的な知識や情報を共有しながら、新たな実践を積み重ねていくことが重要です。まだ遅すぎることはないが、もう先送りにすることはできないという科学者たちの警告を、私たちは重く受け止める必要があります。

＊　エコビレッジやトランジッションタウン運動：エコビレッジとは、食料やエネルギーなど、人間の基本的ニーズを身近な範囲で充足し、自然のサイクルに沿った形で環境、社会、経済の面で持続可能なライフスタイルの実現をめざすコミュニティ運動のことで、2000年前後から世界各地で広がっています。トランジッションタウンとは、人びとの知恵とネットワークにより、ピークオイル（安い石油を前提とした社会経済システムの終焉）や気候変動に対抗するための草の根のコミュニティ運動です。

### ✐ もっと知りたい人のために

ワールドウォッチ研究所『地球白書2013-14――特集　持続可能性確保の最終機会を活かす』ワールドウォッチジャパン、2016年。

## ❽-1　地域のエネルギー資源が地球を救う

2016年11月、今世紀末の温室効果ガス排出量ゼロ（脱炭素）を目標に掲げたパリ協定が発効しました。脱炭素社会の実現には化石燃料から再生可能エネルギーへの転換、エネルギー高効率化と省エネが不可欠です。再生可能エネルギーとは太陽光、風力、地熱、バイオマス、小水力等、自然界に存在し、永続的に利用できるエネルギー源を指します。デンマークでは地域共同体所有の風力やバイオマス発電が普及し、2012年に、2050年までに化石燃料ゼロをめざすという野心的目標が掲げられました。ドイツでは2000年、発電された電気を固定価格で買い取るよう電力事業者に求める固定価格買取制度（FIT）が導入されて、太陽光発電が飛躍的に増加しました。さらにドイツ各地の小規模自治体が再エネ利用、断熱素材で省エネ効果を高めたパッシブハウスの増改築やエネルギー高効率化によってエネルギー自立地域をめざす草の根運動が芽生え、エネルギー転換（ヴェンデ）の推進力となっています。エネルギー自立の取り組みによって地域の中でお金が回り、地域社会が豊かになることが実感されているのです。

日本でも、1990年代後半から新エネルギービジョンにもとづき風力、太陽光、バイオマス等の導入を進めてきた自治体や、市民風車の設置、運営を行うNPO法人北海道グリーンファンドの活動等の先駆的取り組みはありました。しかし、国の導入政策は消極的で電力市場への影響は限定的なものに留まっていました。

福島第一原子力発電所事故を契機として安全なエネルギーを求める世論が高まる中、2012年7月、日本でも全量買取とFITが始まりました。以後、各地で太陽光・風力発電施設の建設や計画が急増し発電量も増えていますが、大規模なパネルや風車建設に伴う低周波・騒音被害、鳥の衝突（バードストライク）、景観悪化等が問題となっています。

他方では、全国各地でご当地エネルギー会社が設立されて、エネルギーの地産地消が目指されています。長野県飯田（いいだ）市は条例で地域のエネルギー資源を利用し、その利用と調和的な生活環境の下で生存する権利を地域環境権と位置づけました。長野県は地域住民の再エネ事業立ち上げや省エネ住宅の普及を推進し、地域内でお金が回る施策を積極的に進めています。このように、地域の持続的発展を支援し、これをグローバルな課題解決に結びつけることで、地域分散型エネルギーシステムへの転換を図っていくことが重要です。

## ❽-2 国境を越える有害廃棄物

1999年11月、フィリピンのマニラ港に着いた貨物から、使用済み注射器などの医療廃棄物が出てきました。これは、日本の産業廃棄物処理業者が古紙として輸出したものです。フィリピン政府（1994年加盟）は、有害廃棄物の国境を越える移動を規制するバーゼル条約（1992年発効）違反であるとして日本政府に回収を求め、日本政府（1993年加盟）はこれを全量回収しました。

バーゼル条約は、1980年代に欧米諸国からアフリカなどに有害廃棄物が輸出されて環境汚染が多発したのを受けて制定されました（2019年12月現在の締約国・機関数は186か国、EU およびパレスチナ）。締約国が国内法を整備して実施されるこの条約は、有害廃棄物輸出の前に、輸入国に通知して許可を得ることを定めています。しかし実際には、不適切な輸出入（たとえば、中国への不法な廃棄物は1993～2004年に少なくとも65件）が発生しています。

バーゼル条約があるのに有害廃棄物の不適切な輸出入が行われるのは、何を有害廃棄物とするか曖昧なためです。たとえば、中古品のなかにはまだ使えるものがある一方、使えない廃品同様のものは廃棄物扱いをするべきですが、実際には中古品として輸出されることがあります。

現在、廃棄物の多くは先進国から途上国に移動しています。環境規制の厳しい先進国では、住民の反対が強くて廃棄物処理施設を容易に増やせない一方、一部の途上国では、経済成長により鉄スクラップなど再利用可能な廃棄物への需要が増えているためです。しかし、途上国では環境基準を十分守らずに廃棄物処理が行われることが多く、鉛中毒などの健康被害や環境汚染が指摘されています。

バーゼル条約は、1995年に先進国から途上国への有害廃棄物の移動を一律禁止のため改正されました（Ban 改正）。ところが、廃棄物の有効利用を妨げるとの懸念が示され、また、途上国の中にも廃棄物処理施設を充実する動きがあることを根拠に Ban 改正における先進国／途上国の区分が実情に合わないとの指摘も出され、国内的にこの改正に最終的な同意を与える（批准する）国はなかなか増えませんでした。しかし、数次におよぶ締約国会議での議論を経て、2019年12月に Ban 改正は発効しました（同月現在、締約国数は97か国および EU）。さらに、貿易自由化のための経済連携協定（EPA）には、関税率を下げる品目に廃棄物が含まれることがあり、有害廃棄物の輸出入が促進される懸念も出ています。今後、バーゼル条約の有効性を高める努力が国際社会に求められています。

## ❽-3 海洋環境管理のための自治体ネットワーク

近年、世界的な地方分権化の流れのなかで、自治体が各種政策の主体として台頭しています。国際協力の分野においても、事業主体として自治体が重要性を増しています。

その1つの例に、UNDP（国連開発計画）などの支援で実施されている東アジア海域環境管理パートナーシップ（PEMSEA〈http://pemsea.org/〉）があります。PEMSEAは、1994年から開始された海洋環境の保全事業ですが、これには、東アジアおよび東南アジアの国々（2016年10月現在で11ヶ国）から中央政府とともに自治体が参加して、魚を守るために魚の捕獲を禁止する魚類保護区の設定や人工サンゴ礁の設置などの漁場回復事業、漁場や養殖場、観光用の海域などを区分する沿岸利用区画の設定といった沿岸環境管理に取り組んでいます。ここでは、実施主体の自治体が中央政府の支援を得ながら民間企業や研究機関、市民組織と協力して事業を行っており、これらの自治体は国境を越えたネットワークを形成して、情報交換を行いながら各々の事業を進めています。

この自治体のネットワークは、各自治体が事業実施のノウハウやアイデアを得るための場として機能しています。たとえば、フィリピンのカビテ州は、2004年の正式参加前に、先行して事業を行っている中国のアモイを見学し（2001年）、PEMSEA参加自治体でつくる「持続可能な沿岸開発のためのPEMSEA自治体ネットワーク」の国際フォーラム（2003年、マレーシアで開催）に参加して、事業実施のノウハウを学んでいます。そして、海岸・河川清掃やマングローブ植樹などの沿岸管理事業を始めた後も、ネットワークの年次会合等で情報の交換を活発に行っています。

このネットワークでは、政治体制の異なる国々を含めた各国の自治体が、海洋環境保全のために、自由に交流・協力しています。このように、個別の課題をめぐる自治体の国際協力は、ともすれば国益に縛られて協力関係を築くことが難しくなる国家間の外交とは異なり、自由で平等な雰囲気のなかで具体的な成果をあげることができる点で、今後の国際協力の1つのあり方を示すものということができるでしょう。

# 9 先住民と環境

地球の生態系に順応した伝統を守って生活する先住民は、世界人口の約６％（約３億7000万人）を占めています（この数字は「先住民」をどのように定義するかによって異なります）。アイヌは古代から北海道、千島列島、樺太（サハリン）に住んできました。サーミは現在のノルウェー、スウェーデン、フィンランド、ロシアの領土にまたがって暮らしていますが、彼らはこれらの国家の国境が画定する以前からそこに住み、北米の一部の先住民は最終氷期の終わりから同じ地域に住んできました。先住民は世界のなかで最も貧しい民族の１つで、植民地時代に大きな被害を受け、多くの複雑な法的・歴史的問題に直面しています。

## 1　民族自決の問題

近代国際関係の基本原則は「男女及び大小各国の同権」（国連憲章前文）です。この原則は、自由権規約の第１条に反映され、同条は「すべての人民は自決の権利を有する」と規定しています。しかし、先住民が自らに影響のある開発に関して声をあげることは困難でした。

その理由の１つは、立法機関のなかに先住民の代表がいなかったことです。近代の立法府の特徴は、都市の代表と地理的範囲の代表で構成され、場合によっては大学のような特定の利益団体の代表を含むこともあります。とはいえ、多くの近代国家は先住民の伝統や社会秩序の形式に敬意を払うことなく形成されたので、その特徴として先住民たちは「権利能力のない者（non-persons）」として分類されています。民主主義国家が発展しても、先住民はしばしば選挙権を否定され、国境の多くは先住民が伝統的に利用してきた地域をばらばらの支配地域に分割してしまいました。先祖伝来の土地が分断されなかった場合でも、先住民の代表が政府に参加していないという端的な理由で、自らの利益を守るのは難しいとわかりました。

国際的なレベルで、先住民のほとんどは「国家」としての承認を拒否されてきました。このことは、国家のみが国連のような組織の構成員になれるという意味で、深刻な問題を抱えています。1933年モンテビデオ条約（第1条）によれば、「国家」とは恒久的住民、領域、政府、および他の国家と関係を結ぶ能力を有していなければなりません。多くの先住民はこれらの要件を備えていますが、まだ国連に加盟することができていません。というのは、加盟には総会の3分の2の賛成が必要だからです（国連憲章4条、18条）。すでに国連に加盟している国家は、自らの領土保全や貴重な資源に対する権利の主張を脅かすおそれのある措置を支持したがりません。国連既加盟国は先住民を文化的または民族的少数者として分類しようとしています。

国連は、先住民であるかどうかにかかわりなく、少数者に特別な保護を提供しています。たとえば、欧州のトルコ人移民労働者は先住民ではありません。多くの先住民は少数者として分類されることを望んでいません。それは、そのことが自由権規約に規定された自決権のような集団的な政治的諸権利をもっていないということを示すからです。この権利〈自決権〉（〈　〉は訳者による加筆。以下同じ）が重要なのは、人間と自然界との関係に関する先住民の多くの考え方と近代法との間に根本的な哲学的相違があるためです。

## 2　先住民の哲学

近代国際社会は植民地と資本主義的な活動の産物であって、その活動では資源開発と商業的利益を容易にするための私的財産権が保護されてきました。先住民の伝統は、通常、共同体の権利や土地・文化・環境の相互依存を強調し、一般に長期にわたって持続可能な経済を発展させてきました。先住民は、個人を定められた資源や区切られた土地の所有者や支配者とみるのではなく、人間は自然の秩序の一部として、将来の世代のために自然の統一性を維持するという継続的な義務を負っていると考えています。

地球の生態系を維持し保護する必要性がますます国際的に認められてきたことが、先住民の視点に対して徐々に敬意をはらう状況を導いています。先住民が環境の健全性と生産性を守るように環境を管理しているということが、人類学者や科学者によって明らかにされつつあります。こうした公平性や健全性への先住民の関与は、国際的な人権条約に反映された普遍的な人間の価値に一致しています。結果的に、先住民の権利に対する多くの保護は、ILO 第169号条約（1989年原住民及び種族民条約）や生物多様性条約のような文書のなかに取り入れられてきました。

## 3　先住民と植民者との関係の再検討

国家や国際組織のなかには、先住民が国家として承認されていない場合でも、先住民に政治的発言権を与える制度を発展させている場合があります。1996年には北極評議会が、30の先住民族を含む約400万の人口を抱える極地の環境保護と持続的発展を促進するために設立されました。同評議会の構成員は、北極地域に主権を主張する８つの国々（カナダ、デンマーク（グリーンランドを含む)、フィンランド、アイスランド、ノルウェー、スウェーデン、ロシア、米国）で、先住民を代表する６団体（アルート国際協会、北極アサバスカン協議会、グウィッチン国際協議会、イヌイット環極地協議会、ロシア北部先住民協会、サーミ協議会）が恒久的参加者です。先住民団体は投票権がありませんが、同団体の代表者たちは国家代表といっしょにテーブルについて、討論に十分に参加〈発言〉することができます。日本を含む他の国家や政府間国際組織は、〈発言・投票できない〉オブザーバーの地位を有しています。

先住民の見解を表明するもう１つの道は、国連経済社会理事会に助言や提言を行う機関として2002年に設立された「先住民問題に関する常設フォーラム」です。その成果には「2007年先住民の権利に関する国連宣言」が含まれ、同宣言は先住民が土地と資源を奪われた植民地時代に起こった不公正を正していこうと努めるものです。また同宣言は、先住民の平等権と先住民がその必要と利

先住民マスキームの保留地（リザーブ）にある、マスキームの組織（バンド）の行政事務所（カナダ）＝中村都撮影

＊　リザーブ：植民者が先住民のほとんどの土地を収奪した後、先住民に残された土地で、現在カナダ政府が管理権限をもちます。

＊　バンド：リザーブを単位とする先住民組織。

益にしたがって発展する権利を確認し、基本的な人権の諸原則を繰り返し述べています。同宣言には圧倒的多数である143の国が賛成の投票をしました。11の棄権と豪州、カナダ、ニュージーランド、米国の４か国のみの反対がありました。ニュージーランドは現在では宣言を支持すると公表し、他国も賛同するように圧力をかけられています。

こうした展開が示すように、植民地主義の崩壊と国際法の、平等主義的な植民地以後の再構築は、多くの国々に先住民との関係を見直すように強く求めています。国内の少数民族の存在を否定してきた日本政府は1997年、「北海道旧土人保護法」（1899年制定）を廃止し、2008年６月６日にアイヌ＊を「先住民族」（国会議決での用語）として公式に認めました。しかし、近代的基準に〈国内法を〉適合させていく過程は他の国でははるかに複雑です。「2007年先住民の権利に関する宣言」に反対の投票をした国はすべて、国民の多数が植民者と移民の子孫である「移民の国」であるというのが、その理由の１つです。

＊　アイヌ：少なくとも13〜14世紀には、北海道を中心に樺太や千島列島に居住していたと考えられている、日本の先住民族。サケ、クマ、シカ、アザラシなどの狩猟や山野草の採集生活を中心とする固有の文化と言語をもち、蝦夷地（北海道）に入植した松前藩や明治政府の開拓政策によって、本州の大和民族の支配を受けてきました。現在は、北海道の日高・胆振（いぶり）地方を中心に約２万3000人のアイヌがいるとされています。アイヌは、二風谷（にぶたに）ダム建設差し止め訴訟判決や国会決議などを通して日本の先住民として認められており、アイヌ文化振興法（1997年制定）によって伝統文化の振興と普及啓発を目的とした事業が行われています。

## 4　カナダの事例

先住民の権利がどのように解釈され、近代経済の需要とのバランスを取るかについて、多くの問題があります。カナダ政府は先住民の大いなる多様性を組み込んできた国で、1982年憲法で「先住民の諸権利と条約を結ぶ権利」を承認しました。しかしカナダは、ほとんど人が住んでいないという前提で植民地化されたので、先住民が伝統的に使用してきた領域内での森林伐採や鉱物採掘、石油掘削、その他の事業を行う許認可を与えるなどの行為が、それらの土地が条約で〈先住民以外に〉譲渡されていない場合であっても継続して行われています。カナダ最高裁は、先住民に影響を及ぼすおそれのあるプロジェクトの実施には、先住民と協議する義務があると判示していますが、先住民は過去に多くの苦い経験をしているので、彼らの協力を得るのは難しいと思われます。

数え切れないくらい多くの資源開発会社が廃業したり破産を宣言した後に残された先住民は、鉱物資源や伐採された木材から何の利益も得ていないのに、深刻な環境被害を被っています。環境被害には高度に汚染された廃棄物も含まれています。オンタリオ州北部の僻地では、伝統的な生活様式にのっとって暮らしている先住民が、ミナマタ（水俣）病*に苦しんでいます。ミナマタ病は1956年、〈現在の〉チッソ株式会社の化学工場がメチル水銀を水中に投棄した日本で最初に確認された病気で、汚染された魚を食べたことが原因で引き起こされ、神経を侵し麻痺を起こします。化学物質による汚染はまた、オンタリオ州スー・セイント・メアリーの近くの居留地に住む先住民に、学習障害や男児の出生数の大幅な減少を発生させたと考えられています。産業化されていない先住民が、産業化による汚染を被っているという他の事例も多くあります。

* ミナマタ（水俣）病：熊本県水俣市のチッソ工場が、有機水銀を含んだ排水を海に流したことが原因で住民に発生した被害で、四肢末端感覚障害などの水銀中毒症状が特徴。新潟の昭和電工の排水による第二水俣病やカナダのオンタリオ州で製紙工場が排出した有機水銀による健康被害（1970年～）など、世界でも自然に則した生活をしている人びとの被害が大きく、国際的な有機水銀汚染防止を目的とする水俣条約が、2013年に成立しました。

カナダの他の地域では、水力発電プロジェクトが広大な土地を水没させ、魚や猟獣のすみかを破壊しています。先住民との協議は通常、開発に対する抵抗として現れてきます。先住民の懸念についての聴取ののち、〈カナダ政府による〉「1974年マッケンジー渓谷パイプライン調査」は、油送管の建設への反対を勧告しました。それは、油送管の建設が動物の移動ルートの妨害にあたり、伝統的な経済が依存している食物や毛皮を供給する生き物を追い払って、環境破壊の危険を冒すことが明らかになったからです。しかし、この資源開発から得られる利益は非常に大きくまた非常に短期的なので、油送管やガス油田、鉱山、水力発電プロジェクトなどが、主に先住民が生活する地域で提案または建設され続けています。

カナダで先住民の権利を最初にそして最も積極的に支持してきた人びとは、環境保護主義者です。たとえばアルバータ州は、〈先住民との〉条約でカナダに決して譲渡されたことのなかった、ルビコンの住む地域での木材伐採権をダイショウワ（大昭和）に与えました。1980年代には国際的なボイコットが組織され、一連の複雑な訴訟事件へと発展しました*。先住民と環境保護主義者たちの双方からの異議申し立ては、ほかの多くのプロジェクト（譲渡されていないシュースワップの領域へのサンピークス・スキー・リゾートの拡張*を含む）を延期させています。アルバータ州のタールサンド〈原油を含む砂岩〉開発が引き起こした環境破壊に抗議して、ビーバー・レイク・クリー・ネイションが裁判を起こしていますが、その根拠はタールサンド開発が伝統的な狩猟や漁労の土地に損害を与えているというものです。西海岸に住む先住民の連合もまた、シェル・カナダ社による、〈ブリティッシュ・コロンビア州の〉ナス川、スキーナ川、スティキーネ川という「聖なる源流」地域から石炭層に埋もれたメタンを抽出する計画に反対しています。これらの川は、先住民の文化と伝統的な経済にとって大きな重要性をもった大切な鮭が遡上する川で、環境と健全な食物供給の保護に関心をもつカナダ人にも同様に重要なのです。

＊　大昭和製紙事件：大昭和丸紅インターナショナルが、カナダのアルバータ州の先住民であるルビコンの居住地域での森林伐採権の行使をめぐる紛争の過程で、同社の製品に対するボイコット運動の停止を求めた事件。ボイコット運動は消費者の自由な選択権で

あるとして、請求は退けられました。

＊ サン・ピークス事件：カナダのブリティッシュ・コロンビア州で開発されたサンピークス・スキー・リゾート（㈱日本ケーブルの関連会社）開発の施設拡張工事に対して、先住民が行った抗議行動に対して裁判所が排除命令を出した事件。カナダでは1982年憲法や最高裁判決で先住民権が認められていますが、この裁判では先住民の土地に対する訴えは退けられました。

先住民による伝統的な土地の使用は、つねに産業開発に従属させられていますが、一般のカナダ人にも環境保護の意識が高まったことが、多くの積極的な動きを後押ししてきました。一部の先住民は、利益をあげながらしかも環境にやさしい合弁事業を成功させました。また、環境に配慮した観光（エコ・ツーリズム；コラム**❾-3**）や環境への負荷を最小限度にした方法で山の渓流から遠方の地域に電力を供給する「川を利用した小規模発電計画」などへの関心も高まっています。

## 5 まとめ

先住民と一般の人びとの双方が近代的な資源開発の危険性に徐々に気づき始めています。桁外れの浄化努力にもかかわらず、アラスカ沿岸は1989年にエクソン・バルデス号から流出した原油*によって汚染されたままになっています。こうした惨事は、資本主義的な資源開発の要請と、先住民のもつ価値や持続可能な開発と長期的な環境の健全性という理想を調和させる際の難しさを強く示すものです。

深刻な問題はたくさん残っているものの、先住民の政治的な決定作成への参加を許容することは、国際関係を改善しており、より健全な環境とより持続可能な世界社会をもたらすでしょう。

＊ エクソン・バルデス号原油流出事件：米石油大手エクソンモービルの石油タンカー「エクソン・バルデス号」が米アラスカ州の湾内で座礁して、原油流出による大規模な環境破壊を引き起こした事件。エクソンモービルの支払う損害賠償額をめぐる裁判で米最高裁は、米連邦控訴裁判所による25億ドル（約2700億円）の損害賠償命令を過度であるとして約5分の1に減額する判断を下しました。

カナダでは近年、環境保護と先住民向けの寄宿学校*による先住民の社会や文化の破壊を中心に、先住民問題への一般の人々の関心が高まっています*。

＊　寄宿学校（Residential Schools）：植民地期から1960～70年代、カナダ政府は先住民の子どもを白人移住者の社会に同化させるため、先住民向け寄宿学校を全土に設けていました（運営はキリスト教会）。子ども（推定15万人）はよく両親の同意なしに連れ去られ、先住民のことばを話すと罰せられ、英語か仏語を話すよう強制されました。食事はひどく、多数（推定3200～6000人）が病気（肺結核等）や虐待で死亡しました。先住民を苦しめた親子の隔離、文化の断絶（言語や生活様式、祭祀の衰退）は同校を出た後の精神的苦痛、アイデンティティの揺らぎ、麻薬・アルコール中毒、自殺等として現れ、現世代にも大きく影響しています。同政府は2008年、先住民に謝罪し、同国の真実と和解委員会（形式上、独立機関）の調査は2015年、これを文化的虐殺と結論づけました。

＊　パイプラインと先住民の諸権利：パイプライン（液化天然ガス［LNG］用、原油用、アルバータ州の油砂＝タールサンドからのアスファルトやコールタール用等）は先住民が何千年も生活してきた大地を通ります。地殻変動でパイプラインは頻繁に破壊され、流出油は大気、水、土壌を汚染するため、動植物は食用不可になります。天然ガス抽出に使われる水圧破砕も汚染の原因となり、地震の引き金にもなっています。輸送船が沈めば、海洋生物や海岸の保全は不可能です。環境保護活動家や太平洋岸の主要都市（バンクーバー等）の市長や非常に多くの市民は先住民とともにパイプライン建設に反対しています。

### ✎ もっと知りたい人のために

上村英明監修、藤岡美恵子・中野憲志編『グローバル時代の先住民族』法律文化社、2004年。

## ❾-1 先住民と知的財産権

先住民の知的財産の保護は、先住民が知的財産権関連の法規を定める国際組織に非加盟のため、困難です。一般の人びとは、利用している食物や薬草が選択の結果の産物と十分認識していません。一部の先住民の文化には誰が特定の物やデザインを使用できるかについて規制があり、各先住民集団は彼らがつくった歌や伝統的な素材・道具について独自の解釈をもっています。

複数の研究者が1988年、台湾政府公認のある先住民集団をフランスに招き彼らの複数の歌を記録しました。他方、エニグマ（独のロック・グループ）がアトランタ五輪（1996年）宣伝の曲「無垢への帰還（Return to Innocence）」の背景にアミ（先住民）の歌の一部を使用したため、アミは台湾政府の支援を受け、彼らの歌の商業目的の使用を理由に損害賠償請求ができました。しかし、知的・文化的財産はそれらの創造者になんらの利益供与なしに、頻繁に盗用・横領されています。

米国などでは現在、食用穀物や微生物、動物の細胞（ヒト遺伝子配列を含む）の特許の取得が可能です。このため、「生物資源を巡る略奪行為（バイオパイラシー）」や「生物資源を巡る植民地主義（バイオコロニアリズム）」が起こっています。民間の大企業は伝統的知識を使って自然の諸物質（先住民が染料、食料、医療など生活に利用してきた物）や彼らの知識を見つけ、それらを分離して特許を取って利益を独占し、しかもその元来の使用者に知らせたり同意を得たりしていません。

時には特許権者は伝統的な使用を妨げたり、医療のために収集した資源を他の複数の目的の特許に利用し、その提供者に知らせたり同意を得たりしていません。1995年、米国立衛生研究所（NIH）がパプアニューギニアのある先住民男性のDNAに関する特許を取得しました。「ヒトゲノム多様性プロジェクト」（「ヒトゲノム」は「ヒトの遺伝情報全体」の意）も大論争（焦点は遺伝子上、特異と考えられる先住民の研究）を引き起こしています。

生物多様性条約第8条J項は締約国に、先住民の伝統の尊重と先住民が提供する利益の衡平な分配の促進を求めています。WIPOは「知的財産及び遺伝資源、伝承の知識、フォークロアに関する政府間委員会（IGC）」を設置し、この分野の倫理的・政策的諸問題を検討することになりました。一方、インドは伝統的な植物（ニームの木など）の使用が脅かされかねない特許権の適用に抗議して、この大昔からの伝統文化を保護する目的で情報を収集し、公表して対抗しています。

## ❾-2　内モンゴルの開発と社会

内モンゴルとは万里の長城とモンゴル国の間に挟まれた地域を指し、行政組織上は中国の自治区となっています。モンゴル人はこの地を「南(ウブル)モンゴル」と呼び、モンゴル国のモンゴル人と同じくチンギス・ハーンを「民族の開祖」と仰ぎます。南北のモンゴル人は同じ歴史を共有してきましたが、1911年にモンゴルの北半分が清朝からの独立に成功し、南の方は中国人（漢民族）入植者が先住民のモンゴル人よりも多かったので、中華民国に占領されました。内モンゴルは先住民が少数派に転落し、外来の入植者が多数派を占める社会です。

1904年に日露戦争が終結すると、内モンゴルの東部は日本の勢力圏に組み込まれました。1931年の満洲事変を経て内モンゴルの３分の２ほどの地は満洲国の領土となるか、あるいは間接支配下に置かれるようになりました。

モンゴル人は有史以来ずっと移動遊牧を営んできましたが、その放牧地の草原は入植者の中国人に占領されて農耕地に変えられてしまったので、両者の対立も激化していました。緑の草に覆われた大地もその栄養層は薄く、年間降水量も150mm未満のため、いったん開墾されると、たちまち沙漠と化してしまうからです。日本は綿密な現地調査を通してモンゴル人と中国人との対立の原因を探り、両民族の棲み分けを政策として実行に移しました。モンゴル人には遊牧生活を続けさせ、中国人を河川沿いの農耕に適した地域に移住するなどの具体策で民族間の対立を日本は抑えていました。日本はまた積極的に学校を設置し、モンゴル人を日本に留学させるなどの政策を実施していたので、内モンゴルの近代化は急ピッチに進んでいました。

日本が内モンゴルから撤退した後に誕生した中華人民共和国は中国人が支配者となった国家です。中国はまず日本統治時代に育ったモンゴルの知識人を粛清して歴史を清算しました（犠牲者数は27900人）。それから、農耕こそが最高の文明で、遊牧は立ち遅れた生業だとの価値観を持つ中国人を大量に移住させ、遊牧民を強制的に定住させて農耕に従事させるなど、苛烈な同化政策を草原地帯に導入しました。中国はこの種の政策を「社会主義的特色に基づく開発」だと謳歌していますが、先住民のモンゴル人は農耕に不向きのため、貧困化の道を辿っています。学校教育でも中国語が優先され、公務員や企業の採用も中国人を優先としているので、先住民はあらゆる権利を失っています。チベットと新疆ウイグル自治区と並んで、内モンゴルは民族紛争の激しい地域の１つです。

## ❾-3 エコツーリズムとは何か

エコツーリズムは「自然環境や歴史文化を対象とし、それらを体験し、学ぶとともに、対象となる地域の自然環境や歴史文化の保全に責任を持つ観光のありかた」（環境省）とされ、これがパッケージ化されたものを「エコツアー」と呼びます。いわゆる物見遊山的なマスツーリズムに対するオルタナティブ・ツーリズムの1つで、エコロジー意識の高まりを背景に1960年頃のヨーロッパで誕生したとされています。日本では1990年にJTBが企画したボルネオの『熱帯雨林の視察と植林の旅』を嚆矢とし、屋久島などで民間事業者によるエコツアーが誕生しました。

エコツーリズムの概念を説明する際によく用いられる、FAOローマ投資センターのフィリップ・トレシャー（Philip Thresher）の考察を紹介しましょう。彼はライオンの狩猟ツアーとケニアのアンボセリ国立公園で実施されていたサファリ体験ツアーの経済効果を比較しました。狩猟ツアーを選択した場合、狩られたライオンの命はそこで尽きてしまいます。このため、1頭の価値はその観光客が1頭を狩るまでの平均21日間に投下する8500ドルと、その皮革から生まれる商品価値960ドル～1325ドルの合計額にとどまることになります。これに対し、保護区内の体験ツアーを選択すれば、ライオンはその寿命が尽きるまで約6～7年間にわたって継続的に観光資源として利用でき、子孫を生んで継続的な利用も見込めることから、最終的に約51万5000ドルの利益を現地にもたらすことになるというのです。彼のこの考察は『ライオンの経済学』として知られています。

スポーツとしてのライオン狩りと、保護区内でのライオン見学ツアーは、どちらも広義のエコツアーです。しかし、ライオンを狩りすぎてしまうと、彼らに捕食されていた草食動物がその分増え、草木の食害が進んで生態系の均衡は崩れてしまうかもしれません。したがって、生態系に手を加える際は、その地域の生態系全体のバランスを考え、その持続可能性を損なわない範囲にとどめなくてはなりません。近視眼的な利益に目を奪われて資源としての動植物を乱獲してしまえば、その資源の枯渇を招くばかりでなく、その資源の存在によって保たれていた生態系の攪乱を招くことになり、中長期的に見れば地域のためにはなりません。地域の生活者にもエコツーリズムの意義を理解してもらい、その協力のもと持続的な利用を図っていけば、特に途上国では継続的な外貨獲得にツーリズムが貢献することもあるのです。これを「貧困克服のためのツーリズム（Pro-poor Tourism）」と呼びます。

# 10 食料安全保障

## 1　食料安全保障の重要性

食料は人間が生きていくために、また健康な生活を送るために不可欠なものです。もし、食料が不足すると、人びとは普段どおりの生活ができなくなり、社会が大きく混乱してしまいます。そのため、食料の需給を安定させることは、国の基本的な役割です。また、ただ量的に確保されるだけでなく、安全な食料が、消費者にとってあまり大きな負担とならない価格で供給されることも必要です。

社会・経済のなかでは、予想できない事態が突然起こることがあります。そういった「不測の事態」でも、食料が十分に供給されるように準備しておく必要があります。食料供給が十分に行われない場合に、どのように対応するかをあらかじめ決めておき、日ごろから準備をしておくことを食料安全保障と言います。

特に日本は、食料自給率（カロリーベース）がここ10年以上40％前後（農林水産省「食料需給表」）ときわめて低く、食料の多くを海外に依存する世界最大の農産物純輸入国です。そのため、国内外での不作や、国際紛争によって食料輸入が大幅に減少したり、あるいは途絶したりしてしまうと、国民の食料が十分に確保されないという深刻な事態に陥ります。そのため、日本にとって、食料安全保障はきわめて重要なことです。

なお、「食料」とは食べ物の意味で使われ、「食糧」とは米や小麦などの主食、あるいは穀物を指すときに使われます。

## 2　不測の事態とは何か

食料の供給が十分でなくなる事態、すなわち「不測の事態」とは、以下のようなことです。

まず、冷夏や長雨などの異常気象によって、国内における作物の収穫量が大きく減少することです。日本では、1993年、冷害によって米の大凶作が起きました。不足した分は、タイ、米国、中国、豪州から緊急に輸入されました。しかし、米の価格が大幅に上昇し、米を買うために長い行列で待たされるなど大きな混乱が起き、「平成の米騒動」と呼ばれました。

次に、食料の輸出国が輸出を制限し、十分な輸入ができなくなってしまう場合です。1973年に、米国は前年産の大豆が不作であったため、73日間の輸出規制措置を行いました。これによって、米国産大豆の価格が高騰しました。米国産大豆に大きく依存していた日本では、大きな混乱が起き、中国への輸出促進要請、国産大豆の出荷促進指導などによって対応しました。

農産物はまず国内の需要を満たし、余ったら輸出に回されるという性格をもっています。自国で食料が不足しているときに、わざわざ他国に輸出するような国はありません。そのため、食料の国際市場は、輸出国の動向に大きく左右され、たいへん不安定なものです。

また、食料が経済制裁の手段としても使われることで食料輸出は輸出国の政治情勢に大きく影響されます。1980年1月、米国のカーター大統領は、ソ連のアフガニスタン侵攻に対して穀物の禁輸措置を行いました。しかし、ソ連がアフガニスタンに居座り続けたのにもかかわらず、1981年4月には、新しく大統領となったレーガンが、穀物禁輸を解除しました。他の食料輸出国が米国に代わってソ連に輸出し、米国産の穀物の市場が奪われるおそれがあったからです。

さらに、近年、問題となっているのが、食品への有害物質の混入です。牛海綿状脳症（BSE、いわゆる狂牛病）、保管中にカビが発生したり、基準値を超える農薬が残留した事故米穀の食用への横流し、中国産冷凍ギョウザによる健康被害など、食の安全・安心が脅かされる事件が多発しています。問題が発生したときには、原因を突き止め、汚染された食品を流通から排除する必要があります。また、問題が発生しないように、事前に監視体制を整えておくことが重要です。

このように食料供給における「不測の事態」には、さまざまなものがあります。異常気象といった自然に関するものだけでなく、国際情勢とも深く関係しています。

## 3　食料安全保障に対する２つの考え方

食料の安定供給の確保といった場合、「不測時の食料安全保障」と「平時における安定供給」とがあります。これらをどう関連させるのかが重要です。不測時に備えて、平時にどのような対応をしていくかということです。これは、大きく分けて２つの考え方があります。この考え方の違いは、農業政策のあり方とも深く関係してきます。

１つめは、自由貿易を推進し、普段から海外に食料を依存し、輸出国との安定的な関係をつくることが、食料安全保障につながるという考え方です。自由に貿易することにしておけば、不測時であっても、輸出国は輸出してくれるはずだ、あるいは他の輸出国から輸入をすればよいという考え方です。自由貿易を推進すれば、海外から安い食料がいま以上に多く輸入されますから、食料自給率は低下します。国内農業との関連で言えば、海外から安い農産物が入り、国内の農産物の価格も安くなるので、競争原理が働いて、農家が効率的な生産をするようになるという考え方です。

もう１つは、不測時に備えて、平時においても国内の食料供給力の確保・向上を図ることが重要であるという考え方です。輸入への依存をさらに強めてしまえば、食料の供給がいっそう不安定になるとする立場です。この考え方をとれば、不測時における対応を適切に行えるよう、普段から国内で食料を確保することを重視し、食料自給率の向上をめざすことが重要となります。また、国内農業にとって重要な品目には高い関税を課すといった国境措置を重視し、国内の農業を保護することが重要となります。

このような2つの考え方がありますが、食料が不足したときのために、平時から食料の安定供給を確保し、普段から国内農業の生産力を高めておくと考えるのが自然でしょう。世界的な食料不足が起きれば、普段安定した関係を築いていても、やはり輸出国は輸出制限をする可能性が高いと考えられます。平時において、食料自給率の目標を設定し、その達成に向けてさまざまな取り組みを行うことが重要と言えます。そこで以下では、2つめの考え方に沿って、説明をしていきたいと思います。

## 4　不測時における対応

さて、不測の要因により、日本で食料不足が起きた場合、あるいは起きそうな場合には、どのように対応することになっているのでしょうか。農水省が策定した「緊急事態食料安全保障指針」〈http://www.maff.go.jp/j/zyukyu/anpo/pdf/anpo_shishin.pdf〉では、3段階のレベルが想定されています。

レベル0は、「レベル1以降の事態に発展するおそれがある場合」です。この段階は、特定の品目の供給が不足する可能性が出てきた場合、たとえば、米が不足しそうなときです。この段階では、当面の食料供給の確保のために、備蓄している食料の活用、輸入先の多角化、代替品の輸入などを行うことになっています。このほか、政府は、情報の収集・分析・提供、関係者の取り組みの促進、価格動向などの調査・監視などを行うことにしています。

レベル1は、「特定の品目の供給が平時の供給を2割以上下回ると予想される場合」です。想定されるのは、1973年の大豆の価格高騰や1993年の米不足のような事態です。このレベルでは、食料増産のために、肥料や農薬などの生産資材の必要数量を確保し、今使われていない農地を利用して食料を生産することになっています。また、適正な流通を確保するために、地域によって需給の不均衡が発生したり、買占めや売惜しみが横行したら、法律にもとづいて、これを是正するための対応をします。さらに、政府による価格や流通に関する要請や指導などの効果がないようなときには、法律にもとづいて、価格を安定させるための対策を講じることになっています。

レベル２は、「１人１日当たり熱供給量が2000kcalを下回ると予測される場合」です。食事から得られる熱供給量は2008年度（概算）では2472kcalですが、2000kcalを下回るのは、戦後の食料不足が続いていた1950年代前半の水準であり、食料不足が深刻化した場合です。こうした状態になると、備蓄の活用や輸入の確保などでは、十分な供給を確保できないおそれが出てきます。こうした場合には、国内農業生産の増大によって対応する必要があります。この場合、供給が減少する品目の緊急増産を行うことになっています。さらに深刻な場合には、花などの食用ではない作物や野菜などのカロリーの低い作物から、いも類などのカロリーの高い作物への生産転換などを実施するとしています。

なお、農水省の試算によれば、輸入の途絶などにより深刻な事態が予想される場合には、耕地利用率の向上や肉や野菜からいも類など熱量効率の高い作物への生産転換を行うことなどにより、国内生産のみでも１人１日当たり2000kcal程度の熱量供給を確保することは可能と試算されています。ただ、食事内容は現在とかけ離れたものとなります。

## 5　平時における取り組み

不測の事態に備えて、平時から準備しておくことには、以下のことがあります。

まず、食料供給力の確保・向上のために、農地・農業用水などの農業資源を確保しておくことです。農地や農業用水は、いったん使われなくなっていると、いざ農業生産を開始しようとしてもすぐには使うことができません。そのため、ふだんから農業生産を継続しておく必要があります。また、農業の担い手の確保・育成も重要です。現在、日本農業では高齢化、兼業化が進んでいます。いくら農地があっても、耕作をする人がいなければ農産物は生産できません。このほか、農業技術水準の向上や試験研究の実施も重要です。

次に、備蓄の適切な運用です。食料が不足したときのために、あらかじめ備蓄しておけば、それを取り崩すことによって短期的な不足は解消できます。日本の農産物備蓄の状況をみてみると、米については適正水準を100万トン程度で運用しており、食糧用小麦は輸入麦年間需要の約2.3か月分（うち政府在庫は約1.8か月分）、食品用大豆は年間需要の約２週間分を備蓄しています。

また、安定的な輸入の確保です。輸入先が特定の国に偏っていると、その国で何かあったときに輸入を十分に行うことができません。そのため、輸入先をある程度分散させておく必要があります。日本の主要農産物の国別輸入割合をみると、米国、EU、中国、豪州、カナダの上位５位の国・地域で７割を占めており、とうもろこしでは米国が９割を超え、牛肉では豪州が８割を占めるなど、特定国に依存した構造となっています。食料安全保障の面からは、こうした輸入構造は望ましくありません。

また、国内外の食料需給に関する情報の収集・分析をする必要があります。主要生産国・輸出国の生産・輸出・在庫状況を把握すること、主要生産国・輸出国の外交・貿易政策を把握すること、食料輸入に影響を及ぼす港湾ストライキ、地域紛争等の発生などを調べておくことなどが重要です。

## 6　世界と日本における食料需給の動向

長期的には、世界の人口は発展途上国を中心に大幅に増加し、食料需要も増大すると見込まれています。また、今後、発展途上国でも畜産物の消費が拡大することが予想されます。経済が発展し、所得水準が高くなると、人びとは肉類を多く消費するようになるためです。そして、畜産物の生産が拡大すると、飼料穀物の需要量が増加します。食肉１kgを生産するためには、牛肉で11kg、豚肉で７kg、鶏肉で４kgの穀物が必要です。こうした要因によって、今後、世界の食料需要は大幅に増加すると考えられます。

他方で供給については、農用地面積の拡大に限界があること、砂漠化の進行などの環境問題が深刻になっていることから、生産の大幅な増加は困難だと考えられます。そのため、今後、世界の食料需給はいっそう不安定となると考えられます。

アフリカのケニア、川から毎朝、水を運ぶ姉妹。水汲みは子どもの仕事で、毎日、往復で２時間。食料生産にも大量の水が必要なため、日本の食料輸入は水を輸入していることにもなる＝山本敏晴撮影

戦後、日本の食生活は大きく変化してきました。米の消費が減る一方、畜産物や油脂など、大量の輸入農産物を必要とする品目の消費が増加してきました。その結果、食料自給率は年々低下し、2014年には39％となっています。とくに小麦の自給率は14％、大豆は６％と低く、飼料自給率も26％と低い状況となっています。

食料安全保障の面からは食料自給率を向上させる必要がありますが、国際的には自由貿易が促進されており、政府は難しい対応がせまられています。

## 7　貿易自由化の推進と食料安全保障

戦後の国際経済においては、貿易自由化が推進されてきました。1995年には、ガット（GATT；関税及び貿易に関する一般協定）の成果を発展的に継承した世界貿易機関（WTO）が設立されました。現在、約160の加盟国・地域によって、貿易に関する共通のルールを決めるための交渉が行われています。利害が鋭く対立するため、交渉をまとめることは容易なことではありません。そこで、特定の国・地域間で関税撤廃などを行うことを目的に、経済連携協定（EPA）／自由貿易協定（FTA）の交渉も進められています。

WTO 農業交渉は、2000年３月に開始され、04年７月には交渉の大枠を決める「枠組み合意」が成立しました。最終的な目標は、各国の個別の品目ごとに

関税率を決定することですが、現在、そのためのルールづくりのための交渉が行われています。「枠組み合意」では、一般品目については、現在の関税率が高い品目ほど、大きく関税を削減することになっています。ただし、関税の大幅削減による農業生産への影響がきわめて大きい品目については、重要品目として関税削減を緩やかにすることが認められています。日本では、米、小麦、乳製品などを重要品目とすることが検討されています。

日本としては、食料安全保障の立場からは、海外からの食料輸入への依存から脱却し、国産の食料を増加させて、食料自給率を向上させる必要があります。他方で、貿易自由化の促進の面からは、農産物の関税を引き下げざるをえず、そうすれば食料の輸入が増加してしまいます。日本は、「多様な農業の共存」を基本理念として、輸出国と輸入国のバランスのとれた貿易ルールの確立をめざして、交渉に臨んでいます。

## 8　TPP交渉の合意と農業の役割

日本は環太平洋経済連携協定（TPP）交渉に2013年７月から参加していましたが、15年10月に大筋合意に至り、16年２月に関係国間で署名されました。TPPは、アジア・太平洋地域の12か国が参加しています。その内容は、物品の関税の撤廃・削減だけでなく、サービスや投資の自由化、知的財産など幅広い分野で新たなルールを構築するものです。以下では、農産物貿易の合意内容や影響についてみてみます。

TPPが日本農業に与える影響が大きいことは明らかだったため、日本は交渉参加前に国会において、「米、麦、牛肉、豚肉、乳製品、甘味資源作物などの農林水産物の重要品目について、引き続き再生産可能となるよう除外又は再協議の対象とすること」の決議を行いました。

合意内容については、農林水産品の総ライン2595のうち17.7％が関税撤廃の例外となりました。品目ごとにみると、重要５品目を中心に、国家貿易制度・枠外関税の維持、関税割当てやセーフガードの創設、関税削減期間の長期化などの措置を獲得しましたが、一定の譲歩も行いました。例えば、米については、現行の国家貿易制度と枠外関税が維持されましたが、米国・豪州に対して輸入の国別枠を設定しました。脱脂粉乳・バターについては、枠外税率の関税削減・撤廃は行われませんでしたが、新たに関税割当て枠が設定されました。牛肉については、関税撤廃を回避しましたが、将来的には現在の関税率を大幅に引き下げることになりました。

このように一定程度守られましたが、TPP が発効すれば、国内の農業に大きな打撃を与えることは避けられません。ただ、アメリカのトランプ大統領は、同国の TPP からの脱退を表明しており、先行きは非常に不透明です。

戦後の世界経済では、自由貿易の推進が重要な理念とされてきました。たしかに自由貿易は、自国で効率的に生産できる物を輸出し、自国で生産するよりも安い物を輸入することによって、各国の経済を豊かにした面があります。しかし、市場原理にもとづいた自由貿易は、国民経済にゆがみをもたらすことがあります。日本でも、自動車など工業製品を輸出する一方で、食料を大量に輸入したため、国内の農業生産は縮小を余儀なくされました。

しかし、農業・農村は食料を生産するだけではなく、国土や水資源の保全、生物多様性の維持、美しい景観の形成、伝統的文化の継承など、さまざまな役割を持っています。そしてこうした多面的な機能は、国民全体が広く享受できるものです。グローバリゼーションが進む中でも、国や地域として残すべきものは、残していくことが重要です。

**✎ もっと知りたい人のために**

農林水産省『食料・農業・農村白書』、各年版。

## ⑩-1 牛丼が消えた日

「牛丼が消えた日」をご存じですか。2003年12月23日、米国内でカナダ産輸入牛から牛海綿状脳症（BSE）感染が見つかったとの報を受けて、日本は即座に米国産牛肉の輸入禁止を決定しました。当時、日本は米国産牛肉の最大の輸入国であり、米国産牛肉は日本の牛肉輸入量の45%を占めていたため、この決定は国内外に大きな影響を与えました。牛丼チェーン最大手の吉野屋は翌年２月、全国の店舗で牛丼販売を休止し、１年後、１日限りの復活を行ったところ、待ちかねた牛丼ファンが殺到し、150万食を完売したそうです。

禁輸決定直後から、日米間で輸入再開へ向けた協議が行われ、2004年10月、危険性の高い特定危険部位（SRM）をすべての牛から除去し、月齢20か月以下とするという日本向け輸出プログラムが決定されました。この決定にしたがって、2005年12月、米国産牛肉の輸入が再開されましたが、翌年１月、除去義務のあるSRMの混入が発見され、輸入は再び停止されました。両国間の再調整の後、日本は輸入再々開を決定しましたが、その後も対日輸出プログラム不適合の混載事例が相次いだため、消費者の不安は根強く、輸入量は輸入禁止前の１割にとどまりました。米国の不満は大きく、月齢30か月以下という国際獣疫事務局（OIE）の国際基準より厳しい日本の輸入条件の緩和を求めていましたが、2007年５月、OIEが米国産牛肉は月齢に拘わりなく安全と認めたため、米国の主張は月齢制限の完全撤廃へと切り替えられました。

そもそも、国家が「食の安全」を考えて国際基準よりも厳しい基準を「予防的」にとることは、なぜ、問題となるのでしょう。WTOの衛生植物検疫措置の適用に関する協定（SPS協定）は、科学的不確実性の下、国家が国際基準よりも厳格な輸入制限を課すことを認めていますが、この措置は科学的なリスク評価にもとづかせていなければなりません。また、追加的情報の入手に努めることが求められ、輸入制限を恒久的に維持することはできません。十分な科学的根拠を示さずにゼロリスクを求めることは、国際貿易ルールの観点からは、恣意的または不当な貿易制限として違法と判断されるおそれがあるのです。

2011年３月の福島第一原子力発電所事故の後、放射能汚染を危惧した国々は日本からの水産物、農産品等の輸入を禁止しました。皮肉にも、今度は日本が他国のルール違反を批判する立場となり、2013年、米国産牛肉の輸入要件を月齢30か月未満に緩和すると共に、他国の禁輸措置の撤廃を求めました。

## ⑩-2　環境にあふれる非天然化合物

自分の体を見てみましょう。顔、肩、胸、腕とつづく。これらは何でできているか。タンパク質、脂肪、炭水化物、DNA、ビタミンなどなど数万種類の化合物でできています。生き物は、こうした化合物を使って数十億年の長きにわたって、この地球上で進化してきました。だから、こうした天然の化合物の扱い方は熟知しています。

20万年ほど前に地上に現れた人類は、その特殊な脳を使って、さまざまなものを作り出してきた。自然にあるものを加工するばかりでなく、2世紀ぐらい前からは、天然にないものも作り出しました。生き物は、天然にはなかった人工的に作り出されたものの扱い方を知らないので、そういう化合物は有害物になる。これが現在の地球環境問題の基本です。

これはちょっと簡単すぎる議論で、生き物といってもさまざまな種があり、種によって扱う化合物に違いがあります。だから、ある生物には無害だが、他の生物には有害であるようなものがあります。そのうえ、人類は、生物種を人為的に変える技術（遺伝子変換）も見つけてしまった。そこで、ある種の除草剤（商品名ラウンドアップ）にはやられない大豆を人工的に作り、それを栽培し、この除草剤を使うと雑草だけが除けるので大変好都合というわけで、企業側は拡大を図っている。しかし、この除草剤にやられない天然の草もあったらしく、それが繁茂して問題になっているし、除草剤の農民の健康への悪影響も大問題です。

タバコにはニコチンという化合物が含まれ、タバコの煙のなかにある極微量ならば、ある程度の刺激剤になります。しかし、大量に吸収すれば、毒になる。タバコの原料の植物が、害虫に対処するために作り出したものです。そこで、ニコチンと類似の化合物を合成（非天然物）して、農薬として売り出した。いわゆるネオニコイノイドといわれるものです。これを農薬に使い出してから、ミツバチが大量に突然死するという現象が、あちこちで見られるようになった。ヨーロッパで、ネオニコチノイドの使用を禁止したら、それが少なくなったという報告があります。

人類の生活向上のためと称して、天然には無かった化学物質が、いまは地球上に溢れている。農薬、消毒剤、医薬などなど。大きな問題の1つは、プラスチック。生物は処理できない。環境に捨てられ、微小な固まりになったプラスチックが海に大量に浮遊していて、魚達が、これを取り込んでいることが最近わかってきた。これが、どんな影響を海洋生物・生態系に及ぼすか、懸念される。

# 生物多様性条約
## ――自然と共生する社会の創造をめざして

## 1 はじめに

2016年12月、世界自然保護連合（IUCN）は絶滅のおそれがある野生生物を示す「レッドリスト」の最新版を公表し、新たにキリンを絶滅危惧種に指定しました。生息域の縮小に加え、密猟、内戦などの影響で過去30年間に生息数が３割も減少したためです。地球温暖化の影響により、トナカイも数が減って、絶滅危惧種に指定されました。野生のチータも急速に減少していることがわかり、研究者らは、絶滅危惧種への指定を勧告しています。

日本でも、2012年に国内版「レッドリスト」の見直しが行われ、かつては身近な生き物であった日本カワウソの絶滅が認められました。日本各地の河口域で生息していたハマグリも、干潟の埋め立てや護岸工事などの生息環境の改変で激減し、絶滅危惧種に指定されています。このように、さまざまなスケールで生物多様性は急速に失われていますが、多くの人達はまだ危機を実感を持って受けとめていないように思われます。

生物多様性の喪失はなぜ問題となるのでしょう。また、私たちは地球規模の生物多様性の危機にどのように対処すべきでしょうか。本章では生物多様性条約の下で、生物多様性保全を促進し、自然と共生する社会の創造を目指す国際的・国内的な取り組みについて検討します。

## 2 生物多様性はなぜ、重要か

地球上の生命はおよそ40億年前に誕生し、進化の過程でさまざまな環境に適応し、相互の関係を築きながら地球環境を形作ってきました。このような多様な生命とそのつながりを「生物多様性」といい、私たちの暮らしは生物多様性のさまざまな恵みによって支えられています。生物多様性条約は「生物多様性」を「全ての生物の間の変異性をいうものとし、種の多様性、種内の多様性、生態系の多様性を含む」と定義しています（第2条）。「種の多様性」とは「いろいろな生物がいて共存していること」です。すべての生物は食物連鎖、共生等、自らの生存のために他の生物を必要としています。生物相互の関係は長い年月をかけて作られた微妙なバランスによって維持されているため、人の活動によってこれを壊してしまわないよう注意する必要があります。また、種内に病気に強い、天敵に襲われにくいという有利な遺伝的特徴を持つ個体がいると、環境の変化に適応して生き延びる可能性が高まるため、「種内の多様性」（遺伝的多様性）も重要です。それぞれの地域の自然に適応し、生存する固有種を守るためには、ありふれた自然環境を含め、さまざまな地理的・気候的条件に応じた「生態系の多様性」を守ることも重要となります。このように、生物多様性の保全とは、種の絶滅を防ぎ、多くの生き物を守るというだけではなく、さまざまなレベルで生物学的な相互作用を守ることを意味します。

生物多様性はなぜ、重要なのでしょう。生物多様性条約は生物多様性の価値として、「内在的価値」、「社会・経済的価値」、「文化的・精神的価値」をあげています。

「内在的価値」とは、人にとって役立つかどうかではなく、生命自体に価値があるという考え方です。この考え方はノルウェーの哲学者アルネス・ロスが提唱したディープエコロジー（すべての生命は同等の価値を持ち、人間が生命の固有の価値を侵害することは許されないという思想）と共通していますが、条約では前文で少し触れられているだけで、どの程度、原則や保全規則に反映されているかは明確ではありません。

「社会・経済的価値」とは、生物多様性の人間社会にとっての有用性を指しています。たとえば、さまざまな生物は衣類、食料、住宅建材としてくらしを支えるために直接利用されるほか、生物の遺伝情報は新薬開発や種苗の新種開発のために利用されています。また、生物の形や材質をまねてその優れた機能を利用した素材開発や設計が行われることもあります。さらに、森林は私たちの生活に不可欠な水を育み、土砂崩れや洪水の防止など、暮らしの安全を守る防災の機能も担っています。森が育む大気や水の循環、食物連鎖や腐食による物質循環も、人の生存を支える重要な役割を果たしています。

生物多様性の「文化的・精神的価値」とは、自然のなかで営まれる伝統的生活のなかで多様な文化や豊かな精神世界が育まれてきたことを指し、これらを尊重すべきであるという考え方を反映しています。たとえば、アイヌ民族は、かつては自然のなかで暮らし、身近な動植物を素材とした衣食住を工夫して、独自の生活文化を編み出し伝承していました。また、自然の中で伝統的祭事を執り行い、豊かな精神世界を築いています。このため、アイヌは先祖伝来の土地や自然との結びつきを心の拠り所としています（二風谷（にぶたに）ダム事件ではアイヌ民族の聖地に建設されたダムが違法と判断されました（札幌地裁判決1997年３月27日））。生物多様性条約は、このような先住民族の多様な文化や生物資源保全にかかわる伝統的知識を尊重し、生物多様性に対する異なる見方や保全方法も重視しています（第８条（j））。

このように、私たちの暮らしは生物多様性がもたらすさまざまな恵みに支えられています。生物多様性は人類存続の基盤であり（生物多様性基本法、前文、第２条２項）、その損失を食い止めることができなければ、私たちの子孫の世代は今のように豊かな生活を享受することはできず、究極的には人類存亡の危機ともなりかねないといわれています。

## 3　生物多様性の危機

地球上の既知の生物種の数は約175万種ですが、未知のものを含めると、500万種から3000万種といわれています。このように、地球上には豊かな生物多様性の世界が広がり、人間もその一部を占めています。しかし、20世紀後半には人の活動による種の絶滅が自然淘汰の100倍から1000倍もの速さで進行し、現在、生物多様性は危機的状況にあります。

国連ミレニアム生態系評価（2005年）は生物多様性の恵みを「生態系サービ

ス」と呼び、「供給」、「文化」、「基盤」、「調整」という４つの機能に分類してそれぞれの変化を評価しました。その結果、以前と比べて改善された項目はごくわずかで、残りは劣化しているか持続的ではない形で利用されていることがわかりました。生態系サービスの劣化の原因は森林伐採、埋立て等の生息地改変、有害物質による河川や海の汚染、乱獲、外来生物の持込みなどです。およそ１万年前のマンモスの絶滅は気候変動や隕石が原因であったと考えられていますが、現在の生物多様性の危機は人間が原因であり、危機が急速に進行している点に、大きな違いがあります。

さらに、気候変動の影響により生息環境が変化し、生態系のバランスが損なわれたり、サンゴの白化が進むという問題も生じ始めています。日本国内では、里地里山や草地の野焼きのように、人が自然に手を入れて適度な攪乱(かくらん)を生み出していた場が失われ、身近な生き物が絶滅危惧種となることや、人の生活空間と野生生物の棲家(すみか)の間の緩衝地帯が失われ、熊、鹿、猿、猪(いのしし)などによって人の生活が脅かされるという獣害も問題となってきました。

## 4　生物多様性条約

生物多様性の危機に地球規模で対処するために、1992年のリオ会議で生物多様性条約が採択されました。生物多様性条約には「生物多様性の保全」、「その構成要素の持続可能な利用」、「遺伝資源の利用から生ずる利益の公正かつ衡平な配分」という３つの目的があります（第１条）。また、熱帯雨林等、生物多様性のホットスポット（生物多様性が豊かであるが、破壊の危機に瀕しているため、優先的に保護する必要がある地域）は主に途上国にあるため、技術移転、資金援助等の国際協力によって生物多様性を保全することがめざされました（第20、21条）。

### （1）生物多様性の保全

条約の第１の目的は生物多様性の保全です。具体的な保全措置の内容は各国に重ねられていますが、生物多様性保全には自然環境の保護だけでなく、開発規制や都市計画・交通政策等、多様な政策分野が関連しているため、統合的な施策を実施するよう国家戦略の策定が求められています（第6条）。日本は条約にしたがって生物多様性国家戦略を策定し、おおむね5年毎に改訂しながら、条約の考え方に沿った国内法の整備・調整を進めてきました。2002年に自然再生推進法が成立すると、釧路湿原では河川の蛇行化や森林再生等の自然再生事業が公共事業として行われるようになりました。また、文化財保護法改正により、地域の人々の生活、生業または風土のなかで形成された文化的景観を文化財として保護することが認められ、滋賀県近江八幡（おうみはちまん）の水郷（すいごう）や四万十川（しまんとがわ）流域の棚田（山間部や傾斜地に作られた階段状の水田）等が重要文化的景観に選定されています。また、条約や議定書の国内実施法として、新たに外来生物法（コラム⓫-2）、カルタヘナ法（コラム⓫-1）が制定されました。2008年には生物多様性基本法が施行され、生物多様性国家戦略の法定化や、予防的取り組み、順応的管理などの原則が定められて、この方針に沿った関連法令の見直しも行われています。条約は重要な地域および種の監視や（第7条）、生物を本来の生息地で保全する「生息域内保全」（第8条）、動物園・植物園等、人工的環境で保全する「生息域外保全」も求めています（第9条）。生物は本来、自然の生息地で保全することが望ましいですが、個体数が減り、絶滅の危機に瀕した場合には、人口孵化による保全と回復が必要となります。日本ではトキ（新潟県）、コウノトリ（兵庫県）について、人工繁殖と再導入（放鳥）が行われました。

生物多様性保全の最も一般的な方法は「保護地域」を指定して、そのなかで生物の捕獲・採取や開発を規制することです。日本でも、自然公園や原生自然環境保全地域の指定によって重要な自然景観の保護が図られています。世界自然遺産に指定された屋久島、白神山地、知床、小笠原では、保護区に指定するだけでなく、IUCNの助言にしたがって厳格な保全管理計画が策定されています。2010年の第10回締約国会議で採択された「愛知ターゲット」（後述）では、2020年までに、各国は陸地の17%、海域の10%を保護地域とするという数値目標が掲げられました（ターゲット11）。世界全体で見れば、近年保護地域数は増加していますが、生物多様性の損失は進行し、保護地域の指定は十分な効果をあげていません。途上国では指定地域を実効的に管理するための人材や予算が十分でないことも一因です。先進国は、自国の自然を保護するだけでなく、途上国の自然保全のために、資金援助や能力構築を強化していくことが求められています。

### (2) 持続可能な利用

途上国の地域住民らが地域の生物多様性保全に持続的に関わっていくためには、生物多様性の元本を使い尽くさないようにしながらその利子にあたる部分を地元に還元することも重要です。このように、自然の再生能力の範囲内で自然資源を利用し経済的な利益を生み出すことで地域住民の生活を守りながら、生物多様性を保全することを「持続可能な利用」といい、生物多様性条約や関連条約の下では積極的に奨励されています。

たとえば、南米アンデスの山岳地域（アルゼンチン、ボリビア、チリ、ペルー、エクアドル）に生息しているビクーニャはその毛が高級毛織物の原料となるため、古くから利用されてきました。しかし、乱獲や密猟によって1960年代には絶滅が危惧される水準にまでに減少したため、ビクーニャ条約の締結や「絶滅のおそれのある野生動植物の種の国際取引に関する条約」（CITES（サイテス）*）の批准によって国際取引が禁止されました。この取引禁止によって個体数が回復したため、原産国は2003年、CITESの下で国際取引を再開し、地域コミュニティの参加型管理を通して地元に利益還元を行うことで、持続可能な資源管理に成功しています。また、ウミガメの保護によりエコツーリズム（コラム❾-3）を推進しているドミニカ共和国の事例も「持続可能な利用」の成功例です。一方、南アなどの南部アフリカ諸国は地域コミュニティに利益還元を行う「持続可能な利用」として、1997年と2007年、CITESが定めた科学的管理の下で、日本（2007年には日本と中国）に向けて象牙の輸出を行いました。しかし、この取引は密猟を誘発し、アフリカゾウの個体数減少を招き、密猟は国際組織犯罪集団の資金源とされていると指摘されています。2016年のCITES第17回締約国会議では、象牙の国内需要削減措置の勧告が採択され、これら諸国が取引再開を目指す動きには厳しい目が向けられました。

＊ CITES（サイテス）：条約は「採択地名」をその呼称とする例がしばしばあり、日本ではワシントン条約と呼ばれていますが、国際的には CITES という呼称が一般的です。

### （3）遺伝資源の公正かつ衡平な利用

NHK スペシャル「ビューティー☆ウォーズ」（2007年 9 月24日）では、マダガスカルの薬草を仏の業者が現地で買いつけて、日本でアンチエイジング化粧品として販売する様子が放映されました。現地の人々は用途を知らずに採集し、業者に引き渡していましたが、企業が得る利益に見合う対価が支払われていたかは不明です。

1980年代に、先進国の大手製薬会社は先住民族の居住地域で薬草の採集を開始し、入手した植物の遺伝情報を利用して、新薬開発を進めました。研究開発を進める企業はターメリックのようなありふれた素材にまで特許権を設定しようとし、長年、これらの資源を利用してきた現地の人々の利用が制限されるおそれが生じました。先住民族や NGO はこの問題を生物資源を巡る略奪行為（バイオパイラシー）と呼んで、先進国や企業を強く批判しました。先進国の企業は現地の人々の同意なしに薬草を持ち出して巨額の富を得ているのに、素材提供者である現地の住民にはほとんど利益が還元されていないため、このような資源の利用は不公正であるという批判です（コラム❾-1）。

この問題は WIPO や WTO の TRIPs 協定等、複数のフォーラムで並行して議論され、特許権申請時の出所表示の義務化や利益配分の方法を巡り、南北間の見解は激しく対立しました。生物多様性条約はこの問題に関し、遺伝資源に対する原産国の主権的権利を認め、取得の機会はその国内法にしたがって事前の情報にもとづく同意を要すること、利益の公正かつ衡平な配分を相互の合意（原産国と企業の契約）で行うことを定めています（第15条）。2002年の第 6 回締約国会議では、合意作成の指針としてボン・ガイドラインが採択されましたが、途上国が法的拘束力ある合意を求めたため、8 年に及ぶ激しい議論と交渉を経て、第10回締約国会議（2010年）で、遺伝資源のアクセスと利益配分（Access and Benefit Sharing：ABS）に関する名古屋議定書が採択されました。名古屋議定書は資源利用者に対し、国家だけでなく、資源の保全管理を担ってきた先住民族や地域共同体への利益配分も求めています。具体的な還元方法は各国の国内法令に委ねられていますが、このような規定は資源管理の当事者である先住民族らが国際交渉に参加することで含められています。

## 5　人と自然が共生する社会をめざして

2010年の第10回締約国会議では、新たな国際目標として「愛知ターゲット」が採択されました。愛知ターゲットとは、「2050年までに人と自然が共生する社会を目指し」、「2020年までに生物多様性の損失を止めるための行動をとる」という全体目標と、そのための20項目の個別目標を定めたものです。20の目標のなかには、政府の自然保護行政とかかわる項目（ターゲット5、11、12）もあれば、一次産業の見直しを求めるもの（ターゲット7、6）、人・社会を変えていくよう求めるもの（ターゲット1、2、3、4）、そのための方法を示すもの（ターゲット17、19、20）などがあり、その内容は多岐にわたっています。

さらに、2015年のSDGsの採択を受けて、2016年の第13回締約国会議では、愛知ターゲットの達成によって生態系サービスを改善し、貧困を削減する等、自然を基盤とした社会の課題解決（nature-based solution）によって、SDGsの目的に貢献することが明確に位置づけられました。

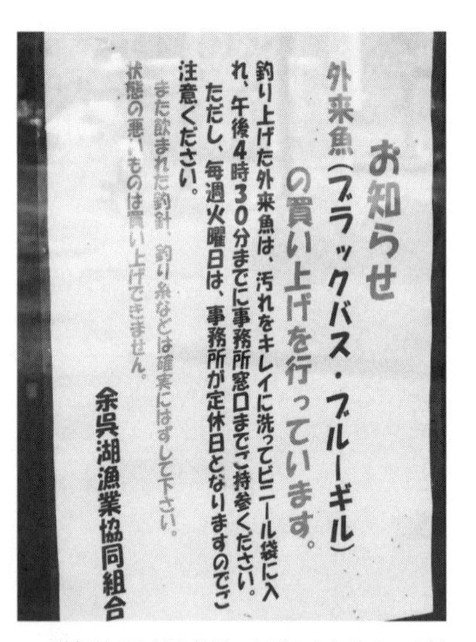


滋賀県での外来魚買い上げのお知らせ＝中村都撮影

これからは、社会のなかで自然の恵みを正当に評価し、私たちが市民や消費者として関わって持続可能な社会経済システムを作ることがますます重要となります。たとえば、持続可能な管理を行って認証を受けた魚や木材製品を購入したり、地元産の旬の食べ物を選び、生産者を支えることは誰でもできる貢献です。市民がこのような取り組みに主体的に参加するためには、生物多様性の危機を伝えるコミュニケーションのあり方を工夫して、環境教育、メディアを通じた啓発を進めることも重要です。

**✐ もっと知りたい人のために**

宮下直『となりの生物多様性——医・食・住からベンチャーまで』工作舎、2016年。

## ⓫-1　遺伝子組換え生物と生物安全（バイオセーフティ）

遺伝子組換え（GM）技術とはある生物から遺伝子を取り出して改変を加え、受け手となる生物に導入して新たな性質を持つ生物を生み出す技術です。1990年代半ば以降、GM技術の農業への応用が進み、GM作物の商業栽培は北米、南米、アジア等で拡大しました。代表的な農作物には除草剤を撒いても枯れない大豆、害虫に強く農薬が不要となるトウモロコシがあり、ビタミンAを強化したゴールデンライスの開発も進められています。日本国内ではGM作物の商業栽培は行われていませんが、トウモロコシ、大豆、ナタネ、ワタは国内消費量の大半を主要生産国から輸入しているため、既に相当量が市場で流通しているものと推定されています。

GM作物の栽培は収量増加、コスト削減や環境負荷の低減を喧伝されて急速に拡大しましたが、作物を食べた害虫の大量死や除草剤を撒いても枯れない雑草の拡散が報告され、慣行農業、有機農業との共存も問題となっています。GM作物による健康被害や生態系かく乱のリスクについては科学的不確実性が高く、その評価方法や承認制度の有無は国により異なっていました。しかし、GM作物の導入で、自国の生物多様性が損われ、伝統的農業の継続が困難となることを危惧した途上国が国際規制を強く求めたため、生物多様性条約の下で2000年、「バイオセイフティに関するカルタヘナ議定書」が採択されました。

カルタヘナ議定書は生きている遺伝子改変生物（LMO）（遺伝子組換え、細胞融合で作られた生物）の越境移動について事前通告・同意手続を定め、輸入国がリスクの評価に基づき予防的に輸入を禁止する権利を認めました。移動に際し、安全な取扱い、包装、運搬のための表示も求められます。さらに、議定書の執行強化を求めた途上国の要請を受けて、2010年、「責任と救済に関する名古屋・クアラルンプール補足議定書」が採択されました。補足議定書はLMOに起因する生物多様性損害への対応手続を定め、各国に国内法整備を求めています。

近年は中国、インド等でGM作物の商業栽培が広がる一方、欧州19か国は2015年のEU指令改正にもとづき栽培を禁止し、米国は2016年、QRコード表示を許容しつつも初めてGM表示を義務化する一方で、遺伝子組換えサケの使用（食用、漁業資源用）を承認し、合成生物の研究開発も進めています。新たな科学技術がもたらすリスクとその許容水準の評価について、科学界・製造業者と消費者および環境NGOの見解は依然として鋭く対立しています。

## ⑪-2 外来生物

大型肉食魚ナイルパーチは日本では外食産業で白身魚フライに使われています。この魚はアフリカのビクトリア湖で水揚げされた後、冷凍切り身に加工されて輸出され、湖の周辺国に富と雇用を生み出しました。ナイルパーチは1960年代に同湖周辺で食用に放流されて激増し、湖の生物を絶滅に追い込みました。生物多様性の宝庫であった同湖の生態系は大きく変化し、富栄養化（湖や河川での窒素やリンの増加）や水質汚濁も進んでいます。

このように、人間によって本来の生息地ではない場所に持ち込まれた生物を外来生物といいます。日本でも、百年も前からさまざまな用途で持ち込まれた生物が定着し、拡散することで、生態系や人の生活に悪影響を及ぼしています。琵琶湖では食用や釣り用として放流されたブラックバスが増加して、鮒鮨（ふなずし）に使う鮎やニゴロブナの漁獲量が激減しました。カミツキガメやアライグマ等、ペットとして飼育されていた動物が捨てられて野生化したり、船のバラスト水（船のバランスをとるために積む海水）で運ばれた外国産の貝類が港湾に住みついたり、貨物に紛れて外国のアリが国内に侵入するという問題もあります。外来生物は在来生物を捕食し、生息域で競合し、交雑して遺伝子の多様性を損なうことで生態的かく乱を引き起こしてます。人に噛みついたり、伝染病を媒介したり、農林水産業に被害をもたらす場合もあります。

生物多様性条約は第８条で締結国に外来生物への対策を義務づけて2002年には、予防的アプローチにもとづく指針原則を採択しました。日本では2005年６月に外来生物法が施行され、体系的な外来生物対策が始められています。同法は侵略的な外来生物を特定外来生物に指定し、その輸入、飼育、栽培、保管、運搬および環境へ放す行為の禁止を定めています。既に被害が発生している場合には、計画的に捕獲し殺傷処分すること（防除）も求められています。

グローバル化に伴う人・物の移動の活発化によって、外来生物が生物多様性に与える影響は今後ますます増大すると予測されています。生態系の変遷は避けられないとしても長い年月をかけて築き上げられた生物相互の複雑な関係のバランスが崩れると、自然のめぐみに支えられた社会の発展も損なわれかねません。外来生物の導入規制や防除の効果を高めるうえでは、教育普及活動にも力を入れて、一人ひとりが「入れない、捨てない、持ち込まない」という外来生物被害予防三原則を実践することが大切です。

## ⓫-3　資源としての鯨と文化

資源とは人びとの生活に必要とされるもので、観光・天然・食料・地域資源等があります。その種類が多いのは、資源としての価値評価や利用の仕方が、地域や民族、世代と年齢、生活様式等によって異なり、時代や社会状況によって変わっていくからです。

人びとの鯨利用は新石器時代（日本の縄文時代）に遡るとされています。韓国や日本の貝塚から鯨骨が出土し、捕鯨活動が刻まれた韓国の岩刻画やノルウェーの洞窟壁画が見つかっているためです。11世紀頃、スペイン北部のバスク人が大型鯨類の肉や油を利用する産業としての捕鯨を盛んに行います。その影響で英国、阿蘭陀（オランダ）、獨逸（ドイツ）等の欧州諸国も捕鯨に参加し、その後米国、ロシア、日本も加わります。捕鯨技術の発展に伴い、大型鯨類の総捕獲量は19世紀半ばに頂点に達し、20世紀に入ると激減します。

IWC は1982年に商業捕鯨禁止を決議し、大型鯨類13種を絶滅危惧種として保護します。他方、海豚（イルカ）等の小型鯨類は、カナダ、グリーンランド、ソロモン諸島、印尼（インドネシア）、日本列島等で現在も捕獲されますが、反捕鯨団体はこうした捕鯨活動を野蛮な行為と非難しています。しかし、和歌山県新宮市三輪崎（みわさき）の人びとは地元の海で獲れた海豚肉を食べることや鯨歌を歌って鯨踊りをする祭りを毎年の楽しみにしています。印尼東部レンバタ島ラマレラ村では干し鯨肉が主食の玉蜀黍（トウモロコシ）との交換財になるため、家族や村人の命を繋ぐ捕鯨活動を誇りにしています。

韓国では、第２次世界大戦後の英国や日本と同様に朝鮮戦争後、鯨肉が人びとの主要蛋白源となります。蔚山（ウルサン）（1891年から1945年まで日本の捕鯨基地）では鯨肉を近隣の釜山（プサン）や浦項（ポハン）、日本の下関まで販売したほどです。ところが、1986年 IWC の商業捕鯨禁止後、韓国政府はすべての鯨類を捕獲禁止にし、網に混獲された鯨類だけ同政府機関の許可により食用可とします。しかし、1990年代、自然食ブームで鯨肉の需要が急増したため、混獲だけの供給を大幅に上回り、鯨肉は庶民の食材からもはや高級食材に変わります。一方、鯨祭り、捕鯨史を展示する鯨博物館や観鯨等は蔚山地域文化の象徴として観光資源となり、商業捕鯨禁止後、急激に落ち込んだ村の経済を活性化させています。

このように鯨とかかわる文化は、地域的には地元民たちの観光資源と誇りとなりますが、世界的には野蛮と環境保護のアイコンとされ、社会状況や時代変化に合わせて相克しながらさまざまなあり方を展開しています。

# 第Ⅲ部

# 多文化共生の時代

「南北コリアと日本のともだち展」の一環で、韓国・ソウルの小学校を訪問した日本人や朝鮮学校の子どもたち＝小林知子撮影

# 12 異文化交流・理解の試み

異文化交流や異文化理解という言葉に、みなさんはどのようなイメージをもっていますか？　ほぼ同じ意味で用いられることの多い国際交流や国際理解という言葉とともに、何となく「よいイメージ」を抱くという人が多いのではないでしょうか。異文化との交流に好奇心をくすぐられるという人もいるでしょうし、異なる宗教や生活習慣などを理解できれば、差別や偏見を克服し、より平和な世界を築くことにつながるといった話も耳にします。

もっとも、異文化との交流や理解の進展は、必ずしもプラスに作用するとは限りません。たとえば世界各地で起こっている紛争は、その多くが宗教や民族など、文化の違いが原因と言われたりしています。交流や理解が差別や偏見を助長したり、対立や紛争につながっているのかもしれません。私たちは、この状況をどう考えればよいのでしょうか。ここでは異文化との交流や理解が抱える問題と展望について、考えてみたいと思います。

## 1 「異文化」と「異国の文化」

異文化とは、自文化に対する言葉です。この言葉を辞書で引くと「生活様式や宗教などが自分の生活圏と異なる文化」（『広辞苑第６版』）と説明されています。では自文化とは何かと問われれば、たいていの日本人は「日本文化」と答えることでしょう。たしかに私たちは、日本という国を、自分たちの生活圏として、そして文化の単位としてイメージすることが多いように思われます。

このように国家を１つの文化圏と見なす考え方は「単一文化主義」と呼ばれています。現在の日本は、比較的そうしたイメージの強い社会と言えるでしょう。一方で、カナダのように、同じ国のなかに複数の異文化が共存することを前提とした「多文化主義」という考え方もあります。また、地域によっては、国境をまたいで同じ文化圏が存在するという状況もみられます。国家と文化の関係は、このように単純ではありません。元来、国境という線引きは政治的な理由で人為的に引かれたものですから、自然に形づくられた人びとの生活圏や文化の境界と一致しているとは限らないのです。

そもそも現在のような交通・通信手段が発達していなかった時代、人びとの生活圏は基本的に徒歩圏に限られており、それより遠い地域に出かけること、まして海外に渡ることなど、通常なら思いもよらぬことでした。今でもそのような状況に置かれている地域は、世界的には決して珍しくありません。

日本の場合、私たちが現在イメージする「国」という領域にまで生活圏が広がり、「日本人」や「日本文化」という感覚が一般の人びとの間に定着し始めるようになったのは、明治以降と考えられます。それには、日本社会が近代国家として「外」の世界を強く意識するようになった当時の国際環境の変化が、強く関わっています。

明治に入り、本格的に開国することとなった日本は、生き残りをかけて欧米列強に対抗することを運命づけられました。国内を強固にまとめ上げ、国家の効率的な発展をめざす必要に迫られた明治政府は、そのために、近代国家の構成員として画一的な国民＝「日本人」を創り出そうとしたのです。たとえば、小学校に「国語」という科目が創設されたのは1900年。方言の違いがあまりに大きく、日本人という感覚自体もまだ人びとの間に十分育まれていなかった当時、「日本語」という標準言語を新たに創り出し、国内の円滑なコミュニケーションを実現させることが目的でした。

「国民」としての日本人を創り出すことは、一方で個性豊かな地方文化が影に追いやられ、時として力ずくの同化が強制されることを意味していました。後に先住民問題として位置づけられるようになるアイヌ文化の衰退は、その最たるものでした。単一文化圏としての日本、異文化とは異「国」の文化というイメージは、こうして形づくられていったのです。多かれ少なかれ近代国家建設をめざす国々は、同じような経験をすることになります。それはまた、文化が必ずしも「不変」のものではないということを示しています。

## 2　意図的な「異文化交流」のはじまり

やがて列強同士の対立から第1次世界大戦が勃発（1914～18年）。人類が初めて体験した世界大戦の惨禍を目の当たりにした国際社会は、二度とそのようなことが起こらぬよう、武力によらず、相互理解にもとづいて平和を維持することをめざした国際連盟を発足させました（1920年）。国際交流、文化交流も、その活動の一環として位置づけられることになります。その後、連盟の諮問機関として、国際知的協力委員会が創設されました（1922年）。知識人たちの相互交流を活発化することで世界平和の基礎固めをめざしたこの委員会、参加したのは、アインシュタインやキュリー夫人といった、当時の世界が誇る著名知識人たちでした。ちなみに日本からは、かつて五千円札に描かれていた新渡戸稲造が幹事長に就任しています。現在のユネスコ（UNESCO；国連教育科学文化機関）の前身であるこの委員会は、まさに現代に通じる、「意図的」な国際文化交流のさきがけと言えるでしょう。たとえ国や文化が違っていても、交流を深めることでお互いを理解し合うことができる、それが世界の平和につながるという考え方は、このころより世界に広まっていったと考えられます。

悲惨な戦争に反対する当時の国際世論を反映したこの理想主義的な期待は、しかし、国々が生き残りをかけた競争を繰り広げていた当時の国際社会の現実を反映したものとは言えませんでした。列強の関心は、もっぱら自国文化の優秀さをアピールし、海外に広め、自らの権益を確保することに向けられていたからです。お互いの文化を優劣で語る傾向も強くみられました。

しかも、そのころ交流に参加できたのは一部の上流階層、エリート層に限られ、まだ一般の人びとが関わることのできる状況にもありませんでした。また、国家という枠組みに加われず植民地として扱われていた地域――その多くが現在の途上国――の文化は、国際社会の眼中にすら置かれていませんでした。

結果として、国家が中心となって推進した異文化間交流はしばらく国際政治の現実に翻弄される状況が続きます。たとえば1936年のベルリン・オリンピックは、ナチス・ドイツによる文化宣伝戦略の１つとして、自らに対する批判を巧みにかわすために利用されました。このような交流は相互理解や平和な世界づくりにほとんど貢献することなく、世界は再び世界大戦に突入していったのです。

## 3　文化相対主義の台頭と戦後の国際交流

第２次世界大戦が終わると、文化の間に優劣はないとする「文化相対主義」という考え方が、少なくともタテマエ上は支配的になっていきます。それは、ユダヤ人の大量虐殺のような、異文化に対する偏見がもたらした悲劇を繰り返さないという国際社会の決意であると同時に、植民地からの解放が相次ぎ、新しい国民国家が国際社会に加わるようになったことを反映した変化でもありました。

戦後まもなく、欧米の都市間で、戦後復興のための協力や、和解のための交流がしだいに活発化していきます。いわゆる姉妹都市交流です。日本でも1955年、長崎市とアメリカのセントポール市の間で提携が結ばれたことを皮切りに、姉妹都市提携が広まっていきます。さらに1956年、当時のアイゼンハワー・米大統領が、国境を越えた市民同士の交流を世界平和の礎としようと提唱したことで、異文化間の交流による理解が平和な世界をもたらすという発想は、広く草の根レベルにも浸透するようになっていきました。

当時の日本にあって、海外の都市と提携を結ぶことは、まさに「ステータス」。「異文化」という言葉には、豊かで、優れた「欧米」文化というイメージが強く上乗せされており、姉妹都市提携も当初は欧米の都市との間に限られていました。一方、それ以外の世界に対するイメージは、いまだ多くが偏見に満ちたものであり、タテマエ上はともかく、現実には「文化」が優劣で語られる状況が続いていました。

ちなみに、日本人が自由に海外渡航できるようになったは1960年代半ばのこと。法務省のデータによると、近年の出入国者数（日本に出たり入ったりする日本人と外国人の総計）はコロナ禍の前で年間約１億人（2019年値）。それに対し、

1960年の出入国者数は57万人、1965年でもようやく116万人程度にすぎず、多くの人びとにとって海外旅行は「高嶺の花」という状況が続いていました。

## 4　国際化ブーム

やがて戦後復興を果たし、1968年に世界第2の経済大国へと躍り出た日本は、しだいにその技術力でも高い評価を受けるようになっていきます。70年代末には、アメリカの社会学者による『ジャパン・アズ・ナンバーワン』という本がベストセラーになるなど、日本社会が自信にあふれた雰囲気に包まれるようになります。自分たちに自信がもてると、相手を相対化してみる余裕が生まれます。欧米文化に対するあこがれの感覚は、日本社会からしだいに薄れていくとともに、姉妹都市など国際交流の幅は、中国や韓国をはじめ、欧米以外にも広がりをみせるようになっていきました。

一方で、そうした自信は、時として過信になることもあります。日本文化は他の文化よりも優秀なのだと主張する動きも、再びみられるようになりました。また、海外に進出した日本企業が、現地の従業員たちとの間で、文化の差異から生じるトラブルに直面したり、貿易摩擦が引き金となって「ジャパン・バッシング（日本たたき）」が話題になるなど、文化摩擦と呼ばれる軋轢も目立つようになります。このころより、海外とうまくつきあうために異文化理解が必要であるという発想が、官民双方の間で広まっていきます。

1980年代、経済力で世界の1割を占めるようになった日本は、いやおうなしに国際社会における存在感を高めていきました。1985年のプラザ合意以後、円高ドル安の傾向が急速に進むと、海外旅行や留学は一気に人びとの身近なものとなり、国家という枠を超えた交流がますます盛んになります。1980年に1000万人程度だった出入国者数は、1990年には2900万人と、大きくふくれ上がっています。国際交流の草の根化もいっそう進展するようになり、地方自治体やNGOによる国境を越えた活動にも注目が集まるようになりました。

後にバブル期と呼ばれた1980年代後半からは、それまでと異なり、見た目で日本人ではないとわかる人びと（ビジブル・マイノリティ）が大都市圏や工業地域などで急速に目立つようになっていました。とりわけ途上国からやってきた外国人労働者の多くが、労働条件の悪さや、言葉・文化の違いになじめないといった問題に直面するとともに、そうした人びとを受け入れる地域の側にも、文化や言葉の壁をめぐるさまざまな課題が浮かび上がってきました。

このころより、異文化との交流や理解は、実は社会の内側の問題でもあるということに、人びとは気づくようになっていきます。同時にそれは、長年日本社会から忘れ去られてきた在日コリアンなど在日外国人の問題や、アイヌなど先住民問題にも目が向けられる契機となっていったのです。

## 5　本質主義と相対主義

グローバル化の進展により、近年世界的にみても、異文化間の交流は増大し続けていると言ってよいでしょう。その結果、より良い関係の構築につながる機会と同じくらいに、異文化間の対立や紛争の機会も増えているようです。冷戦終結後、世界から紛争や対立がなくなるどころか、むしろ多発してしまっている現実が、それを物語っています。異文化間で摩擦や軋轢を生じたとしても、それが食べ物や衣服、音楽の好みなどの個人的な問題に限られているなら、ただちに深刻な対立につながるわけではありません。しかし、法や道徳といった、同じ社会のルールをめぐる問題となると、対立はたちまち深刻化することがあります。

文化は歴史のなかで不変のものである、あるいは異なる文化同士は本質的に対立し合うものだとする「本質主義」と呼ばれるイメージをもつ人びとは、決して少なくありません。文化は人びとの「自分たち意識」（アイデンティティ）に直結するため、その対立は感情を刺激しやすいという側面があります。そうした感情が政治的に利用されると、とたんに対立はエスカレートし、紛争につながることすらあるのです。

この本質主義は、文化相対主義と結びついて、近年ヨーロッパを中心にみられる極右勢力台頭の背景ともなっています。異なる文化は理解し尊重するけれども、それを受け入れたり、共存したりすることはできないという主張です。

かつて弱い立場に置かれてきた文化を擁護する論理として機能してきた文化相対主義は、時として強者が弱者を迫害し、追放する道具にもなってしまうのです。これは文化相対主義自体が原理的に抱える限界と言えます。

2020年に注目を集めたブラック・ライブズ・マター（BLM＝黒人の命は（も）大切であると主張する差別抗議運動）は、いまだそうした問題が社会に根深く残り続けていることを示しています。

## 6　共感と余裕

これまで、私たちは意図的に異文化と交流し、お互いの理解を深める努力を払ってきました。それは、文化の違いをめぐり生じると考えられた対立を、力ではなく平和的な手段によって解決し、共存を可能にしようとする政治的な意図を背景としたものでした。ただし、それは必ずうまくいくといった予定調和的なプロセスではありません。また、私たちは文化の異なる側面に注目し、その壁を乗り越えようとする発想に立ってきました。一方でそれは、その差異を強調し、固定化するという視点に立つことが多かったのかもしれません。それでは「異質なものは、遠くにあるときにのみ、ありがたい」という論理に逆戻りすることになりかねません。

文化相対主義の限界や本質主義の抱える問題を克服し、異なる文化が同一の場所、社会のなかでも共存できる社会をつくるためには、人びとを結びつけることのできる、共通の新しい「文化」を創造していく必要がありそうです。異文化間でも同じ人間としての「共感」をつかむことができるか否かが、重要な鍵となりそうです。

そのためには、文化を異にする人びとの間に心理的な余裕が必要となります。自文化の優位性を強調して他文化をおとしめたり、逆に自文化を卑下して他文化を礼賛したりするのは、そうした余裕がないときにみられる現象です。自尊心をもちながらも相手の文化を受け入れる余裕、そしてお互いの文化が徐々に変化する可能性をも受け入れる余裕が求められているのです。異なる文化がつねに対立し合うわけではないという現実、そして何より国際社会自体が異文化の共存する社会そのものであるという現実を忘れてはなりません。

とはいえそれは、言うに易し、行うに難し。現実のさまざまな困難に直面しながら、私たちはそうした姿勢を粘り強く鍛え上げていくしかないのかもしれません。異文化理解、異文化交流を意図的に行うという試みは、国家が、そして人びとが、その時々にぶつかる諸問題をどのようにして乗り越えるかという試みにほかならないのです。

✐ **もっと知りたい人のために**

広島市立大学国際学部多文化共生プログラム編『周縁に目を凝らす――マイノリティの言語・記憶・生の実践』彩流社、2021年。

## ⑫-1　多民族社会ハワイにおける日系人の盆踊り

太平洋の真ん中に浮かぶ常夏の島、ハワイ。オアフ島をはじめとした８つの島に人が住み、行政上はアメリカ合衆国ハワイ州となっています。2010年の国勢調査によれば、ハワイの人口は約136万人。そのうち最も多いのが白人系で約34万人、２番目はフィリピン系で約20万人、３番目の日系は約19万人、４番目の先住ハワイ系が約８万人と続き、いずれのエスニック集団もマイノリティという多民族社会です。

多民族社会のハワイでは、さまざまなエスニックの料理やメディア、さまざまな行事が開催されています。日系の最も盛大な行事は、毎年夏にハワイ各地の日系仏教寺院で週末に開催される盆踊りです。浴衣を着た踊り手たちが踊り、バーベキューやかき氷等の出店も出て、子どもから年寄りまでが楽しみます。参加者は宗教や民族に関係なく、誰もが盆踊りに参加して楽しんでいます。

ハワイが多民族社会となったのは、19世紀からサトウキビ生産のために労働移民を受け入れてきたことによるものです。日系移民は1868年から、他のアジア系移民たちと同様に安い賃金労働者として耕地で働きました。そして1900年、ハワイ王国は正式にアメリカ自治領ハワイ準州として併合されました。いっぽう日系人たちの盆踊りは、一世たちが出身地の踊りを持ち込んだことに始まり、耕地の無礼講的な行事でした。その後一世たちの生活も安定し、二世たちの時代には競演会も開催して、盛大な行事となっていきます。しかし1941年、日本軍の真珠湾攻撃により、日系社会の指導者たちは強制収容（戦時下に政府が敵対視する適性外国人等を強制的に施設に収容すること）され、盆踊りをはじめとした日系社会の諸行事はまったく開催されませんでした。日本語も使えない辛い時期でしたが、戦地では日系二世のみの442部隊の決死の活躍がアメリカ社会全体でたたえられます。大戦が終わると盆踊りも復活し、1959年の立州（ハワイ準州から正式な州となったこと）では盛大に踊られました。

移民以来、日系人たちは生活苦や差別と闘い、辛い大戦をも経験してきました。しかし彼らは、「日系だけ」というような、排他的な感情に陥ることはありません。彼らが多民族社会ハワイで身につけてきたものは、個々人の育った環境の違い、異なる意見や考え方があるという大前提を認めながら、歌や音楽への共通の愛情で繋がっていこうという姿勢です。誰もが参加できるハワイの盆踊りとは、日系人たちの長い歴史によってつくられてきた多民族社会ハワイの財産として、今日開催されているのです。

## ⓬-2 「ヒジャブ」が日本のファストファッションに出現！

2016年６月、日本のファストファッションの代表格であるユニクロでヒジャブが販売され始めました。みなさんは「ヒジャブ」という言葉を聞いたことがありますか。ユニクロのホームページには「体のラインが出にくい、ゆったりとしたジーンズ、レーヨンブラウス、ロングワンピースの他に、髪を覆うヒジャブなどをラインナップしています」とあり、「髪を覆うヒジャブ」、つまり頭部を覆うスカーフのようなものを指しています。これはイスラーム教徒（ムスリム）の多い東南アジアを中心に１年前から展開されているコレクションの一環です。このようにヒジャブは、東南アジアだけではなく、最近は日本や英語圏でもムスリム女性のスカーフを指す言葉として使われ始めているのです。

ヒジャブはもともとアラビア語で、今ではアラビア語でもそのような服装を指すのに使われていますが、イスラームの聖典コーランでの意味は少し違い、服を指すようになったのは最近のことです。ヒジャーブ（アラビア語の原語では長母音になる）という言葉は預言者の妻たちと男性信徒をさえぎるカーテンの意味で使われていて(33章53節)、女性の服装にはヒマールやジルバーブなど別の言葉が使われています。イスラームでは、女性は自分の美しいところを露わにして男性の心を乱さないように、髪の毛や体の線を見せないように命じられているとされ、こうしたイスラームの教えに適った衣服全般、あるいはそうした衣服を着用することをいつのまにかヒジャーブと呼ぶようになったのです。しかし、具体的な形態や着用方法の詳しい記述がなかったため、どのような衣服をヒジャーブと呼ぶのか、また衣服そのものを指すのか概念を指すのか、イスラーム圏でも地域によって認識が異なりました。

さらに、同じイスラーム圏でもトルコでは今でもヒジャーブという言葉を使わず、同じくアラビア語起源ですが、テセットゥルという別の言葉を使います。東南アジアでも最近まではジルバブやクルドゥンなど別の言葉が使われていました。何より、新しい表現であるためなのか、トルコのテセットゥルも東南アジアのヒジャブも伝統的な服ではなく、華やかでファッショナブルな服を連想させるようになっています。女性の美しさを隠すというイスラームの教えに沿ったはずの行為が逆に女性の美しさを際立たせることに対し、伝統的なムスリムから批判もあるのですが、このテセットゥル（ヒジャブ）・ファッションの勢いは止まりません。女性のスカーフを語る言葉ひとつとってもイスラーム圏は地域的にも歴史的にも一枚岩ではけっしてないのです。

## ⑫-3　日本で暮らすムスリムが行う地域交流

グローバル化が急速に進行する今日、日本で暮らすムスリム（イスラーム教徒）の数も増えています。50年前には数百人だったのが、1980年代末から急増しました。人手不足にともない、出稼ぎ外国人が増えたからです。現在では11万人のムスリム（うち日本人は約１万人）がこの国で暮らしています。イスラームの礼拝所であるモスクも、全国で80を数えるまでとなりました。

外国人が多いムスリムにとって、近所で暮らす日本人と交流し、良好な関係を築いていくことは重要な課題です。交流の場はやはりモスクが多く、ご近所さんを招いての見学会や料理教室が行われています。また、各地の大学では、ムスリム留学生が中心となって、外国から高名なイスラーム学者を招いて公開講座を行ったり、学園祭でエスニック料理のお店を開いたりしています。若いムスリムの中には、SNS 上に日本語のイスラーム講座を開設し、情報発信をしている人もいます。

都心にある大塚モスクは、毎年地域のお祭りで屋台を出したり、映画会を開催したりと、地域交流に熱心なことで知られています。東日本大震災に際しては、福島県いわき市に繰り返し物資を届け、その後も精力的に炊き出しを行いました。福島第一原発事故の直後、まったく物資の入らなくなったいわき市での活動には、国内外のムスリムから大量の物資や多額の寄付が寄せられただけでなく、周囲の大塚商店街の人々も加わりました。つまり、大塚モスクは地域活動のハブとなったわけです。このことはイスラーム研究者である筆者にとっても大きな「発見」であり、大学の授業でパキスタン人男性やインドネシア人女性に日本での生活やボランティア活動の話をしてもらったり、ゼミ生を連れてモスクを訪問し、礼拝の様子を見学させてもらったりしています。

最近の大塚モスクは、特定非営利活動法人 TENOHASHI（てのはし）のホームレス支援に加わる形で、池袋での炊き出しに力を入れています。イスラームの教えに「隣人がかたわらで空腹を抱えている時に腹一杯食べる者は、信者ではない」があります。つまり、「食べ物をわかちあいなさい」ということです。東京有数の華やかなショッピング街のすぐ隣で、何百人ものホームレスが温かいカレーを待ちわびて長蛇の列を作る。それは現代日本の一面であり、その状況の中で、ムスリムたちは教えを行動に移しているわけです。

# 留学と国際関係

世界中で、モノ、金、情報、人などの、国境を越えた移動がますます活発になっています。人が移動する目的は移住、仕事、旅行などさまざまですが、勉学を目的に国境を越える留学生も増え続けています。OECDによると、全世界の留学生数は、80万人（1975年）、110万人（1985年）、170万人（1995年）、300万人（2005年）、450万人（2012年）と増え続けています。IDP Education Australiaは2025年には769万人になるという予測も発表されています。

## 1　世界の留学生の流れ

では、留学生の移動にはどんな特徴があるのでしょうか。OECDは世界の留学生に関する統計を毎年発表しています。OECD諸国のデータが中心ですし、国によって「高等教育」や「留学生」などの定義が必ずしも同じではないので、比較が難しい場合もありますが、移動の全体的な傾向はよくわかります。2012年に高等教育レベル（主に大学）の留学生を多く受け入れていたのは、①米国（全留学生の19.4％）、②英国（10.3％）、③豪州（6.2％）、④フランス（5.7％）、⑤ドイツ（4.9％）、⑥ロシア（3.4％）、⑦日本（3.4％）、⑧カナダ（3.4％）の順でした。

ここからどんなことがわかりますか。まず気づくのは、英語圏に留学する学生が多いことでしょう。また、高等教育の全学生に占める留学生の割合でみると、①ルクセンブルク（全学生の43.5％）が突出していて、②豪州（18.0％）、③英国（17.5％）、④スイス（16.8％）、⑤オーストリア（16.8％）、⑥ニュージーランド（16.1％）、と続きます。ルクセンブルクでは学生の半数近くが留学生です。このほかにもヨーロッパの比較的人口の少ない国が上位に入っています。留学生数の最も多い米国は大学生の総数も多いですから20位、日本は23位です。

次に誰がどこに何を勉強しに来ているかに注目すると、米英の留学先としての幅広い魅力が顕著です。たとえば日本に来る留学生の93.5%（なかでも中国と韓国の二国で78.3%）、豪州では85.2%がアジアからの留学生で、日本や豪州を選んでいるのは、主に近隣諸国の学生です。一方、米国や英国は、やはりアジアからの留学生が最も多いとはいえ、よりバランスよくさまざまな地域から留学生が集まっています。また、留学生の専攻分野を米豪で比較すると、豪州ではビジネスや情報技術（IT）の分野にかなり集中しているのに対して、米国ではより幅広い分野に分散しています。さらに、研究のために大学院に留学する学生の割合が高いのも米国の特徴です。

また、ここでは詳しく触れませんが、途上国から先進国への従来からの流れも大きいこと、先進国間でも学生の短期移動（半年～１年）が活発になっていること、新しい留学生受け入れ国が出てきていることなども、世界の留学生の動きをみるうえで大切です。

## 2　留学のプッシュ要因とプル要因

では、なぜ人は留学するのでしょうか。留学生を本国から押し出すプッシュ要因と、受け入れ国が留学生を引きつけるプル要因の両方を順に考えてみましょう。

まず、プッシュ要因として、発展途上国には自国に十分な数の大学がなく、特に、高度な技術や知識が学べる大学やコースもないために留学する人がいます。また、インドのように急激な経済発展をとげている国では、経済的に豊かな中産階級の人びとの数の増加に国内の大学の供給が追いつかないため、国内での大学進学が非常に難しくなり、国内で希望の大学に入れないならと留学する人もいるでしょう。日本の学生には理解しにくいかもしれませんが、近年のネパールやバングラデシュなど、自国が政治的に不安定で紛争などが絶えなかったり、経済が非常に停滞していて将来に希望がもてなかったりすると、海外への移住を希望し、その手がかりとしてまず留学する人もいます。

次に、留学生を引きつけるプル要因ですが、留学生を多く受け入れている先にあげた国々にはどのような魅力があるのでしょうか。最も多くの留学生をさまざまな専門分野に受け入れている米国の強みとして、まず、高度な専門技術や知識を学べる教育機関の存在があります。また、学生側からみても、20世紀以降、世界の科学技術や経済をリードしてきたのは米国だという認識は広く共有されているでしょう。

また、教育言語が英語なのは、英語圏に共通する重要なプル要因です。英語を公用語、または外国語として習得している人も加えると、現在、世界で最も多くの人びとが使える言語が英語です（⓮参照）。留学するには、通常はまず受け入れ国の言語を習得する必要がありますから、公用語として英語が初等・中等教育の言語として使われている国々ではもちろん、外国語として勉強している場合でも、英語圏への留学は言語習得のハードルが低いと思う人が多いのです。

さらに、留学生受け入れ大国の米国、カナダ、豪州、ニュージーランドなどは、移民受け入れによって国をつくってきた多民族国家で、すでに移民コミュニティが存在するために、多様な宗教施設や日常生活に必要なものがたいていは揃っているでしょう。親族や友人がすでにその国に住んでいるかもしれません。留学と卒業後の移住を結びつけて考えやすいのも、特にプッシュ要因が強くて国を出たいと考える留学生にとっては重要なプル要因です。

では、よく似た条件の英語圏の多民族国家のなかで、留学先として選ばれる要因は何でしょうか。豪州のIDPという機関は、留学生が英語圏5か国（米・英・加・豪・ニュージーランド）のなかで留学先を選ぶ要因として、教育の質、雇用の可能性、学費や生活費、個人の安全、ライフスタイル、入学のしやすさの6点をあげています。ある国から別の国に留学するというひとりの学生の決断の背景には、さまざまな要因が絡み合っているのです。

## 3　受け入れ国の事情

留学生を積極的に受け入れたいか、制限したいかという、受け入れ国側の都合も留学生の流れを左右しています。日本では、授業料はみな同じですし、家賃が安くて設備の整った宿舎（たとえば「国際交流会館」などと呼ばれる大学の留学生寮）に入る機会は、留学生の方が一般の学生よりも多いですから、これから紹介することは想像しにくいかもしれません。しかし、豪州のように近年留学生数が急増した英語圏の国では、大学などの教育機関や国家にとって、留学生の受け入れが貴重な収入源になっているという事情があります。

豪州の市民権や永住権をもっている大半の学生が払う学費には政府の補助がありますが、留学生にはそのような補助はなく、教育にかかるコストのすべてを自らが負担するため、留学生以外の学生が負担する学費よりはるかに高い額を払います。たとえば、ある大学の、留学生に人気のあるビジネス・コース（学部レベル）の2017年の学費は、一般学生の負担する額が年間10,596豪ドルなのに対して、留学生は39,100豪ドルです。また、留学生が留学先に与える経済効果は学費だけでなく生活費などもありますから、国にとっても、留学生受け入れを中心とする国際教育は重要な外貨獲得源になっています。豪州統計局のデータによると、国際教育は鉄鉱石、石炭に次いで第3の輸出産業であり、2015年には194億豪ドルの輸出収入をもたらしました。留学生受け入れの経済効果を重視し、積極的なマーケティング活動で学生を集めているのは豪州だけではありません。特に米国以外の英語圏諸国に共通して強くみられる傾向だと言えるでしょう。

また、直接的な経済効果はなくても、受け入れ国の国益を意識した留学生受け入れも重視されるようになっています。近年、日本でも「高度人材受け入れ」が推進されてきました。2015年の9月に法務省が策定した外国人の入国や在留などに関する「第5次出入国管理基本計画」でも、「我が国経済社会に活力をもたらす外国人」、特に専門的・技術的分野の外国人の積極的な受け入れを基本方針のひとつとしています。従来も、主に労働力不足への対応として外国人労働者の受け入れが拡大されたことはあっても、移住者の受け入れなどに積極的ではなかった日本が躊躇しながら模索しているようです。その背景には、地球レベルで起きている「人材獲得競争」があり、留学生の受け入れはその競争と密接に関係しているのです。経済産業省は2008年の白書で次のように書いていますが、人的資源獲得への危機感が感じられますし、このような認識は内閣府の2013年度年次経済財政報告にも見られます。

> 先進国において少子高齢化及び知識経済化が進んだことにより、経済活動における経営資源の中でも、「ヒト」の重要性が従来よりも高まり、各国とも外国人材の受入れを積極化させている。その結果、豊富な人的資本を有する高度人材及びその予備軍である留学生を中心に、ヒトの移動が急速に活発化しており、世界は「人材獲得競争」の様相を呈している。

日本は人口減少社会を乗り切るために今後50年間で1000万人の移民を受け入れるべきで、そのためには「人材育成型」の移民政策が必要だという提言もあり、メディアなどでも注目されました。しかし、国際的な人口移動のなかで圧倒的に有利な英語圏の移民受け入れ国は、「若さ」「専門知識」「英語能力」の三拍子を兼ね備えた人材を海外から確保することが可能なのに対して、日本は相当に不利な状況にあり、入国管理の面で門戸を広げただけではそのような人材は来てくれません。だからこそ、現地での集中的な日本語教育や日本への留学の支援をセットにした「人材育成型移民政策」が必要だと言うものでした。

日本の留学生政策としては、まず、1983年に発表された「留学生10万人計画」があります。これは、21世紀の初頭までに受け入れ留学生数を10万人に伸ばすという計画でした。その計画は、留学生受け入れ態勢（教育指導・留学生相談）の整備、国内外の日本語教育の推進、留学生宿舎の確保などが中心で、留学生は支援される対象だったようです。そして、2008年には「留学生30万人計画」が発表されました。ここでは、2020年までに日本の留学生受け入れ数を約2.5倍の30万人にするのが目標です。留学生に卒業後、日本社会で定着し活躍してほしい、そのためには産学官が連携して就職を支援し、「優秀な留学生」を獲得しようという、新しい特徴がみられます。

この傾向は世界の留学生受け入れ国にも広くみられます。近年、豪州に留学生を引き寄せてきた重要なプル要因の１つは、移住の可能性です。豪州ではいわゆる「高度人材」にあたる技術移住希望者には、年齢（若さ）、英語能力、学歴・資格、職歴、技能などがポイント化され、一定以上の点数を得た人が永住権を申請できます。専門分野や資格はもちろん、豪州の大学などに２年以上在籍していること、またそれが人口の多いシドニーやメルボルンではなく人口の少ない指定地域の大学などへの留学であればポイントが加算されたりするため、将来移住を望む学生が留学先を選択するうえで重要な意味があります。ポイントテストの項目やその詳細、さらにポイントテストの結果の持つ意味や永住権獲得までのプロセスなどは、労働市場や社会情勢などによって随時変更され、政府にとっては国内のさまざまなニーズに合わせて戦略的に技術移住者を選択できます。留学生にとっては移住の計画が立てやすいという面もありますが、随時変更される条件に右往左往するという弊害もありますし、莫大な投資をして何年もかけて計画したことがゴール目前で無駄になることもあります。たとえば、「必要な移住者職業リスト（Migration Occupation in Demand List）」に会計士が掲載されると、会計学の修士コースが次々と登場し、学生の大半が留学生というコースも生まれました。また、そのリストに美容師やシェフが入っていたため、留学生が集中し、その分野の専門学校が増えた時期もありました。しかし、2010年の改訂では、美容師やシェフはリストから消え、医師や看護士など資格取得により多くのお金と時間がかかり、入学するのも困難な分野に重点が移りました。このように、本当に勉強したい分野ではなく、永住権獲得に有利なコースを選択する留学生も出てきますし、豪州で必要とされる職業に就くための専門分野を専攻しても、卒業後に実際に就く（就ける）職業は専攻とは無関係で、人材不足の解消にはなっていない、といった問題も指摘されてきました。

## 4　おわりに

昔から留学生や高度な技術や知識をもった人の流れに関連して言われてきたことに、途上国から先進国への頭脳流出があります。留学生受け入れ大国の米国などでは、これとは逆の頭脳流入が起こっています。ここで紹介してきたように世界中で人の動きが活発になれば、頭脳流出と頭脳流入がますます加速し、国家間の格差が拡大してしまうのでしょうか。人の移動は一方通行とは限らず、「頭脳還元」もみられます。たとえば、中国は、自国出身者で海外の大学で教育・研究の実績をもつ人を呼び戻すことによって高度人材を確保しようという「海外人材呼び戻し政策」を実施しています。ほかにもエストニアなど英語圏以外の大学でこのような戦略がみられるそうです。

「移住」と言うと母国を捨てて外国に骨を埋めるというイメージのあった昔と違って、現在ではもっと自由に人は国境を越えて移動しています。特に「高度人材」と言われる人たちは、（必ずしも身体を動かさなくても）国境を越えるのが日常になっているようです。豊かな国と貧しい国という国家間の格差よりも、地球レベルでどこでも歓迎される一部の人びと、国境を越えるという選択とあまり関係のない多くの人びと、やむをえず国境を越えてもどこからも歓迎されない人びととの間での格差が大きくなっているようです。

「留学」というテーマで、もっと明るい話題を紹介するべきだったかもしれません。異国で生活し外国語で勉強するという苦労はあっても、異文化を理解し、文化背景の異なる友人をつくって視野を広げ、人間としても成長できるのは、素晴らしい経験です。そのような留学や異文化理解の素晴らしさはあちこちで語られていますが、留学をめぐるさまざまな問題については、専門家の間での議論はあっても留学を考える世代の学生にはあまり知られていないように思います。ここではあえて、後者に焦点をあてました。でも、みなさんが今後、さまざまな形で日本の外の世界も経験できることを望んでいます。

**✐ もっと知りたい人のために**

OECD 編著『図表でみる教育・OECD インディケータ』明石書店、各年版。

## ⑬-1　日本への関心と日本語教育

国際交流基金の2012年の調査によると世界の日本語学習者は128か国と８地域で約399万人です。ここには自学自習している人などは含まれていませんから、実際にはもっと多いでしょう。日本語学習者が多い国は①中国（約105万人）、②インドネシア（約87万人）、③韓国（約84万人）、④豪州（約30万人）の順です。

豪州の日本語学習者の特徴は、ほとんどが小学校・中学校・高校段階の学習者（96.0％）で、大学などの高等教育（3.3％）とそれ以外（民間の語学学校など0.7％）が極端に少ない点です。学習者数は多いですが、小学校で少し勉強しているだけの子どもたちも入っていますから、日本語力の到達レベルはそう高くない人が大半だと言えるでしょう。ただ、日本の高校に１年近く交換留学した学生のなかには、本人の意思や態度と環境によっては、しっかりした日本語を流暢に話すようになる学生もいます。また、日本への研修旅行（２～３週間）を実施している高校では、観光旅行だけでなく、姉妹校での交流や短期のホームステイで日本の生活を経験してくる生徒も増えています。さらに代々オーストラリア人の両親でも日本生まれ、中国育ちのいわゆる「移動する子ども」だったために日本語も中国語もよくできるというような学生もいます。

では、豪州の学校でなぜ日本語教育が盛んなのでしょうか。アジア太平洋国家としての豪州が国益のために教育政策でアジアの言語を重点支援するなかで、日豪の強力な経済・貿易関係や活発な人的交流を背景に、多くの学校が日本語を選択してきたからだと言えます。日本ではほぼすべての学校が外国語として英語を教えていますが、豪州では学校によってイタリア語か中国語、フランス語か日本語などとさまざまに選択できます。

わたしは豪州の大学で日本語を教えていました。1990年代には日豪の経済関係を反映して、大学説明会などで高校生や保護者から「日本語を勉強すると将来のキャリアとしてどんな道があるか」とよく尋ねられました。近年目立ったのは、日本のアニメ、漫画、J-POP などに対する関心から、日本のものが好きだから日本語を勉強したいと言う学生たち（特にアジア系の学生）です。日本に行ったことも、学校で日本語を勉強したこともなくても、テレビドラマを見て自学自習しただけで、会話のできる学生もいました。

# ことばの多様性と文化

## 1　世界の言語

世界ではいくつの言語が使われているのでしょうか。専門家の間でも意見は一致していません。5000～6000だと言われることが多いようですが、3000～1万ぐらいまで幅広いです。言語の数をかぞえるのが難しいのは、今も新しい言語が発見されている、その反対に話し手がいなくなって絶滅する言語がある、複数の言語が1つの言語の方言なのか異なる言語なのかが必ずしもはっきりしない、などの理由によります。

世界の言語の百科事典とも言われるEthnologue（2016）によると、世界に現存する言語は7097語ですが、話し手の数はさまざまです。話し手が100万人以上いる大言語はそのなかの398言語（言語総数の約5.6％）にすぎませんが、全世界の人口約65億人のうち94.4％の人がその5.6％の言語のいずれかを第一言語（母語）として使っています。逆に言うと、話し手が100万人未満の言語が7097言語の94.4％を占めていますが、その話し手は全人口の5.6％にすぎません。世界で最も第一言語話者の数が多いのは、①さまざまな方言を含む中国語が約13.02億人、②スペイン語が約4.27億人、③英語が約3.39億人。日本語は9番目で約1.28億人です。この数字は日本の人口に近いですから、日本語の場合は、そのほとんどが日本国内に住んでいるということになります。

## 2　国際コミュニケーションと英語——さまざまな立場や意見

第一言語話者の数が世界で3番目の英語が国際語と言われるのはなぜでしょ

うか。世界で3人に1人が英語を使っているという説もあります。英語を「母語」とする人びとが3億人、「公用語」とする人びとが10億人、「外国語」または「国際語」とする人が7億人で合計20億人が英語を使っているという勘定です。つまり英語が世界で一番広くさまざまな地域で通用するからです。

では、英語が世界で最も広く通用しているのはなぜでしょうか。これは言語そのものの優劣などがその理由ではありません。ある言語が本来の地域を越えて広く普及する理由として、鈴木孝夫氏は軍事（軍事的な征服、植民地化の結果）・経済・宗教の3要素をあげています。現在の英語の普及は、主に、英国の植民地支配と、第2次世界大戦後に経済大国として米国が世界中に影響を及ぼし続けた結果です。

みなさんは、「日本でも英語だけが使われていて、母語として英語を自然に習得していれば、苦労せずにすんだのに」と思ったことがありませんか。実際に、日本が欧米に追いつこうとした明治時代や敗戦後などに、政治家や文学者など影響力のある人が、日本語を廃止して英語やフランス語を国語にするべきだと主張したり、漢字の廃止やローマ字の採用を提案したことがあります。日本は、歴史上、他の言語に対しては加害者としての経験をもっている（アイヌ語の消滅、植民地支配した朝鮮半島や台湾での日本語の強制）のに、反対に外国の圧力によって日本語を奪われるという言語的被害者の立場にたたされたことがありません。ですから、母語に対して消極的・否定的な考えをもち、他国から強制されたわけでもないのに自ら進んでそれを捨てて外国語に取り替えようなどと言うのだという分析もあります。言語は、文化や歴史、人びとのアイデンティティなどと深く結びついていますから、コミュニケーションの利便性だけを追求して、世界中で母語を捨てて1つの言語に統一しようなどとは言えないのです。

しかし、実際には国際コミュニケーションで最も広く使われているのは英語で、その勢力はますます拡大しているようです。ただし、世界に広がっている英語は1つのものではありません。ある言語が世界に広がっていくと、それは多様な民族や地域の文化を反映したものに変化していきます。現地の言語や文化の影響を受けたフィリピン英語、インド英語、シンガポール英語などと言われる「世界諸英語（World Englishes）」はその例です。英語を第一公用語とする多民族国家シンガポールでは、英語は日常的に国内でのコミュニケーションに使われ、発音だけではなく標準英語とは異なるさまざまな特徴をもったシンガポール英語になっています。また、国内コミュニケーションには使われなくても、お互いの言語を学習していない中国人と韓国人と日本人が集まって英語でコミュニケーションをするなら、そのような場面では、英語を使ったコミュニケーションが英米人の規範を離れて当然とも言えるでしょう。

このような側面に注目し、英語を多国間・多文化間コミュニケーションのための国際言語と位置づける考え方もあります。「21世紀日本の構想」懇談会が2000年に発表した、日本で英語を第二公用語にしようという提案（いわゆる「英語公用語論」）や、文部科学省が2002年に発表した「『英語が使える日本人』の育成のための戦略構想」なども、日本がグローバル化の波に乗り遅れないため日本人が国際共通語としての英語を身につけ、多国間・多文化間コミュニケーションのための「国際対話能力」を高めなければならないと言いました。

一方で、上のような考え方に批判的な議論があります。ここでは津田幸男『英語支配とことばの平等』（2006年）の議論を紹介しましょう。英語が事実上「世界標準語」になっているという点での認識は同じですが、①英語支配肯定推進派、②国際英語推進派、③英語支配批判変革派、と３つの異なる立場があると言います。①は英語が世界化している現状を肯定し推進しようとする立場で、英語国を中心に多数存在し自分たちの利益を守ろうとしている立場です。②は上で述べたように、英語の世界化を受け入れコミュニケーションの道具としての有用性を認めるけれども、「脱英米化」をめざして「非標準英語」を肯定的にとらえる立場です。しかし、②の立場も英語支配と英語使用自体を容認していて、「世界諸英語」を認めるといっても、標準英語を頂点とする序列ができてしまうだけだと指摘されています。また、国際英語の推進が国力増強の手段となってナショナリズムと結びついていると警告しています。③は英語支配を認めず、より平等な国際コミュニケーションを追求しようとする考え方です。

では、英語支配はなぜいけないのでしょうか。英語支配が容認できない理由として6つの問題が指摘されています。

①コミュニケーションの不平等と差別が生まれる

英語が支配的な世界では、英語圏の人びとは国際コミュニケーションでも母語が自由に使えるのに対して、非英語圏の人は「コミュニケーション弱者」になってしまい、正当な評価が受けられないだけでなく、自信がもてず劣等感を感じやすく社会的地位や経済的報酬のうえでも不利になり、富や権力から遠ざかってしまいます。

②少数言語の衰退に拍車をかける

使い手の少ない言語の使い手が経済的、社会的に有利な英語に乗り換えることによって少数言語がますます衰退し消滅してしまうおそれがあります。日本人の「英語信仰」を考えると日本語も危ないと警告しています。

③世界文化の画一化につながる

「英語支配」は世界文化の画一化（米国化）を招き、各国の文化的自立性やアイデンティティの発展を妨げると考えています。

④情報の格差が生まれる

言語は情報を運ぶ媒体ですから、英語支配は情報支配にもなり、英語話者と非英語話者の間で情報の格差と不均衡が生まれます。

⑤「英語神話」によって精神が支配される

英語的な考え方や精神構造が支配的になり、人びとの間に英米のものが素晴らしいという精神や態度が培われて「精神の植民地化」が起きます。

⑥序列構造が生まれる

英語母語話者を頂点として、第二言語として英語を使う話者、外国語として英語を使う話者、英語と接触のない人びとの順に世界の人びとに序列構造が出現します。

特に③、⑤、⑥の3点については、先の「世界諸英語」の考え方、つまり、英語は母語話者のものではなく、英米文化からは独立した国際コミュニケーションの手段であるという楽観的な考えとは出発点が違いそうです。また、英語ができるか否かによって不平等が生じるのはけしからんという英語支配に批判的な立場と、従来の社会階層や既得権益にかかわらず英語ができるか否かによって上下が入れ替わるのであれば、それはむしろ平等化ではないかという主張は、同じ現象に対して反対の評価をしていると言えそうです。ただ、英語支配に批判的な立場の人も英語でその考えを発表しなければ世界の幅広い読者に届かないという皮肉な現実もあるのです。

## 3　多言語主義

では、どんな解決策が模索されているのでしょうか。欧州連合（EU）で共通の通貨ユーロが導入されたのは1999年で、現在ではEU諸国の多くでユーロが共通に使われています。たしかに、特に旅行者にとってはいちいち両替する必要がないというのは便利です。しかし、各国の文化やアイデンティティと密接に結びついた言語は通貨のようにはいきません。EUでは異なる言語を話す人たちが複数の言語を学び合って交流するという多言語主義をとっています。また、翻訳や通訳のために膨大なコストがかかりますが、それはEUのモットーである「多様性の中の統合」を促進するための対価と考えられているようです。加盟国28か国それぞれの公用語を少なくとも1言語はEUの公用語として認める方針で、2016年には公用語は24言語になっています。駐日欧州連合代表部のウェブマガジン“EU Mag”2012年7月号によると、母語以外に1つ以上の言語を使うことができる人の割合が高い国は、①ルクセンブルク（98%）、②ラトビア（95%）、③オランダ（94%）で、勢力の強い言語（英・仏・独など）を母語としない国々にこそ、複数の言語が使える人が多いと言えます。一方、英語の普及に目を転じると、母語に次いで有用性が高い言語として67%のEU市民が英語をあげ、自分の子どもに習得させたい言語としても、79%のEU市民が英語であると答えています。母語しか使えないという人の割合は、英国、アイルランドなど英語を母語とする国で高く、これは苦労して外国語を勉強しなくても他の人が英語を使ってくれるという贅沢な状況にある英語圏諸国に共通して見られる傾向でしょう。

## 4　豪州の場合

米国、カナダ、豪州などの英語圏諸国は、英語を母語としない移民を多く受け入れている国でもあり、外国生まれの移民１世、その子どもである２世のなかには英語を母語としない人もたくさんいます。2011年の国勢調査によると、豪州の居住者の26%が海外生まれ、さらに20%が両親の少なくとも一方が海外生まれです。家庭で英語以外の言語を使っている人は18%ですが、都市部をみると、シドニーでは32%、メルボルンでは29%です。調査の質問は「家庭で使う言語」を尋ねていますが、家庭では英語を使っていても、別居している両親や親戚、同じ民族の人とは英語以外の言語で話す人が多いことを考えると、国勢調査の示す数値より多くの人びとが、実際には英語以外の言語を使っていると言われています。2011年に最も広く使われていた言語は、多い順に、①北京語（中国語）、②イタリア語、③アラビア語、④広東語、⑤ギリシャ語、⑥ベトナム語、⑦タガログ・フィリピノ語、⑧スペイン語、⑨ヒンズー語、⑩ドイツ語となっています。これは豪州全体の数ですが、メルボルンでは①ギリシャ語、②イタリア語、③北京語なのに対して、シドニーでは①アラビア語、②北京語、③広東語と、都市によって違った特徴がみられます。

さらに狭い地域をみてみましょう。たとえば、メルボルンの都心から南東へ24kmほどのところにあるグレーター・ダンデノンと呼ばれる地域（面積約129平方km、2011年の推定人口約13万6000人）はビクトリア州でも住民の文化的背景が多様なところです。2011年の同調査では、海外生まれの人が全住民の62%で、その大半が英語圏以外からの移住者です。家庭で使われている言語もさまざまで、英語以外の言語を使っている人が全住民の66%、広く使われている順に、①ベトナム語、②クメール語（カンボジアの言語）、③広東語、④プンジャビ語、⑤ギリシャ語、となっています。豪州に行って、観光地だけでなく海外からの移住者の多い地域を歩いてみると、みなさんも豪州が多民族・多言語社会であることを実感するでしょう。

しかし、もう一方には、何世代にもわたって豪州で生活してきたいわゆる主流に属する人たちがいて、その多くは、英語しか話しません。アジア、アフリカ、ヨーロッパなどの多言語国家に比べると、豪州の英語母語話者の外国語への関心や外国語能力は低いと言わざるをえないでしょう。

## 5 おわりに

地球上には多様な文化や言語をもつ人びとが共存してきました。国境はもともと人間がつくったもので、侵略や戦争によって、歴史上、何度も線の引きなおしが行われてきました。また、近年では国境を越えたコミュニケーションや人びとの動きがますます活発になっていますから、ここで紹介してきたように、1つの国のなかでもさまざまな言語が使われています。利便性が追求され、英語が世界に広まろうとする力と、それに対してさまざまな言語や文化を守ろうとする力の間に緊張関係がみられます。「英語対その他のすべての言語」という単純な対立構造ではなく、国や地域のレベルでもそこの多数派の人びとの使う言語と少数派の人びとの使う言語の間に緊張関係があります。さらに、1つの家庭のなかでも複数の言語が使われている場合には、父親の母語、母親の母語、その家族の住む社会の主流言語などの間に緊張関係があるでしょう。いわゆる異なる言語の間だけでなく、シンガポールにおけるシンガポール英語と標準英語の関係、日本における標準語と方言の関係なども興味深いと思います。

ことばの多様性として、ここまで音声語についてしか書いてきませんでしたが、実は、世界の言語には、音声語以外に手話があり、最初に紹介したEthnologueには世界の手話が含まれています。日本でも、2011年の「障害者基本法」改正で言語に手話を含むことが明記され、全国で次々に手話言語条例が制定されています。日本手話の学習者として筆者は、ろう者の方々にはコミュニケーションの達人が多いと感じています。小学校から英語を教科として学ぶより、手話を学ぶことでコミュニケーションに不可欠な積極的な姿勢と工夫を身につけ、その楽しさを体験するほうが、将来の異文化間コミュニケーション力につながるようにも思いますが、いかがでしょうか。

みなさんが外国語を勉強しているのはなぜですか。数ある外国語のなかでなぜその言語を選んだ（選ばされた）のでしょうか。万が一、「2050年からは地球上の言語は１つにする」ということになったら、どんな世界になるのでしょうか。身近なところからいろいろ考えてみてください。

**もっと知りたい人のために**

平田雅博『英語の帝国――ある島国の言語の1500年史』講談社、2016年。

## ⑭-1 日本も多民族・多文化・多言語社会になる？！

豪州のように住民の文化的・言語的背景が多様な社会での言語生活はどのようなものでしょうか。たとえば、同じ通りに並んだ3軒の家のなかで使われている言語が、家庭によって広東語だったりギリシャ語だったりロシア語だったりします。また、ある家庭のなかで子どもたちが母親とは主に日本語で、父親とはイタリア語で話し、兄弟同士は英語で話すという状況もあるでしょう。

みなさんの近所はどうですか。「日本はずっと単一民族国家だったし今もそうだ」と信じている人は、最近ではさすがに少なくなってきたと思います。日本でも昔からアイヌ語、韓国・朝鮮語、中国語などを母語とする人びとがいましたが、日本語を母語とする大半の人びとにとっては、その存在があまりみえていなかったかもしれません。1980年代以降のニューカマーと言われる外国人の増加で、文化的・言語的に多様な背景をもつ人の数は増えています。法務省によると、外国人数（中長期在留者および特別永住者）は過去最高になっています。日本の総人口に占める割合は、約1.7%でした。日本全国でみるとそれほど高い割合ではありませんが、新宿区の外国人比率は12%、なかでも大久保1丁目では46%と地区全人口の半分弱が外国人になっています。国籍別では中国と韓国・朝鮮で60%強で、残りは東南アジア系が多いとはいえ、国籍はさまざまで10人以上の国が57か国です。日本国籍をもつ外国にルーツのある人々もいますから、日本国籍者もその背景は多様になってきています。日本の学校に在籍しているけれども特別に日本語指導が必要な児童生徒の数も増えています。

中東からの商人向けに女性用のベールを販売するおろし店。アラビア語、英語、中国語の看板が出ている（中国の義烏（イーウー）市；世界最大級の卸売市場があり、義烏経由の「100円ショップ」商品も多い）＝清末愛砂撮影

多民族国家と言われる豪州でも最も民族的に多様な地域に近い現象が、日本でもみられるのです。日本も多民族・多文化・多言語社会に向かっていると言えるのではないでしょうか。

## ⑭-2　日本の日系ブラジル人コミュニティ

1980年代後半、人手不足に悩む日本企業で合法的に日本で仕事ができる外国人への需要が高まりました。これを受けた1990年出入国管理法改正で、３世までの在外日系人が日本で就業可能になり、来日する日系ブラジル人が増加しました。その多くは、自動車や電気機器などの製造業が多い関東や東海地方に住んでいます。

日本の日系ブラジル人が抱える問題をみてみましょう。まず、彼らの多くは派遣業者への登録による就業のため、派遣先企業で必要がなくなれば失職します。そのため彼らは頻繁に転職し、景気悪化でただちに失業する可能性があります。2008年秋の世界不況では、すぐにブラジル人の解雇が始まりました。このため、在日ブラジル人は2007年の31万7000人から2016年６月現在は17万6200人になっています。

第２は、子どもの教育の問題です。ブラジル人の子どもにとって、日常会話の日本語（生活言語）に比べ、学習に必要な抽象的概念や論理的な表現を含む日本語（学習言語）の習得は容易ではありません。そのため、授業についていけず、また親の転職での転校もあって、日本の学校になじめず学校をやめる生徒もいます。日本生まれの子どもの場合、本人は親が使うポルトガル語を理解できず、親は日本語がよくわからないため、親子の意思疎通が難しくなります。ブラジル人学校には、各種学校認可校、ポルトガル語教育や日本の学校を退学した子どものための私設学校もあります（2011年５月現在72校）。しかし、ポルトガル語を使う機会がほとんどない日本では両言語とも習得が中途半端になり、日本で就職や進学もできず、帰国してブラジル社会に溶け込むことも困難になる子どもの増加が懸念されています。他方、日本育ちの子どもの中には、様々な困難を克服して日本の大学に進学する事例も増えています。この背景には、日本永住を選んだ親が、子どもには単純労働に就かせたくないと考え、子どもに進学を勧めるといったこともあります。

在日ブラジル人は、来日当初の一時的な出稼ぎの予定から、日本滞在の長期化で日本永住を考える人が増えています（永住者比率は1997年は３割、2015年は６割）。永住者増加の過程で、自治体やNPO、企業による様々な支援がありました（在日ブラジル人や日本人のNPOによる自治体との協力の下での生活物資支援や子どもへの日本語支援など）ブラジル人の自治体から、自らのための商品やサービスを提供するビジネスが生まれ、彼らの生活の便が向上している地域もあります。このような地域に住む在日ブラジル人は、周囲の日本人との交流にも積極的で日本社会に溶け込む努力をしています。

# 15 教科書に書かれた日本の戦争

## 1　12月８日、日本は真珠湾以外も攻撃した

1941年12月８日（日本時間）は、日本軍がハワイの真珠湾（パール・ハーバー）（米軍の軍港）を攻撃する一方、マレー半島北部東海岸、すなわちタイと英領マラヤ（現在のマレーシアとシンガポール）に上陸し（真珠湾攻撃の約１時間前）、シンガポール（英軍の拠点で、石油など資源の豊富な東南アジア支配のための軍事的・経済的要衝としての島）、そして英領香港、米領グアム、同ウェーク島、同フィリピンのクラーク飛行場を空襲した日＝日本がアジア、太平洋で戦争を始めた日です。

シンガポールは日本軍に陥落し、翌1942年２月15日、同地での日本軍政が始まります。現在のシンガポール（1965年独立）は２月15日を「全面防衛の日」と定め、日本による侵略と日本統治（３年８か月）下での犠牲者を悼む式典を毎年行い、学校ではきわめて重要な日として特別学習を行っています（全面防衛：平時でも軍事的、そして経済的［経済力］、心理的［愛国心］、社会的［民族融和と弱者への援助］、市民的［緊急事態への対応］防衛の強化を図る考え方）。他方、日本では「日本のシンガポール占領」は忘却されている感があります。

この意味を考えるため、アジア太平洋戦争（「太平洋戦争」ではアジアでの戦争、日本のアジアに対する戦争責任が忘れられがちなため、近年使われるようになった呼称。「大東亜戦争」は当時の日本政府による呼称）、特に日本のシンガポール占領について両国の教科書を比べてみます。学校（シンガポールの義務教育は小学校６年間で、大半が中学校に進学します）は両国とも教育の中心で、教科書（シンガポールでは教育省認可済、日本では文部科学省検定済）は子どもたちを国家規模で社会化する基軸的な手段であり、国民の形成および統合を担う特定の価値体系や文化の再生産を可能にする媒体だからです。

## 2　日本のシンガポール占領――シンガポールの教科書の場合

シンガポールでは小学校から自国の現代史を学びます。全学年で「全面防衛の日」、4年生前半に英領期まで、後半に日本侵攻以降の歴史という配分です。

4年生後半の教科書 *Inquiring Into Our World: Primary Social Studies 4B*（Marshall Cavendish 社、2013年）で日本関連の章をみてみます。第5章の「日本統治下のシンガポール」（計7頁）は日本軍のシンガポール侵攻*の説明ののち、「シンガポールを防衛して*」、「暗黒の日々を生きて*」を配しています。

* 日本軍のシンガポールへの侵攻：日本軍によるシンガポール爆撃（1941年12月8日）と仏領・オランダ領への侵攻、マラヤ占領後のシンガポール占領（翌年2月15日）を記述します。当時の日本軍の侵攻経路・戦闘地と日付を半頁大のシンガポールの地図に明示し、コラムで日本軍占領初日の同年2月15日が旧正月の初日かつ苦難の始まりであり、この日を「全面防衛の日」として同国の全学校で回顧すると述べています。
* 「シンガポールを防衛して」：挿絵・写真を中心に、日本軍のシンガポールへの侵攻・上陸、日本軍への英軍やシンガポール義勇軍の抵抗・降伏、日本軍による大量の捕虜、マラヤとシンガポールの人々の苦難の始まり、数多の死者、シンガポールの抗日の英雄アドナン・サイディ（Adnan Saidi）について記述します。本文はシンガポールの人々に英軍降伏が衝撃を与え、同島が「昭南島（しょうなんとう）」と改名され軍政下で人びとが辛酸をなめたことを記しています。
* 「暗黒の日々を生きて」：挿絵・写真を使い、軍政下、日常的な恐怖のなかに生きるほかなかったシンガポールの人々の苦難（日本軍による粛清、憲兵隊による恐怖政治、不十分な配給、日本語の強制など）を記述します。また、抗日の英雄であるリム・ボーセン（Lim Bo Seng）とエリザベス・チョイ（Elizabeth Choy）を取り上げる一方、現地の人々を日本軍の粛清から救った篠崎護（しのざきまもる）について篠崎の作った自給村の位置を示すマレー半島の地図つきで記します。しかも、コラムは篠崎の自給村が国立公園の側に現存することを知っているかと訊いています。

日本関連の記述は「英国統治への復帰」までで、日本降伏後、シンガポールの人々に演説する英国のマウントバッテン卿の半頁大の写真があります。本文はまず1945年8月15日の日本降伏、次に同月初旬の原爆投下での殺戮と破壊（原爆投下の経緯や場所、犠牲者数、破壊状況等の説明はありません）、9月12日のシンガポールでの日本の正式な降伏、そして同地の人々が戦争終結に伴う英国の復帰を歓迎したものの生活の困難に直面したことを記しています。

シンガポールの中学校では歴史は選択科目です。２度の世界大戦が主題の中学校歴史教科書 *ALL ABOUT HISTORY, The Making of the Contemporary World Order 1870s-1991. Unit 2: The World in Crisis*（Pearson 社、2013年）は資料（文献・写真・図版等）が多く、全７章のうち第６・７章（計47頁）で日本を扱っています。

「第６章　アジア太平洋での第２次世界大戦の勃発」の主題は、日本が戦争への道にどの程度まで追い込まれていったのかです。これに対し、日本の大国化の背景、アジア・ヨーロッパでの地位確立の野望、膨張的外交政策、また国際連盟の短所、1930年代の世界の動向に対する日本の対応を検討します。資料には1905年の日英同盟、中国への21箇条の要求などがあげられ、末尾で歴史上の出来事の原因と結果を考えるよう促されます。

「第７章　第２次世界大戦での日本の敗北」の主題は、原爆投下によってのみ日本の敗北がもたらされ得たとどこまで同意するかです。これに対し、日本の東南アジア侵略・占領、米国の強大さ、拡大しすぎた日本の勢力圏の防衛の不可能、早期勝利をもくろむ連合国、原爆の投下などを検討します。資料には1941年12月時点の連合国と日本の海軍力比較、第２次世界大戦での６大国の経済力の比較、英国・軍需工場での女性への労働の奨励、原爆開発に携わった科学者の発言、日本による戦時捕虜虐待として有名なバターン死の行進の説明、神風特攻隊の訓練心得、特攻を翌日に控えた特攻隊員の状況、1945年８月９日のトルーマン米大統領のラジオでの発言、アイゼンハワー（第２次世界大戦時の連合国遠征軍最高司令官、後に米大統領）の発言、第２次世界大戦時の日本の外交官・加瀬俊一の英国でのテレビ・インタビュー（1972年）などがあげられ、複数の見方からの議論の評価を促されます。

この教科書は以上のように、概説以上の内容で、多くの挿絵や図表、写真、インターネット資料のアドレス、用語（歴史用語や難解な言葉）や出来事・人物の説明（天皇裕仁、犬養毅、皇帝溥儀、1910～1920年代の日本政治、戒厳令、南京大虐殺、泰緬鉄道、憲兵隊、神風、無条件降伏、A・アインシュタイン等）、課題も載せています。その記述は、歴史上の出来事を孤立させず、複数の説明・図表などを検討させて特定の出来事に至る過程・理由を重視することにより、複雑に絡み合った諸々の出来事のなかに一筋の道を浮かび上がらせていく方式といえます。

同書はまた、史料にもとづいて論理的に思考し文章化することが要求される中等教育修了認定国家試験（Singapore-Cambridge General Certificate of Educatiion Ordinary L シンガポール－ケンブリッジ一般教育証書・普通水準；同時に、上級校への入学者選抜試験）にも対応したものです。

他方、同書は中学校歴史の重点項目と思われる写真を説明抜きで載せています。その写真とは、表紙をめくった最初の頁（i頁）全面を使った、日章旗の鉢巻を締める日本軍人の上半身の写真（同書201頁の４分の１頁弱の大きさの同一写真の説明は「日本の神風パイロット」）です。日本軍政は多民族社会シンガポールで唯一共有可能な経験であるため、日本軍政の象徴である日章旗・日本軍人が同書の目立つところに置かれたと考えられます。

シンガポールの中学校歴史教科書は、歴史からの教訓やその展開に関わる考え方の重視、論理的思考力を重視する試験への対応、さらに国民統合への一助など、一般的な教科の学習を超えた内容を有しているとまとめられます。

## 3　日本の高校教科書にみる太平洋・東南アジアでの戦争

日本の高校歴史教科書のシンガポールと日本の戦争に関する記述をまず、『詳説世界史』（『詳説日本史』とも、山川出版社、2016年）で見てみます（世界史、日本史とも、**太字**は原文、ルビは省略）。

……同（1941）年12月８日、日本軍はハワイのパールハーバー（**真珠湾**）にある米海軍基地を奇襲し、マレー半島に軍を上陸させて、アメリカ・イギリスに宣戦し、**太平洋戦争**に突入した。

開戦後半年間で、日本は、マレー半島・香港・シンガポール・インドネシア・フィリピン・ソロモン諸島を占領し、ビルマを征服した。日本は「**大東亜共栄圏**」をとなえ、……

東南アジアの占領地では、当初、日本を欧米諸国の植民地支配からの解放者としてむかえたところもあった。しかし、日本の占領目的は資源収奪とそれに必要な治安確保であり、軍政のもとで、日本語教育や神社参拝の強制など、現地の歴史と文化を無視した政策がおこなわれた。さらに、シンガポールやマレー半島、フィリピンでは住民への残虐行為や捕虜を含む強制労働が多発したため、住民の激しい反感をよび、日本軍は各地で抵抗運動に直面した。……（中略）

……アメリカは、8月6日広島にさらに9日に長崎に新兵器の**原子爆弾**を投下して、両市を壊滅させた❷。……日本は8月14日**ポツダム宣言を受諾**して降伏し、15日国民にも明らかにした。こうして6年にわたる第二次世界大戦は終わった。

❷原子爆弾によって、広島では被爆後5年間に20万人以上、長崎では14万人以上の市民が死亡し、現在も後遺症に苦しむ人々がいる。

上の引用文には「太平洋戦争」と題された地図（日本軍の勢力圏の変化や進撃方向、連合国軍の反撃方向を示し、「シンガポール占領1942」と説明があり、1/3頁大）、「広島爆心地付近」と題された写真（「原子爆弾による一般市民の無差別大量殺害と残留放射能による被害は、戦後も国際的に大きな人道問題となった。写真は原爆ドーム（旧県産業奨励館）。」という説明で、1/6頁大）がついています。

分量で見ると「第二次世界大戦」8頁のうち計3頁弱が太平洋・東南アジアでの戦争と原爆投下で、うち2文がシンガポールに言及しています。

他方、『詳説日本史』の場合、「第2次世界大戦」18頁のうち太平洋・東南アジアは8頁半です。シンガポール関連部分をみてみます（注は省略）。

緒戦の日本軍は、ハワイでアメリカ太平洋艦隊、マレー沖でイギリス東洋艦隊に打撃を与え、開戦後から半年ほどのあいだに、イギリス領のマレー半島・シンガポール・香港・ビルマ（ミャンマー）、オランダ領東インド（インドネシア）、アメリカ領のフィリピンなど、東南アジアから南太平洋にかけての広大な地域を制圧して軍政下においた。……当初、日本は……しだいに欧米の植民地支配からのアジア解放、「大東亜共栄圏」の建設といったスローガンに縛られ、戦域は限りなく拡大していった。（中略）

……東南アジアの占領地では、現地の文化や生活様式を無視して、日本語学習や天皇崇拝・神社参拝を強要し、タイとビルマを結ぶ泰緬鉄道の建設、土木作業などや鉱山労働への強制動員もおこなわれた。ことにシンガポールやマレーシアでは、日本軍が多数の中国系住民（華僑）を反日活動の容疑で虐殺するという事件も発生した。その結果、日本軍は仏印・フィリピンをはじめ各地で組織的な抗日運動に直面するようになった。（中略）

……アメリカは、人類史上初めて製造した2発の**原子爆弾**を8月6日**広島**に、8月9日**長崎**に投下した。……8月15日正午、天皇のラジオ放送で戦争終結が国民に発表された。9月2日、東京湾内のアメリカ軍艦ミズーリ号上で日本政府および軍代表が降伏文書に署名して、4年にわたった太平洋戦争は終了した。

上の引用文には、「太平洋戦争の勃発」(日米開戦を報じる新聞記事と真珠湾奇襲攻撃を受けて炎上するアメリカ太平洋艦隊という説明で1/3頁大)、「太平洋戦争要図」(「マレー沖海戦41.12」、「シンガポール占領42.2」など多くの説明があり、1/3頁大)と「広島・長崎の爆心地の惨状」と題された両市の写真(「原爆は広島市中心部の上空で爆発し、約20万人が生命を奪われ、ついで長崎でも死者は7万人以上と推定されている。現在でも多くの人が放射能障害で苦しんでいる。」という説明で、1/3頁大)がついています。

日本の歴史教科書は該当部分に関しては近年少しずつ詳しくなっています(『詳説　日本史B』(山川出版社、2007年)では図も含め1頁強の記述です)が、概略を知るにはよい構成とまとめることができるでしょう。

## 4　歴史を学ぶということ

「日本のシンガポール占領」について、シンガポールと日本の歴史教科書では扱い方が対照的でした。日本の歴史教科書の場合、扱う範囲などの制約もあり、アジア太平洋戦争自体の分量が少なく、図・写真つきでも抽象的かつ無味乾燥で、選択肢で答える大学入試向きの記述です。また、学校で近現代史は重視されてきたとは言えません。日本の教科書で日本によるシンガポール軍事占領と同島の「昭南島」への改称、華僑粛清、軍政下の人々の恐怖と苦難、軍政へのシンガポールの人々の抵抗を知ることはできでも、概略であるため、年代記的史実にとどまるといってよいでしょう。日本降伏がシンガポールの人びとにもたらした喜びのほどは、日本の教科書からは知るよしもありません。太平洋地域での戦争について言えば、日本によるダーウィン空襲(豪州は教科書に記載)も、日本では教科書の図にしか記載がなく、あまり知られていない史実です。

翻ってシンガポールの歴史教科書は、13世紀以降が範囲とはいえ、同じ歴史事実について具体的で読者に関心を持たせようとする、しかし決して感情的ではない冷静な記述（設問を含む）をし、同国の人びとへの教訓としながら、同国の論文形式の大学入試に対応した内容になっています。同国ではまた、日本による侵略・占領の常設展示施設（シンガポール国立博物館、日本占領を生き抜いて：戦争とその遺産館*等）や記念碑が公設され、校外学習先となっています。これらは同政府が多民族国家として、歴史事実である戦争に関わる公的記憶を国民に共有させ、独立記念日を「ナショナル・デー」として国軍や国民とともに国家規模で祝うことで、国民統合の深化を図ってきたことと関係があります。

＊ 日本占領を生き抜いて：戦争とその遺産館（フォード工場記念館を改装、2017年２月15日開館）：「昭南ギャラリー：戦争とその遺産館」との命名（同年２月９日シンガポール政府発表）に対し、国民から「昭南」が日本占領下の悪夢を呼び起こす、日本占領を正当化すると抗議が拡大したため、同政府は同年２月17日名称変更を発表、即日改称された。

こうした結果、シンガポールと日本では一般に、一定の歴史事実について知識の量、認識が大きく異なり、両国間の摩擦の原因となってきました。たとえば、シンガポールの町の中心にシンガポール中華総商会（華人＝中国系の人々の組織）建立の「血債の塔」（1967年完成；「血債」とは同国の公用語のひとつである華語で「人民を殺害した罪、血の負債」の意；華語では「日本占領期死難人民記念碑」）が聳えています。この塔について、1972年、シンガポールの日系企業団体が日本の観光客も多い中心街から郊外への移転を同政府に要望し、シンガポール側から厳しく非難されたことがありました。

2005年には、シンガポール外務省は日本の歴史教科書のアジア太平洋戦争を美化した記述に否定的な声明を出し（同年４月22日）、同省やシンガポールの有力紙『ストレーツ・タイムズ（*The Straits Times* (*ST*)）』は小泉首相（当時）の靖国神社（サンフランシスコ講和条約にもとづく裁判・判決で死刑になった者や国家に殉じた軍人を顕彰する神社で、自衛戦争観を掲げる）参拝（2006年８月15日）に遺憾の意を表明しました。同紙の翌日第１面上半分は同首相の靖国参拝の大きな写真が中心でした。

また、2005年日本国際博覧会、いわゆる愛知万博では、ある市民団体が計画

サイパン島の、ススペ収容所跡の銘板。日本統治下の1944年、日米の激戦で先住民のチャモロや日本人（台湾、朝鮮出身者を含む）が多数犠牲に。生存者は同収容所に送られた。現在、同島を含む北マリアナ諸島は米国の自治領＝中村都撮影

した中高生用歴史教科書（アジアを含む世界16か国の17種類）の近代日本による加害に関する記述の展示が、同年６月、主催者（日本国際博覧会協会）の要請で部分的に非公開になっています。

これらは、一方的な歴史解釈＝歴史歪曲は関係する地域全体に悪影響を及ぼすとの認識の欠如、あるいは、過去の行為の過ちは非公開の方が望ましいとの誤った認識にもとづく事例です。

日本政府は「戦後50周年の終戦記念日にあたって」、いわゆる「村山談話」（1995年８月15日）によって初めて公式に、日本が戦争加害国となった国々に謝罪しました。ところが、日本の首相や閣僚による靖国参拝や戦争正当化発言などが続いているため、この謝罪を関係各国は疑問視しています。

日本側の自己中心的な行動はいまだに続いています。グローバル企業を標榜する、日系インターネット関連企業Ｒ社がシンガポールでのオンライン通販サイト閉鎖に伴い、2016年２月の旧正月（１年で最も重要な祝祭日）のさなか、同国で突然30人を解雇しました。*ST* 紙は祝祭期間の解雇を避けるという慣習をＲ社が無視したことを大きく報道し、同国の国会議員もＲ社を非難したという事件です。

近年、一定の歴史事実について関係各国が共同研究の結果、歴史認識を共有できない場合、論争点は両論併記とし、考えるきっかけを作るという方法がとられるようになりました。不寛容な自民族・自国中心ではなく、民族・国境に囚われずに歴史を学ぶことは、過去に向き合い、未来を考える糧なのです。

### ✐ もっと知りたい人のために

高岩仁(たかいわじん)監督『教えられなかった戦争　侵略・マレー半島』映像文化協会、1992年。

## ⑮-1　東アジアの平和を展望し、相互理解を深めるために

世界にはEU、ASEANなどさまざまな地域協力機構があります。課題はありますが、その経験からは多様な意義が見出せます。東アジアでも一段進んだ地域協力の枠組が模索されてきました。しかし、平和で人権が保障される東アジアを展望するとき、今なお大きく立ちはだかっているのが、日本と他のアジアとの歴史認識をはじめとする相互理解をどのように深めていくか、という課題です。

これに対し、近年では、政府のよびかけにより、日韓間（2002～05、07～10年）、日中間（2006～10年）で歴史共同研究が行われるなどしていますが、民間レベルでは、1982年の「教科書問題」を契機に、ずっと前から実にさまざまな取り組みが進められてきました。たとえば、研究者や教員が教科書の比較研究をしたり、副教材をつくったりしています。また、子どもが主役の場もたくさんあります。韓国、中国などからの修学旅行生と交流している学校は数多く、自治体やNGOなどが主催するワークショップも多彩です。

なかでも「南北コリアと日本のともだち展」〈http://tomodachi10.net/T/info/〉では、韓国だけでなく、北朝鮮をも含めての交流の場が創られています。まだ会ったことのない友だちに向けて、メッセージ付きの絵を送り合うことで、すぐ隣に自分と同じように学び、遊ぶ未来の友だちがいることを実感する、という試みです。絵はソウル、ピョンヤンのほか、日本の各地を旅（巡回）しています。また、これに関連して、朝鮮学校の子が韓国を訪問したり、韓国の子が日本の朝鮮学校を訪れ、交流するという貴重な機会も生まれました。

「日本のともだち展」に連携した「南北コリアと福岡のともだち展」=小林知子撮影

まずは、(「朝鮮人」「中国人」などではなく）名前をもつ「○○さん」の存在を実感し、そうした個別の無数の人びとがいることを認識の礎にすることから、国際理解は深められていくと思います。私たちの身近に、東アジアの平和をつくり出すための場や機会はたくさんあります。あなたはどんなことをしてみますか？

# 第Ⅳ部
# 21世紀の潮流

マイクロクレジットを受ける女性グループの会合。ネパールのこの村では土地無し農民に絞って小規模融資を提供しているが、融資はなかなか有効には使われない＝真崎克彦撮影

# 人間の安全保障

## 1　はじめに

「人間の安全保障（human security）」とは国連開発計画（UNDP）が1994年に発表した『人間開発報告書』で提起されたことを契機に、その後発展、普及した概念です。国際機関や各国政府の政策文書等に用いられ、国際会議でもしばしば議論されています。日本やカナダではこの概念が外交の基本方針の１つと位置づけられ、学術研究でも国際関係や開発援助、平和構築などさまざまな分野で取り上げられています。教育プログラムの中心テーマとして取り上げている大学もあります。

「❺ 安全保障と軍事」の章で説明されたように、安全保障をめぐってはさまざまな考え方があります。特に国際関係論の分野では、「国家安全保障」という考え方が従来一般的でした。「無政府状態」とも言える国際社会においては、国家にとっての最大の脅威は他国からの武力攻撃であり、その脅威から軍事力を使ってどのように国の安全を守るべきかという考え方です。そして、国家が自らの安全を守れてこそ、その国民つまり「人間」の安全も保障できるという観点に立てば、「国家の安全保障」と「人間の安全保障」は同じ概念のようにも思えます。

ではなぜ、あえて人間に焦点をあてた安全保障という考えが出てきたのでしょうか。そして、その概念はこれまでの国家安全保障とどのように違い、どのような意義があるのでしょうか。

本章では、今日の国際社会が抱える課題を理解する重要な視点の１つとして人間の安全保障という概念を紹介します。人間の安全保障をテーマとした研究や論文はすでに数多く発表されており、本章がこれらの豊富な研究へのファーストステップとして役立てばと思います。

## 2　人間の安全保障の登場

### (1) 人間の安全保障の背景と概要

最初に、人間の安全保障という概念が生まれてきた背景とその基本的な考え方をUNDPの『人間開発報告書1994年版』(国際協力出版会)を通じて考えてみましょう。

まず報告書は、「安全保障 (security)」の問題が、他国との戦争や核攻撃から国の安全をいかに守るかを中心に考えられてきたと指摘します。その背景として、20世紀前半に起こった2つの世界大戦や、その後の米ソ冷戦下での核軍備競争があげられます。また、1960年代以降アジアやアフリカ等で多くの国々が植民地支配から独立しましたが、それらの国々にとっても自らの国家を新たに建設し安定させるためには、他国からの侵略は安全保障の重要な問題と考えられていました。

しかし、安全保障の考えが国を守るということに捉われすぎたことによって、人間一人ひとりにとっての「安全“security”」の問題が忘れ去られていたと報告書は指摘しました(英語の“security”は、日本語で「安全保障」という意味だけでなく、「安全・安心」という意味があります)。たとえば、多くの人びとにとって失業や収入の減少、貧困、病気、環境汚染、犯罪などは自らの生活の安全を守るためにはとても重要な問題です。けれども、「国家の安全」だけを中心にした考えではこれらの「人びとにとっての安全」の問題に対応することはできません。

さらに、報告書がまとめられた1990年代前半には他国の侵略を前提とした安全保障の考え方が必ずしも通用しない状況になっていました。冷戦の終結とともに、国どうしが戦争をする可能性や核戦争の恐怖が大幅に減少する一方で、1つの国のなかで民族や宗教などの違いから起こる国内紛争が世界各地で深刻化していました。このような内戦状況においては、国民の安全を守るはずの国家自身が紛争当事者となって、その国民を脅かすという事態が生じていました。

こうしたことから、国家中心の狭い安全保障の考え方よりも、個々の人間の視点を軸とした包括的な安全保障の考えが求められるようになったのです。

では「人間の安全」を理念の中心にした場合、従来の「国家の安全」保障とどのように違うのでしょうか。

まず第1の違いは「何を安全に対する脅威ととらえるか」です。国家安全保障では、他国からの侵略を中心的な脅威と考えます。一方、個々の人間のレベルで安全を考えた場合、先ほど触れたように、失業や病気、犯罪、貧困、飢餓、民族や宗教の違いによる暴力、テロや環境汚染などさまざまな不安要因、つまり脅威が考えられます。

次に、「安全をどのように守るべきか」についてです。国家安全保障の脅威は他国の軍事力が主であり、自国を守る手段も軍事力が中心となります。しかし、人間の安全保障に対する脅威は多岐にわたり、軍事力だけで対応できる問題はありません。さらに言えば、これらの脅威に対しては社会経済の発展など非軍事的手段の方がより重要になってきます。

そこで、報告書は人間の安全を保障するために「恐怖からの自由（freedom from fear）」と「欠乏からの自由（freedom from want）」の両方を中心的な価値とすべきであると提唱しました。つまり、暴力や紛争の恐怖を失くすだけでなく、社会経済の発展により個々人の生計や健康のリスクを減らすことによって初めて、人間の安全保障が確立でき、平和が達成できると考えました。

## （2）人間の安全保障の意義

次に、人間の安全保障という概念が国際社会の課題を考えるうえでどのような意義があるかを考えてみましょう。

まず第1に、人びとの日常生活を脅かす問題が国際社会の平和と安全を維持するうえで共通の課題であるという認識を生んだことがあげられます。UNDPの報告書は、人間の安全保障に対する脅威が、先進国、開発途上国にかかわらずあらゆる人びとにとっての課題であり、さらに重要なこととして、これらの問題が国境を越えて相互に関連し合っているということを指摘しました。温暖化等の地球環境問題をはじめ、近年の米国の経済危機が他の国々の経済や雇用に与えた影響、国際的テロの脅威、国際組織犯罪や麻薬取引、エイズや新型インフルエンザなどの感染症の拡大など、今や人間の安全に対する脅威はどれも一国だけで解決できる問題はありません。

いわゆるグローバル化した今日の世界において、個々の人間を軸に安全保障を考えた場合、狭い国家安全保障の考えだけではとらえきれない問題の重要性と相互依存関係が理解でき、それらを解決するためには国際社会が協力して取り組むことが不可欠であるということがわかります。

第２に、人間の安全保障という考え方は、それまで外交と軍事を中心に議論されてきた平和の問題を社会経済開発の視点からとらえなおすことを可能にしました。たとえば、報告書の重要な提言の１つに、「平和の配当」の活用という考え方があります。これは、冷戦後に軍事的緊張が緩和するなかで各国が軍縮を進め、その軍縮によって余った予算を「平和の配当」として社会経済の発展のために使うべきだという提案でした。今まで安全保障という名のもとに独占されてきた国の軍事予算を、同じ安全保障という用語を使って社会経済開発と平和の関連性を明らかにすることで開発予算へとシフトさせる戦略でした。

さらに人間の安全保障の考え方は、国内紛争に対して社会経済開発が果たす可能性を明らかにしました。それまで、内戦や武力紛争は主に軍事や政治の問題と考えられ、社会経済の観点からはあまり議論されていませんでした。しかし、人間の安全保障の考え方によって、紛争の予防あるいは紛争後の社会に平和を構築・定着させていくうえで、軍事・政治面だけでなく、社会や経済も同時に発展させる必要があるという認識を促しました。

第３に、安全保障の問題を個々の人間から見直すことで、そもそも「誰のために、誰が守る安全か」を再考するきっかけになったことです。国家の安全を守るという目的のもとで、人びとの安全が脅かされたり、守れない状況、つまり国家と人間の安全保障のジレンマ、あるいは緊張関係の可能性を浮き彫りにし、国家以外のさまざまな担い手がどのような役割を果たすべきかを考える視点をもたらしました。

## 3　人間の安全保障概念の発展と実践

人間の安全保障の概念は、UNDP の報告書で提起された後もさまざまな形で議論され、発展してきました。その定義や内容については必ずしも一致した見解はなく、概念そのものの有効性や意義を批判的に検証する議論もあります。

一方、理論的な論議を超えてこの考え方が具体的に実践されている例もあります。次にその代表的な例として、カナダ政府と日本政府の人間の安全保障の取り組みをみてみましょう。

### (1) カナダの人間の安全保障政策

カナダ政府は、冷戦後の安全保障の問題を考えるうえで、UNDP が提唱した人間の安全保障という考え方が果たす役割と意義を評価する一方、その概念が対象とする課題（経済や環境から健康、民族紛争の問題までを含む）があまりにも幅広いため、政策手段として活用するにはその焦点を絞る必要があると考えました。そして、冷戦後ますます深刻化する国内紛争においては、その被害者の80%近くが一般の民間人であることから、カナダ政府は武力紛争下での市民の保護、つまり「恐怖からの自由」に重点を置いた人間の安全保障の考え方を打ち出し、外交政策に反映させました。

その具体例として、1997年に締結された対人地雷禁止条約があげられます。この国際交渉プロセスにおいて、カナダ政府は「地雷禁止国際キャンペーン」という国際的な NGO 連合体と連携し、条約締結に向けた原動力となりました。また、戦争犯罪、人道に対する罪、ジェノサイド（大量虐殺）、侵略の罪を裁く国際刑事裁判所の条約が2002年に発効しましたが、ここでもカナダ政府は人間の安全保障政策の一環として強いリーダーシップを発揮しました。

さらに、内戦や国家崩壊で一般の市民が大量虐殺など深刻な被害を受けているにもかかわらず当該国家がそれを停止しないとき、国際社会は武力を使ってまでも介入して保護すべきかといういわゆる「人道的介入」の問題に対してもカナダ政府は、積極的に取り組みました（コラム⑯-1）。また、カナダはノルウェーとともに「人間の安全保障ネットワーク」を設立し、この概念の国際的な議論の普及にも努めています。

### (2) 日本の人間の安全保障政策

一方、日本が人間の安全保障を外交政策の柱の1つと打ち出したのは、1990年代後半に起こったアジア経済危機のときでした。1998年、小渕外務大臣（当時）は、アジア経済危機によって最も深刻な影響を受けている貧困層の人びとや、高齢者、女性や子どもなど社会的弱者を配慮し、人間の安全保障を重視した新たな開発戦略の必要性を提唱しました。その後、日本政府は具体的な取り組みとして、1999年国連に「人間の安全保障基金」を設置し、資金を提供するとともに、2003年に改定したODA大綱では人間の安全保障の重視を明記しました。

さらに、国際社会で人間の安全保障に対する理解と支持をさらに広げ、各国の政策に役立つ提言を行うために日本政府は人間の安全保障委員会の設立と活動を支援しました。緒方貞子前国連難民高等弁務官とノーベル経済学賞受賞者のアマルティア・セン氏を共同議長としたこの委員会は、2003年にその報告書をまとめました。

「*Human Security Now*」（日本語版は『安全保障の今日的課題』朝日新聞社、2003年）と題されたこの報告書は、人間の安全保障を「人間の生にとってかけがえのない中枢部分を守り、すべての人の自由と可能性を実現すること」と定義しました。この定義をもとに、人間の安全保障が取り組むべき課題として、武力紛争下の人びとの保護や紛争後の復興・平和構築の問題だけでなく、貧困や保健衛生、基礎教育などの開発問題、つまり「欠乏からの自由」を含めた包括的な考え方を示しました。そして、人間の安全保障の実現のためには、人びとの保護（protection）と能力強化（empowerment）の両方を強化していくことが重要であると強調しました。

また、報告書は人間の安全保障と国家安全保障はお互いに補完し合う考え方、つまり前者を実現するためには後者が必要であり、また逆も同様であるとの考え方を示しました。そのうえで、一国のみでは対応できない人間の安全に対する脅威に取り組むためには、国際機関やNGO、市民社会など国家以外のさまざまな担い手も協力して取り組む必要があると提言しました。

この包括的な人間の安全保障の考え方は、日本政府が進める開発援助政策に反映され、また上記の国連に設置された基金を通じて国連機関の活動にもとり入れられています。

## 4　おわりに

人間の安全保障という概念が生まれてきた背景とその基本的な考え方を概観し、具体例として、カナダ政府と日本政府の取り組みをみてきました。紛争下における人びとの保護に焦点をあてるカナダと、貧困や教育などを含めたより包括的なアプローチを進める日本には重点の置き方に違いがあるものの、双方とも個々の人間に焦点をあてた安全保障という新しい観点に立って、国際社会が抱えるさまざまな課題に対して取り組んでいることがわかります。

一方、人間の安全保障という概念がこれらの国々の外交政策として反映されるなかで、その焦点が主に開発途上国の紛争や人道・開発問題にあたっていることもわかります。これは、UNDPが当初提起したような先進国をも含めた普遍的な理念としての人間の安全保障という認識が、国際社会のなかでまだ形成されていない例と言えます。また、軍事費を社会経済発展のための資源に振り替えるという平和の配当という考え方も幅広い支持を受けているとは言い難い状況です。

しかし、学術研究においては開発途上国の問題として縛られることなく、人間の安全保障の視点を活かして、先進国の社会を含めた問題（たとえば、移住労働者や医療問題）を検証する動きもあります。あいまいで、概念が広すぎると批判される一方で、人間の安全保障は「安全」を「国家」から切り離すことにより、多くの既存の社会科学が暗黙のうちに前提としている「国家中心」の考え方に対する新たな「認識空間」を切り開く可能性も指摘されています。

このように、個々の人間を主体とした安全保障の考え方は、国際社会の問題を理解し、取り組むうえで今後とも重要な１つの視点になると考えられます。

### ✐ もっと知りたい人のために

人間の安全保障委員会『安全保障の今日的課題』朝日新聞社、2003年。

## ⑯-1　保護する責任（Responsibility to Protect）

国際社会には、国家主権の尊重と内政不干渉という原則があります。これは、独立国では国家が国内で最高権力をもち、自国の国内事項に関して他国から干渉を受けないという権利です。国家間の対立や戦争を防ぎ、国際平和を守るための基本と言えます。

しかし世界では大量殺戮や民族浄化が頻発しています。では、こうした事態に対し、当該国が自国民を守ろうとしないとき、他国は人道的理由をもとに武力行使をしてでも被害者を救う、いわゆる「人道的介入」をすべきか、内政不干渉の原則を守って介入を控えるべきか、どちらでしょうか。

この人道的介入か内政不干渉（または国家主権の尊重）かという議論は、多数が殺戮、弾圧された1990年代のソマリア、ルワンダ、旧ユーゴの内戦を契機に国際社会の大きな課題となりました。「保護する責任」は、この議論への新たな考え方として、2001年、カナダ政府支援の「介入と国家主権に関する国際委員会」で提起された概念です。

同委員会報告書の表題でもある「保護する責任」は、「国家が主権を持つということは責任を意味し、人々を保護する主要な責任は国家自身にある。しかし、内戦などにより国家がその住民を守れない場合、保護する責任は国際社会に移行する」という考え方です。これは、「保護する責任」の新概念のもと、従来の主権を国家が国民を「支配する権利」から国家が国民を「守る責任」に定義しなおし、「介入する権利」という外部者の視点から「保護」という被害者のニーズに焦点を移すことにより、先の「国家主権尊重」か「人道的介入」かという相反する議論への代替的な視点を提起し、国際社会の合意形成を促そうとしたものです。

さらに、介入という事態発生時の外部の「対応」に偏りがちな視点に対し、保護という被害者のニーズへ重点を移すことにより、人びとを紛争や残虐行為から守るための、介入以前の「予防」と以後の「再建」を含む総合的な取り組みの重要性も明らかにしました。

「保護する責任」の概念は、国連総会首脳会合（2005年世界サミット）成果文書で確認され、2011年のリビアやコートジボワールで起きた内戦に対する軍事介入の根拠として国連安保理が言及するなど、国連を中心に実施されています。しかし、「保護する責任」には、大国の小国に対する恣意的な干渉を招く可能性ゆえに反対する意見もあり、この考え方の実際の適用は、まだ試行錯誤が続いていると言えます。

## ⑯-2 日本の医療支援

「国際医療協力」と聞くと、ハエが飛び回るテントのなかで、外国人医師が栄養失調の子どもを診察している、そんなイメージかもしれません。ここで、ある途上国の田舎の村に住む若い夫婦を想像してください。町までの公共交通機関も自家用車もない、貧しい村に住む貧しい夫婦ですが、妻が妊娠したばかりで、とても幸せです。しかし世界中で、毎日1500人の女性が妊娠出産のために亡くなり、生後1か月以内の赤ちゃんが毎日1万人亡くなっているという事実があります。貧しくとも幸せな若夫婦を1年後に訪ねると、1人取り残された夫が絶望で酒びたりになっている。途上国でよく経験する悲しい現実です。そこで1年後もこの若夫婦が、赤ちゃんとともに幸せに過ごせるよう環境を整える、それが「国際医療協力」です。

妻が妊娠出産で亡くならないためには、まず、夫婦ともにお産に向けて心と体の準備を整えることが大切です。準備には、緊急事態が起きたときの病院への移動手段の相談や、その交通費や治療費を貯金し始めることも含まれます。ここで必要なのは、若夫婦に助言できる村人、気軽に検診に出かけられる診療所、知識と技術をもつ助産師が診療所にいること、緊急患者を24時間受け入れられる病院、病院に帝王切開ができる医師と設備と薬と安全な血液の輸血システムがあることなどです。また、これらがうまく機能するには、診療所や病院の情報を把握する県・市町村の医療行政官と、そこに正確な情報を届けるしくみと、その情報をもとに、過不足なく薬や予防接種が首都の倉庫から診療所や病院に届く体制、適材適所に医療従事者を配置する人材計画、彼らの給料がきちんと支払われ、貧しい人でも支払い可能な診察料が設定され、かつ診療所が大赤字にならないよう予算を配分する医療財政計画などが必要です。

これら「人びとの命を守るために必要なもの」について、その国の現状、問題点、めざす理想、その理想に向けどこからどう取り組むのかを、その国の人たちと丁寧に話し合い、彼らの取り組みを手伝う、それが国際医療協力です。ここではお母さんと赤ちゃんの命の例をあげましたが、マラリアやHIVなどの感染症、交通事故から糖尿病や高血圧まで、世界の人びとの健康をおびやかすあらゆるテーマが仕事の対象です。日本では、東京の国立国際医療研究センターの国際医療協力局〈http://kyokuhp.ncgm.go.jp/index.html〉に、国際医療協力を世界各地で実践する、国際保健を専門とする日本人医療従事者が所属しています。

国際医療協力とは、患者さんを一人ひとり診察することだけではありません。一度に大勢の人を助けることができる、公衆衛生の充実を図る仕事なのです。

# 進化する国連の平和活動と平和構築の取り組み

## 1　はじめに

2006年5月、東チモール（国連の支援を受けインドネシアから分離独立）では暴動が発生し、警察と軍部が衝突。15万人が国内避難民となり、家を失ったり、キャンプ生活を余儀なくされたりしました。その1年前に治安状況が安定したと判断し平和維持部隊を撤収していた国連は、再び現地に部隊を展開せねばなりませんでした。

10年間の内戦が続いたネパールでは、2006年に和平合意が成立。その後、国連の支援のもと新憲法をつくるための議会選挙が行われました。しかし、政党間の対立により政権交代が頻繁に続き、和平プロセスがなかなか進みませんでした。

一方、20年もの紛争の後、国際社会による復興支援下にあったアフガニスタンの首都カブールで、2009年11月、国連の宿泊施設が武装集団に襲撃される事件（国連職員5人が死亡、9人が負傷）がありました。潘基文（パン・ギムン）国連事務総長（当時）は襲撃を非難するとともに、紛争後の復興を推進するために国連が引き続き同国を支援することを約束しました。

世界ではこのように紛争が終わった後、和平を持続させ復興を進めるうえで、数多くの国がさまざまな困難に直面します。そして以上の例は、近年飛躍的に増加した国連の「平和構築」と呼ばれる取り組みの難しさの一端を示しています。

国連は第2次世界大戦後、「戦争の惨害から将来の世代を救う」ために設立された組織です。以後、世界情勢の変化と紛争解決に対する試行錯誤を通じ、国連の平和活動は大きな進化を遂げてきました。

本章では、国連の平和活動を通し、世界で頻発する戦争や紛争に対する国際社会の取り組みを紹介します。まず、国連の平和活動の全体像を把握するため、紛争解決に対する国連の役割と活動がどのように変化してきたかを考えます。次に、平和活動のなかで現在重要な課題となっている平和構築活動を概観した後、具体的にどのような活動が行われているかを理解するため、上述の3か国を例に国連の取り組みを紹介します。

## 2　変わりゆく国連の平和活動

### (1) 冷戦と平和維持活動の誕生

国連創設の当初、他国を侵略したり、「国際の平和と安全」を脅かす国が出現した場合、国連の主要機関の1つである安全保障理事会（米国、ロシア、英国、フランス、中国の5常任理事国と10か国の非常任理事国で構成；以下、「安保理」）を中心に共同で紛争を解決することが想定されていました。これは「集団安全保障体制」という考え方で、必要に応じて対象国への武力行使も手段として含まれています。しかし、まもなく冷戦と呼ばれる米ソ対立が始まったため、全常任理事国の一致を原則とした安保理が機能せず、紛争解決に対する国連の役割は非常に限定的なものでした。

こうしたなか、1956年、エジプトと英国、フランス、イスラエルを巻き込んだ武力紛争「スエズ動乱」が起こります。このとき、国連は中立的立場で停戦を監視するために国連緊急軍（UNEF）をスエズに展開し、世界中を再び戦争に巻き込みかねないと危ぶまれた危機を回避することに成功しました。

これが平和維持活動という、国連の新しい平和活動の原型となりました。「平和維持」とは、停戦の成立後、国連が公平な第三者として紛争当事者間に緩衝地帯を設けて和平を保つことにより、外交を通じた紛争の平和的解決を側面から支援するという活動です。その後、この活動はキプロス紛争（1964年）や中東危機（1973年）、レバノンでのイスラエル兵の引き離し（1978年）などで一定の効果を発揮しました。

### (2) 冷戦の終結と「平和への課題」

1980年代後半、冷戦終結で、安保理が協調行動しやすい条件が整い、国連が紛争解決により積極的に関与できるようになりました。たとえば、国連ナミビア独立移行支援グループ（UNTAG）は、停戦監視という、従来の平和維持の任務に加え、選挙の実施と新政権樹立の支援という新しい役割を果たしました（1989年）。このように国連の平和活動に対する期待が高まるなか、1992年、ブトロス・ガリ国連事務総長は『平和への課題』という報告書を発表し、紛争解決における国連の役割に「平和構築（Peacebuilding）」という新しい考え方を導入します。平和構築とは、従来の平和維持に加え、紛争後に国を再建するなかで、紛争の再発を防ぐために平和を強化・定着するための活動と定義されました。こうした平和維持と平和構築を組み合わせた国連の支援活動は、カンボジア、ニカラグア、モザンビークなどで行われ、これらの国々では政治的不安定を抱えつつも紛争は再発せず、一応の成功を収めました。

他方、国連の平和活動に大きな教訓を残した３つの事件がソマリア、ルワンダ、旧ユーゴスラビアで起こりました。これらの「国連の失敗」と呼ばれる出来事は、国連加盟国（特に安保理）の政策判断の誤りや当時の国際情勢、国連本部や現地平和維持部隊の対応能力など複数の要因が重なった結果でした。しかし、紛争解決に対する国連への失望と批判が高まり、90年代後半、国連は自らの活動の見直しを迫られます。

### (3)『ブラヒミ報告』と平和構築

こうしたなか、『国連平和活動に関するパネル報告書』（報告書を作成した専門家委員会議長のアルジェリア元外相L・ブラヒミにちなみ『ブラヒミ報告』とも呼ばれます）が、国連の平和活動を強化・改善するためのさまざまな提言を行いました（2000年）。この報告書は、その後の国連平和活動の指針となり、その提言にもとづいて国連はさまざまな組織改革を実行します。

『ブラヒミ報告』は、国連の平和活動の役割を「紛争予防と平和創造」、「平和維持」、「平和構築」の３つに整理しました。「紛争予防」とは貧困や不平等など紛争の根本的原因を解決する取り組み、「平和創造」とは紛争時に外交や調停によって紛争を平和的に解決する取り組みという定義です。

同報告はまた、国連が平和維持と平和構築活動の連携をさらに強化し、より包括的な支援を行うべきと提言しました。その背景には国連が関わる紛争の性質の変化があります。従来の平和維持活動は「国家間」紛争を主な対象とし、その内容は停戦監視など比較的限られ、治安・政治状況もある程度安定したなかで行われていました。

ところが近年の国連の平和活動は多くの場合、不安定で危険を伴う「国内」紛争後の状況が主な対象で、その任務も軍事・政治的側面だけでなく、内戦で疲弊、破壊された国家そのものを再建し、社会、経済も復興するという、より多様で包括的な活動となっています。そこで、平和維持活動と平和構築活動を効果的に組み合わせた総合的な支援が求められるようになったのです。

2006年、国連内での平和構築活動の連携をさらに強化するための新たな機関として「国連平和構築委員会」が発足しました。さらに2010年と2015年には、国連和平構築体制の包括的な見直しが行われ、その報告をもとに機能強化のためのさらなる制度改革が進められています。

以上のように、国連の紛争解決における役割とその方法は、国際政治の影響を受ける一方、世界各地で展開する平和活動の経験（挫折や試練を含め）をもとに、国連職員や各国の政策担当者などさまざまな関係者の試行錯誤を通じて進化してきました。

最近では、そのなかの重要な課題である平和構築の概念も、「紛争後」の段階だけに適用するのではなく、紛争防止のための、より広範で中長期的な取り組みをも含めるように進化してきています。

## 3　平和構築活動の実際

平和構築のために取り組むべき課題は多岐にわたり、またその内容や方法は状況によって異なりますが、通常、次のような活動が含まれます。

・治安の確保：紛争当事者の武装解除、動員解除、元兵士の社会復帰（Disarmament,

Demobilization, Reintegration を略して DDR と呼ばれます)、軍隊や警察などの治安部門の整備、地雷除去、小型武器の回収・管理
・民主的ガバナンス（統治システム）の推進：新憲法の制定、行政組織と議会制度、裁判所など司法制度の構築・再建、選挙制度の確立・強化
・社会経済基盤の確立：経済・社会インフラの復旧、難民や国内避難民の帰還、生計再建、雇用創出
・和解と正義の促進：移行期の正義（transitional justice: 紛争による大規模な人権侵害に関し、裁判や真実和解委員会等を通じて、正義の実現と国民和解を促進するしくみ)、平和教育など

平和構築の取り組みはあくまでも、現地の人びとや政府、団体が主体となって進められねばなりません。しかし、紛争後の国々ではそのために必要な資源や能力が限られているため、国際社会の支援が重要となります。そのなかで国連は調整役として加盟国からの支援を実施したり、中立的な立場を生かして政治的にデリケートな問題に関与することが求められます。

では、平和構築支援の具体例として、国連の開発機関の１つであるUNDPによる東チモール、ネパール、アフガニスタンでの取り組みをみてみましょう。

### (1) 東チモール：国内避難民の再定住支援

暴動から２年後の2008年、東チモールではまだ10万人が国内避難民のままでした（３万人が首都ディリでキャンプ生活をし、７万人が地方の知人の家などに身を寄せていました)。なぜ彼らは避難生活を続ける必要があったのでしょうか。

１つの大きな原因は住民同士の不信と対立です。2006年の暴動は、東チモールの東部出身者と西部出身者の亀裂を生み、住民の間で出身地の違いによる暴力や迫害、家屋の焼き討ちなどが起こりました。その結果、避難民が元の地域に帰ろうとしても、そこに住む人びととの摩擦や暴力をおそれて帰れなかったのです。この問題は、避難民となった人びとの厳しい生活状況という人道的観点からだけでなく、同国が平和を実現し、国民が協力して国を再建するための大きな障害でした。

こうした状況に対し東チモール政府は国家復興戦略をつくり、国内避難民問

題を包括的に解決するための努力を始めます。そのなかでUNDPは同政府やNGO、他の支援国と協力し、国内避難民が元の地域に戻る際の地域住民との対話と和解を促進するための支援（住民間の話し合いを進めるために政府がつくった「対話チーム」のスタッフに対する調停や紛争解決の研修、住民間の信頼を醸成するために住民参加による小規模なインフラ建設事業など）を行いました。

### （2）ネパール：憲法制定の支援

2006年11月、政府と反政府勢力であった共産党毛沢東派（マオイストとも呼ばれます）が「包括的和平」に合意し、少なくとも1万3000人の命を奪ったネパール内戦が事実上終結しました。その和平合意の重要な柱の1つが、制憲議会選挙の実施と新憲法の制定です。ではなぜ、新憲法の制定が和平の合意事項、つまり平和構築の重要な課題なのでしょうか。

ネパールは多民族・多言語社会である一方、ヒンドゥー教にまつわるカーストと呼ばれる身分制度が根強く残り、カースト下層の人びとや少数民族は、長い間社会経済的に不利な立場に置かれていました。こうした不平等や差別、あるいは社会的疎外と言われる問題が、ネパール内戦の根本的原因の1つでした。そこで、より平等で公正な社会をつくるためには政治のしくみ、つまり国の基本である憲法を変える必要があったのです。

ただ、新憲法をつくるには課題も多くありました。たとえば、制憲議会選挙では初めて議員になった人が多く、彼らは議会で法律をつくったり審議をした経験がありません。また、新憲法では今までとは違った政治体制（共和制や連邦制の採用）の導入が決められていますが、国内ではこれらの知識や経験をもった人びとは限られています。さらに、紛争要因の1つである人びとの政治参加の欠如を補うには、憲法作成の過程に国民の意見を幅広く集めるしくみをつくることが重要になります。

そこでUNDPは、憲法制定支援事業として、議員に対する研修や憲法問題に関する勉強会を開催し、他国での憲法制定の経験や知識をもとに助言などを行いました。また、憲法対話センターを設立し、議員や市民が憲法に関する研究や討論を重ねるための場をつくりました。さらに、ラジオによる憲法の啓発活動や、地元 NGO と協力しての憲法対話集会の開催、女性やカースト下層など社会的に不利な人びとに焦点をあてた支援なども行いました。

### (3) アフガニスタン：DDR の支援

紛争後の多くの国が平和構築を進めるうえで、政治・治安上の大きな課題となるのが、戦乱の結果、膨大な数となった兵士や民兵をどのように社会復帰させるかという問題です。アフガニスタンでも、ボン和平合意の成立時（2001年）、長期の内戦のため、武装勢力が群雄割拠し、国内に武器が氾濫していました。

これに対し、アフガニスタン政府は「アフガニスタン新生計画」という DDR 中心の事業を実施し、UNDP は国連アフガニスタン支援ミッション（UNAMA）の指揮のもと、国際社会の援助を受けてこの事業を支援しました。その結果、6万2000人の兵士が武装解除され、5万人以上が農業支援や職業訓練、起業支援などの社会復帰プログラムを受け、5万7000個もの武器が回収されました。日本が主導国となったこの DDR の取り組みは、日本でも多くの研究や報告がなされています。

## 4　おわりに

国連の平和活動の全体像を概観した後、平和構築活動に焦点をあてて3か国の事例を駆け足でみてきました。事例では国際社会がどのような支援活動ができるかを知るため、UNDP の活動を概観しました。言うまでもなく、これらの活動は各国での平和構築の取り組みのごく一部にすぎず、平和を定着させて再び紛争に戻ることがない社会をつくるには多岐にわたる課題に取り組む必要があります。

その後、東チモールでは2012年に国連平和維持活動が終了し、ネパールでは2015年に新憲法が公布されるなど、平和構築の取り組みは大きな成果を上げ、さまざまな課題を抱えながらも和平の道を歩んでいます。しかし、アフガニスタンでは再び力を取り戻した旧政権勢力であるタリバンの武力攻撃が急増し、紛争が再び激化しています。

国際社会は平和を築くために何ができるのか。どのようにすれば紛争に苦しむ人びとを減らすことができるのか。国連や国際社会の試行錯誤は続いています。

そして、増加する世界の紛争問題に対し、国連総会と安保理は平和構築に関する決議を2016年４月に同時採択し、国連の新たな平和活動のアプローチとして「持続的な平和（Sustaining Peace）」という概念を提示しました。紛争後だけでなく、紛争の予防をより重視したこのアプローチを実現するために、国連はその活動の柱である「平和・安全保障」、「開発」、「人権」における取り組みをより統合するための体制作りを進めています。このように、変化する紛争解決の課題に対し、国連は平和活動のアプローチを適応させ、その取り組みを進化させ続けています。

**✐ もっと知りたい人のために**

東大作『平和構築』岩波書店、2009年。

## ⑰-1　持続可能な開発目標（SDGs）

2030年までに世界から貧困をなくす。これは、2015年9月の国連サミットで国際社会が合意した「持続可能な開発目標（SDGs）」の1つです。SDGsは、貧困や教育、気候変動や環境問題、平和や不平等など多岐にわたる分野で、2030年までに国際社会が達成すべき17の目標を定めています。

国際社会が直面するさまざまな問題を横断的に取り上げ、明確な目標と具体的な達成時期を設定し、総合的に取り組むという方法は、2000年に策定されたミレニアム開発目標（MDGs）の経験にもとづいています。開発途上国が抱える貧困等の社会問題に対し2015年という期限を設けて8つの目標を掲げたMDGsは、各国が開発計画を策定したり、援助機関が連携する際の共通の指針となりました。また、MDGsの目標に対して設定された21のターゲット（達成基準）と指標は、進捗状況を定期的にモニターし、改善するために役立ちました。

持続可能な社会の実現をめざすSDGsは、MDGsの成果を土台として、経済成長、社会的包摂、環境保護という相互に関連する課題を軸に、より広汎な問題を包括的に取り組むための行動計画として作成されました。17の目標に対して、169のターゲットが設定されたSDGsは、「誰も置き去りにしない（leaving no one behind）」をテーマに、その対象は開発途上国だけでなく、先進国も含めた全世界の国と人びとへと普遍化しました。

一方、SDGsを実現するための課題も数多くあります。MDGsと同様、グローバル目標であるSDGsは、各国の実情に合わせて、国や地方レベルの開発政策に取り入れられる必要があります。実施体制の整備、資金調達、目標の達成度を測るためのデータや統計能力の整備、関係機関の連携も重要です。最貧国や紛争に直面している国には、国際社会によるさらなる支援が不可欠です。また、SDGsには法的拘束力がなく、その責任は各国に委ねられています。つまり、SDGs実施の成否は、政府だけでなく、市民社会や民間セクターなど幅広い関係者（ステークホルダー）の取り組みが重要になってきます。

さらに、昨今、移民排斥やEUからの離脱、自由貿易などの国際的な枠組の否定など、自国本位とする風潮が表面化しています。国際協調によって世界の問題を解決するという多国間主義の考え方にもとづいているSDGsを推進するうえで、このような動きは、大きな障害の1つに今後なっていくかもしれません。

# NGOによる開発支援の変化
## ――先進国NGOの5世代理論と現在の動向

## 1　はじめに

これまでみてきたように、加速する地球環境破壊、深刻な貧困問題、拡大する格差、終わりのみえない紛争など、現在地球社会はさまざまな問題に直面しています。これらの問題を解決するために、国連など国際機関や各国政府と並んで、大きな役割を果たしているのがNGOです。

これまで政府開発援助は、国際機関に拠出する多国間援助と、インフラ整備など政府による開発事業を推進することが一般的でしたが、近年では、NGOの能力と役割の重要性を認識して、政府、国際機関を問わず、NGOをパートナーに、数多くの援助プログラムを行うようになっています。

本章では、このNGOについて、まず主として途上国の開発問題に取り組む先進国のNGOに焦点を絞って、その理念と活動の変遷を整理したいと思います。次に、NGOの活動を具体的に理解するために、世界の貧困問題や気候変動を解決する資金を生み出す目的で、先進国でNGOネットワークを形成し、通貨取引税の実現を求めているスタンプ・アウト・ポヴァティ（SOP：貧困を撲滅せよ）の活動を吟味します。

これらの考察を通じて、途上国開発における先進国のNGOの実態と可能性、そして課題を浮かび上がらせることが本章の目的です。

## 2　第1世代：チャリティ（慈善活動）の時代

NGOの発祥は、18世紀の植民地時代まで遡ります。当時世界を植民地化していたヨーロッパ諸国のキリスト教宣教師が、布教を行うために植民地に出向き、附随で慈善活動をしたことがNGOの始まりと言われています。その後、第１次、第２次世界大戦など紛争の際に、戦地において行われた医療活動や緊急人道支援がNGOの創設を促しました。

ここでは、さらに現代に時間を近づけて、NGOの軌跡を辿りたいと思いますが、その変化を「５世代理論」として整理します。これから説明する５つの世代は、時が経つにつれて次の世代に移行していくわけですが、もちろんすべてのNGOが完全に移っていくわけではありません。むしろ、さまざまな世代が混在して、同時並行で活動が進んでいます。しかし、その時々のNGOの理念と活動の中心的なトレンドを拾い上げて、それを５世代として整理することで、NGOの実態と変遷をより良く理解したいと思います。

さて、まずNGOの第１世代は、「かわいそうな人たち」にモノやお金を送るチャリティー（慈善活動）から始まりました。有名な事例として、1984年にエチオピアで飢饉が起こったとき、飢餓で苦しむ人びとを救うために、マイケル・ジャクソン、フィル・コリンズなど著名なミュージシャンが開催したライブエイドがあります。

そのテーマソングである“We are the World”は世界的に大ヒットし、ミリオンセラーとなりました。「私たちは世界。私たちはみな神の子。私たちは１つ。だから、輝かしい日々のために、今こそ施しを与えよう」というフレーズが繰り返され、この曲とともに、世界中から多額の寄付が寄せられ、実に１億4000万ドル（154億円）以上がアフリカに届けられました。

同様に、多くの人びとがアフリカや途上国の貧しい人びとに食料、毛布、古着、お金などを送るようになりました。寄付や寄贈を呼びかけ、収集し、現地に送る活動の中心となったのが、第１世代のNGOでした。

しかし、お金やモノを途上国に送るだけでは、貧困問題は解決しませんでした。送ったお金が相手国政府の高官のポケットに入ったり、送ったモノが途上国の港で野ざらしにされたりして、援助物資が一番必要な人びとの手に渡らないことが多かったのです。

それどころか、食料援助で与えられた物資が横流しされ、大量の安い食料が地元の市場に流入し、地元の農作物が売れなくなって農業が壊滅し、海外からの食料に依存するようになる国や地域が出ました。同様に、衣服など海外からの援助物資の流入によって、現地の品物が売れなくなり、地元の商業や製造業もだめになるなど、お金やモノを送る援助の弊害が徐々に明らかになってきました。

他方、プラン・インターナショナルなど、途上国の貧しい子どもの里親になる（つまり、里親として途上国にお金を送る）ことを推進するNGOも現れました。それにより、これまで貧しくて学校に行けなかった子どもたちが学校に行けるようになったり、栄養状態が改善されるようになりました。また、里親としてお金を送っている人びとは、子どもたちから送られてくる手紙や写真を見て、自らの援助が直接役に立っていることを実感することができました。

しかしながら、すべての子どもたちに里親がいるわけではありません。同じ村、ましてや同じ家族で暮らしていても、ある特定の子どもだけが援助を受け、それ以外の子どもたちは援助を受けられないという状況は、村のなかで、家族のなかで、格差と羨望と不公平感を生み出しました。

## 3　第2世代：直接現地に赴いて活動を行う

これらの弊害に気がついたNGOは、次の段階（第2世代）に移行します。それは、先進国でお金やモノを集めて途上国に送るのではなく、また、ただ里親を増やして満足するのではなく、まずもって自らが現地に赴き、現地の人びとと苦楽を共にしながら、彼らの生活を改善していくという理念と活動でした。NGOではありませんが、日本の青年海外協力隊（政府開発援助の一環として、国際協力機構（JICA）が実施する海外ボランティア派遣制度）などもこの範疇に入ります。

しかしながら、このような援助がうまくいくことは稀でした。現地の状況や問題を本当に理解し、真に必要なニーズを見出し、現地の人たちの厚い信頼を得ながら、効果的な活動を継続していくことは並大抵なことではありません。現地に出向いたNGOのスタッフが、「わたしは途上国の人びとに必要なことを教え、彼らを助けるために現地に赴いた。でも、教えられ、助けられたのは自分だった」と述べているのをよく耳にしますが、それは直接支援の難しさを表しているとも言えるでしょう。

また、たとえ成功したとしても、それはそれで問題なのです。なぜなら、活動が成功することにより、現地の人びとの外部NGOに対する依存が高まり、彼らの自立を損なうからです。

## 4　第3世代：現地のNGOとの協働（パートナーシップ）

以上の理由から、NGOの理念と活動は第3世代に移行することになります。それは、自らが途上国に出向いて直接支援を行うのではなく、現地のNGOと協働し、彼らを側面から支援することで、貧困問題などを解決しようとする試みです。つまり、「開発の主役はあくまでも現地の人びとであり、外部の者は主役になってはいけない」という理念がこの時期のNGOには横たわっています。

たとえば、オランダのNOVIB（現在はオックスファム・オランダ）は、バングラデシュのNGOであるBRAC（バングラデシュ農村振興委員会）に、長年にわたり資金やアドバイスを提供しましたが、その結果、BRACは現在バングラデシュ最大のNGOとなっています。

この世代の援助は成功を収め、現在に至るまで継続されている場合が多くみられます。しかし、それで途上国のすべての貧困問題が解決されたわけではありません。そこで、多くのNGOは、途上国ではなく、先進国に目を向けるようになります。

## 5　第4世代：開発教育、地球市民教育、持続可能な開発のための教育

これまでは「先進国はこんなにも豊かなのに、なぜ途上国は貧しいのだろう」という疑問からNGOの活動が展開されていたのに対し、「先進国の私た

ちが豊かだから、途上国は必然的に貧しい」という発想の転換が第4世代で起こりました。

先進国は途上国の資源を安く買い叩き、途上国の人びとを低賃金で雇って大量かつ安くモノを生産しています。それを途上国に高く売ればどうなるのでしょうか。先進国が豊かになればなるほど、途上国は貧しくなります。この表現は、このような先進国と途上国の格差を拡大させる不公正な構造（しくみ）がなくならない限り、途上国の貧困問題は解決されないこと、そしてそのためには先進国が変わることが必要だということを表しています。

また、❷で述べたように、新自由主義的グローバリゼーションが進むなかで、先進国－途上国という枠組みを越えて、多国籍企業など国際社会の少数の強者がどんどん豊かになる一方、多数の弱者はどんどん貧しくなっていくという構造も横たわっています。

このような貧富の格差を生み出す構造を認識し、先進国において人びとの意識、価値観、ライフスタイルの変革を目的とした教育（これを開発教育と言います）を行うNGOを、第4世代のNGOと呼びます。彼らはまた、途上国の貧困問題のみならず、地球環境問題や紛争問題なども、先進国の私たちの意識、価値観、ライフスタイルと関係しており、これらがすべて密接につながっていることを明らかにし、問題解決に果敢に挑戦する人材の養成を試みる地球市民教育ないし持続可能な開発のための教育も行っています。

## 6　第5世代：つながり（ネットワーク）、協働（パートナーシップ）、政策提言（アドヴォカシー）

そして、一番最近の第5世代のNGOのキーワードは、つながり（ネットワーク）、協働（パートナーシップ）、政策提言（アドヴォカシー）です。先に述べた格差や貧しさを生み出す構造を変えるために、さまざまなNGOが活動を続けてきましたが、一向に構造を変えることはできませんでした。なぜなら、1つのNGOができることは限られているからです。そこで、1990年代に入り、多くのNGOが相互につながり始め、情報を共有し、協働でアクションを起こし始めました（ネットワークの形成）。

しかし、NGOネットワークだけですべての問題を解決できるわけではありません。国際機関、各国政府、大学、労働組合、場合によっては企業も含めて、多様な異なる行為体（アクター）による協働（パートナーシップ）が模索されるようになりました。

同時にこの世代のNGOやNGOネットワークの活動の柱は、政策提言（アドヴォカシー）にあります。ただ何かに反対するだけでなく、具体的な政策を提言し、政府や国際機関などと交渉をしてより良い政策の実現をめざしつつ、同時に市民にもその政策の重要性を訴えかけるような活動をアドヴォカシーと言います。有名な事例が、1997年に対人地雷禁止条約を締結させたICBL（地雷禁止国際キャンペーン）です（㉓参照）。

もう1つ紹介したい事例が、イギリスのNGOネットワークであるスタンプ・アウト・ポヴァティ（SOP：貧困を撲滅せよ）です。SOPは、国連ミレニアム開発目標（MDGs）の達成に必要な資金を生み出すために、国際連帯税、とりわけ通貨取引税の実現をめざして、2005年4月に設立されたNGOネットワークです。

国際連帯税や通貨取引税については、㉒で詳しく検討しますが、「グローバルな活動に、グローバルに課税し、グローバルな活動の負の影響を抑えながら、税収を地球環境破壊、世界の貧困など、地球規模問題の解決に充てていく税のしくみのこと」を国際連帯税と言います。

たとえば、現在国境を越えて行われている外国為替取引に税金をかけ、投機的取引を抑制しつつ、税収を上げようとする構想が通貨取引税です。SOPは通貨取引税の実現を求めて、ネットワーキング、協働、政策提言活動を展開しています。

SOPは、南北の不平等・格差問題とそのギャップを埋めうる通貨取引税の税収に焦点を置いた議論をわかりやすく整理し、それをホームページに掲載しているほか、容易な要約を記した数多くの専門的な報告書も刊行し、ビデオや報告も、グローバリゼーションの犠牲となっている貧しい人びとの映像を使うなど、人びとの心に訴え、惹きつける工夫をしています。

また、SOPはイギリスの国会議員の超党派議員連盟「債務、援助、貿易に関する超党派議員連盟（APPG）」に、イギリス政府が通貨取引税を導入することを要求するように強く働きかけましたが、それが実って、APPGは通貨取引税の導入をイギリス政府に強く求めました。

さらに、これも㉒で詳しくみますが、「革新的開発資金に関するリーディング・グループ」にSOPが大きく貢献しています。日本も含めて65か国が加盟するこのグループは、貧困問題、環境問題、保健・衛生の問題など、地球社会が抱える諸問題を解決するためには、巨額の資金が必要になることから、これまでとは違った形で、いかに資金を生み出すかを議論し、具体的に政策に落とし込んでいくために創設されたグループです。

SOPは2007年に開催された第2回リーディング・グループ総会の際、議長国のノルウェー政府から通貨取引税に関する報告書を作成することを要請され、その報告書は会議の正式な文書として報告されました。その後、通貨のみならず、あらゆる金融取引への課税（金融取引税）の実現をめざすロビンフッド・タックス・キャンペーンを主導し、その輪は世界8か国に広がっています。

一番最近の動きとしては、コロナ危機に対応するために、EUは約96兆円の欧州復興基金の創設を決定しましたが、その財源として金融取引税の導入が検討されています。現在のEU議長国のポルトガルが金融取引税の導入に積極的であることから、SOPは欧米のNGOと戦略を練り、ポルトガルをサポートし、他国を説得する強力なロビー活動を行っています。

「その実践においては、あからさまに『ミドルクラス』、『大卒』、『金融に関心のある者』、『男性』の色彩を帯びてきた」との批判もありますが、イギリスにおけるNGOネットワークを越えて、各国政府と協働し、具体的に政策提言を行うSOPは、特に世界の貧困問題を解決するための政策を現実化させるという観点から、積極的に評価できると思われます。

## 7 おわりに

これまで、途上国開発に携わる先進国のNGOの理念と活動を「5つの世代」に分けて説明してきました。今後第1世代、第2世代のタイプの援助は先細りになる一方で、第3世代、第4世代、第5世代のNGO、特にネットワーク、協働、政策提言を柱とする第5世代のNGOは、今後ますます先進国NGOの中核になっていくと思われます。

地球規模問題の深刻化が予測されるこれからの時代に、ますますNGOの役割は大きくなっていくことでしょう。その際、各NGOは自らがどの世代に属し、どのような可能性と限界をもっているのかを確認しながら、効果的な活動を進めていくことが求められています。

**もっと知りたい人のために**

上村雄彦「NGO・社会運動――「下から」のグローバル・ガバナンスをめざして」西谷真規子・山田高敬編著『新時代のグローバル・ガバナンス論――制度・過程・行為主体』ミネルヴァ書房、2020年。

## ⑱-1　アフガニスタンの現在

イランとパキスタンにはさまれた南アジアの内陸国アフガニスタンの人びと（アフガン人）は、①1979年に始まったソ連軍の軍事介入とアフガン人の抵抗運動、②1989年に完了したソ連軍撤退後の諸軍閥やイスラーム主義諸勢力の間で生じた激しい内戦、③1996年に誕生したターリバーン政権によるイスラームの曲解にもとづく抑圧（とりわけ女性の学校教育を禁じる等の女性に対する苛酷な政策で知られる）、④2001年に始まった米英軍等による軍事攻撃（同年９月11日に米国で起きた同時多発攻撃の容疑者とされたアルカーイダをターリバーン政権が匿っているという主張にもとづく）とターリバーン政権の崩壊、⑤米国を中心とする国際社会に後押しされた2001年末の新政権発足以降の治安悪化等により生命を著しく脅かされ、経済的にも困窮生活を強いられてきました。

国際社会が大きなかかわりを有する上記の軍事攻撃や内戦、国内の抑圧体制は、性別、宗派（大多数がスンナ派ムスリム。シーア派ムスリムやヒンドゥー教徒もいる）、民族（多民族国家）等の違いにかかわらず、一様にアフガン人の生活に影響を与えてきました。そのため、おびただしい数のアフガン難民が生まれました。

国際社会は2001年以降、「復興支援」と称してアフガニスタンに多額の援助をつぎ込んできました。日本は主要援助国の１つです。しかし、アフガン政権内では、対ソ連抵抗時代や内戦時代に女性に対する暴力を含む数々の人権侵害を繰り返してきた反ターリバーンの諸軍閥やイスラーム主義諸勢力が権力を掌握しています。これらの人々は過去の人権侵害を不問に付し、己の利益と権力の保持のために動いているため、アフガン社会では復興の兆しが一向に見られません。近年ではターリバーンの活動が復活し、またいわゆる「イスラーム国」（イスラームの名の下で反イスラーム的行為を行っている）の影響も浸透しつつあることから、治安（特に女性を取り巻く環境）は悪化の一途をたどっています。

このような状況にあるアフガニスタンですが、1977年には女性に対する抑圧や暴力を問題化し、社会を抜本的に変革するために立ち上がった女性たちがRAWA（アフガニスタン女性革命協会）を創設しました。現在も弾圧と隣りあわせで粘り強い運動を続けています。暴力に苦しむ女性のためのシェルターを運営したり、女性を対象とする識字教育や職業訓練を行う女性団体もあります。アフガン女性は黙って状況を受け入れてきたわけではありません。社会のありように挑戦し、草の根の闘いを果敢に展開してきたのです。

## ⑱-2　NGO――国連への貢献

現在、世界の少なからぬ市民が、NGOとして、国連の会議に参加し、活発なロビー活動を展開しています。国連が、平和・人権・国際協力などの課題を実現するには、国家の利害と主張だけでなく、市民社会の意思と要求を十分に反映する必要があります。そこで、国連は、市民社会の代表であるNGOと協議を行うこととし、NGOに国連のさまざまな会議に出席して意見表明する道を開いています。

NGOの存在がとりわけ注目されるようになったのは、1990年代です。国際社会の意思形成が困難であった冷戦の終結を受け、NGOは、平和、軍縮、環境などの世界的課題の実現のために国連や各国政府に働きかけを強化します。人びとがグローバルにつながるインターネットの普及は、NGOの国境を越えた活動の活性化を後押ししました。90年代、国連のイニシアティブで、人権、環境、女性に関する国際会議が相次いで開催され、NGOは必ず政府間会議に並行してNGO会議を開催し、政府間会議が決定すべきことを提言し、ロビー活動を通じて、市民社会の意思を反映させてきました。数人の呼びかけで始まった地雷禁止運動は、インターネットを通じて急速に発展、中規模国の政府に働きかけ、遅々として進まないジュネーブの軍縮交渉に代わる独自の条約締結プロセスをつくり、条約を短期間で実現しました。

2000年代に入り、「対テロ戦争」のなかで超大国による国連軽視が進み、人権、平和、環境などの課題が後退を余儀なくされるなか、NGOの監視機能は逆に重要性を増しています。たとえば、世界中で発生する人権侵害をリアルタイムで監視し、告発し、国連に対処を求める、国際人権NGOの活動です。

2008年12月にパレスチナ・カザ地区にイスラエルが軍事行動を展開し、約1400名もが犠牲になる事態を受け、国連はガザ地区に独立調査団を派遣、調査団は、両当事者の戦争犯罪を認定する調査報告を公表します。これを受けて国連総会は、紛争の両当事者に徹底した事実調査を求める決議を採択、当初消極的だったEUや日本も人権侵害の責任を追及する姿勢に変わりました。この背景には、NGOによる調査・被害の告発と国際的なキャンペーン、ロビー活動があります。

世界中で人権侵害は隠ぺいされ、また、大国が関与する人権侵害の責任は国連の場でもなかなか問題にされません。そうしたときこそ、NGOは被害者に代わって人権侵害を告発し、人権問題に対する各国政府の投票行動を監視して働きかけ、人権擁護を担う役割があるのです。

## ⑱-3 ムスリムのNGO

多くのムスリム（イスラーム教徒）が暮らすインドネシア、パキスタン、トルコといった国々でも、日本と同じように多くの社会問題が存在し、その解決に取り組んでいる人々がいます。イスラームの教えでは、信者に対して「財産の一部を困窮する同胞に喜捨すること」（ザカート）が定められています。世界の創造者である神が「私が与えた財産の一部を、困っている人々のために役立てなさい」と命じているわけです。自らの財産を寄進して、モスク、宗教学校、病院などの公共施設を建設・運営する制度（ワクフ）も奨励されています。NGOの増加は世界的な現象ですが、16億人と言われるムスリムの間でも、これらの価値観に根差したNGOのネットワークが広がりつつあります。

ムスリムのNGOには、長い歴史を持つものもあります。たとえば、「たがいの痛みをわかちあうこと」を意味するハムダルドの起源は、百年ほど前に遡ります。スラムにおける無料医療で知られるハムダルドですが、活動の中心であるインドとパキスタンで先述のワクフに基づいた総合大学を経営しています。ハムダルド大学は、イスラーム医学（ユーナーニー）にもとづいた医師、看護師、薬剤師を養成する学部を有する点に特色があり、大きな付属病院を持っています。キャンパスでは女性も男性も専門的なトレーニングに励んでおり、卒業生の多くは病院や薬局など医療の分野で活躍しています。

1990年代前半から、ムスリムのNGOは質量ともにめざましい発展を遂げました。ジェンダーや老人介護の分野にもフィールドは広がり、緊急救援や発展途上国における貧困削減などの国際協力に従事する団体も誕生しています。トルコのヒズメット運動（ヒズメットとは、神への奉仕を意味しています。指導者の名前をとってギュレン運動と呼ばれることもあります）は、国内外で教育や宗教間対話を展開しています。災害時の緊急救援にも力を入れており、2011年の東日本大震災に際しては、在日トルコ人と協力して支援活動を行いました。大阪や名古屋に暮らすトルコ人が集めた食料や日用品を宮城県各地で配布したり、温かいトルコ料理をふるまったりしました。NGO活動が、日本からの一方通行ではなく、グローバルな相互支援のステージに入ったことを実感させてくれるエピソードです。他にも多くのムスリムが、モスクを拠点として東北各地で支援活動を展開したことは特記すべきことでしょう。

# 社会的企業

## 1　社会的企業とは

近年、世界を変えていく新しい力として注目されているのが社会的企業です。社会的企業とは、ビジネスの要素や手法を取り入れながら社会的な課題の解決に取り組む事業体のことを言います。また、社会的企業を立ち上げて運営する人のことを社会起業家あるいは社会的企業家と呼びます。企業と言っても、NPO、会社、協同組合など、その組織形態はさまざまです。

1991年に英国のロンドンで設立された会社「ビッグイシュー」〈http://www.bigissue.com/〉は、同名の雑誌を発行し、それを書店に置かず、登録したホームレスの人だけが路上で販売できるという独自のシステムをつくり出しました。最初の数冊の売り上げすべてと、その後の売り上げの約半分を販売者が手にすることができるしくみによって、ホームレスの人たちは、雑誌の売買を通じて街を行き交う人びとと関わり、社会参加の感覚を取り戻しながらそれなりの収入を得て、自立への足がかりをつかむことができます。『ビッグイシュー』は英国では毎週約10万部の売り上げを誇り、日本を含む世界の数か国で発行されています（ビッグイシュー日本〈http://www.bigissue.jp/〉）。また、ホームレス支援を行っている世界120か国以上の同様な社会的企業をつなぐ国際的なネットワークも設立しています。

米国に本拠を置くNPO「アショカ」〈http://www.ashoka.org/〉は、世界的規模で社会的企業を育成・支援する団体です。「社会起業の父」とも呼ばれるビル・ドレイトンは、社会的企業という概念もなかった1980年代初頭に「アショカ」を立ち上げ、世界中を飛び回って、これまでに数多くの社会起業家を発掘し、資金提供や助言を行ってきました。メキシコでの貧困層のための住宅建設プロジェクト、白内障の治療のための眼内レンズなどを発展途上国において低価格で提供する「プロジェクト・インパクト」、子どもたちが学校で赤ん坊と触れ合うことを通じて「感情能力」を伸ばすプログラムを開発・普及させている「思いやりのルーツ（ROE）」など、アショカが支援した社会的企業は実に多種多様です。

## 2 「キバ」：発展途上国の個人と先進国の個人をつなぐ

米国サンフランシスコに本拠を置くNPO「キバ」〈http://www.kiva.org/〉は、主に発展途上国の小規模事業者に少額で無利子無担保の融資を行う機関です。そのしくみはこうです。発展途上国で小さな商売を始めようとする人たちは現地の機関を通じて登録し、写真を含めた自分のプロフィールとどのような事業を行うためにどの程度の融資が必要かを「キバ」のウェブサイトに載せます。主に先進国の一般市民はそのウェブサイトを見て、応援したいと思った人に一口25ドルからの小口の貸付を行い、お金は電子的に送金され、現地の機関を通じて申込者の手に渡ります。「キバ」のウェブサイトには、その後事業がどのように進展してその人の生活がどう変わったかなど、融資を受けた人からのメッセージが随時掲載され、貸付をした人は自分が応援している人の様子を見守ることができます。ローン期間（通常半年から１年）が過ぎると資金は貸し手のもとに返されます。

設立者のマット・フラナリーは、アフリカを旅行した際に農村部の小規模起業家が少額のお金を調達できなくて苦しんでいるのを見て、何とかできないかとこの社会的企業を始めました。最初は１人で細々と自宅で始めたこの事業が、2005年の設立からわずか10年ほどで、世界200か国以上の160万人以上の人が約80か国の220万人以上の人に対して合計約1000億円以上の融資をするまでに成長したのです。

発展途上国には、先進国の基準からすれば少額の資金がないばかりに苦しむ数多くの人たちがいて、いわゆる先進国には、そういった現状をメディアで見て何とか力になりたいと思ってもどうしたらよいかわからずそのままになってしまう人たちがいます。その両者をインターネットを使って出会わせマッチングするというのが「キバ」の独創的なしくみです。

これまでも、発展途上国の経済発展を支援するために巨額の資金援助が政府間で提供されてきました。しかし、現地の人びとの生活向上に直接的に役立たないハコモノ施設が乱造されたり、腐敗した現地政府の利権として取り込まれたりなど、巨額の資金が有効に使われてきたかどうかについては大いに疑問があります。私たち一般市民にはこれまで、税金で賄われる援助資金がどこでどんな人のために役立ったのかをほとんど知るすべがありませんでした。「キバ」がつくり出したしくみは、政府間の関係ではなく、先進国の一個人が遠く離れた発展途上国の一個人と「顔の見える関係」になって、自らの意思にもとづいて手助けをすることを可能にしたのです。

これはグローバル化の進展、特にインターネットの発展なくしてはありえなかったことです。グローバル化は、他の章でみたように、人びとの間の格差を拡大し、生活の基盤を掘り崩すと同時に、新しい可能性の条件もつくり出します。それは、創意工夫によっては、これまではありえなかった社会的関係をつくり出し、新しい社会の形を生み出す可能性ももっています。

## 3　弱者を包摂するための社会的企業

強力なリーダーシップと斬新なアイディアを実現する個人としての社会的企業家の育成を重視し、彼ら彼女らがソーシャル・イノベーションを遂行して新しい世界を創造していくことを期待する米国的考え方に対して、ヨーロッパには社会的企業のもう１つ別の流れがあります。それは、社会的に排除された人びとに仕事を提供して社会的に統合することを主な目的とし、当事者を含めた幅広い人びとの民主的参加を組織原理として重視する社会的企業です。1970年代後半のイタリアで、急進的な精神病院廃止運動に伴って地域に帰ってきた精神障がい者の受け皿として、市民のイニシアティブによって多くの社会的協同組合が設立されたことなどに端を発するこの流れは、各国やEUの政策的な後押しもあって、今やヨーロッパ中に広がっています。このタイプの社会的企業は、障がい者・薬物依存者・「社会的不適応」の若者・長期失業者など、労働市場から排除されやすい人びとを重点的に雇用するだけでなく、労働者、消費者、ボランティア、地域住民などの多様な関係者が参加して共同所有するという形を特徴とします。また、公的な助成、および政府や自治体からの委託契約によって下支えされている点でも米国型の社会的企業とは異なっています。ここでは社会的企業が非常に新奇な事業を打ち出すというよりも、それを中心として立場の違う幅広い市民を巻き込んだ連帯的なネットワークが発展し、地域社会が耕され、より包摂的な社会が実現することがめざされています。

発展途上国でも社会的企業は増え、その影響力をしだいに大きくしています。たとえばバングラディシュのグラミン銀行は、貧困に苦しむ人たちに少額の資金を無利子で融資する革新的な方法によって貧困削減に大きな成果をあげ、このマイクロ・クレジットと呼ばれるしくみは、今や多くの発展途上国だけでなく先進国にも広がってきています。

## 4　社会的企業の意義と可能性

社会的企業の世界的台頭にはどのような意味があるのでしょうか。まず、社会的企業が社会のなかでどのような位置にあるのかを図式的に見てみましょう。

ここでは、社会を大きく政府、企業、市民社会の３つの領域に分けて考えてみます。地方自治体を含めた政府は公的部門であり、社会や地域全体を見渡して公益を推進し、困難な状況に置かれた人たちを支援して生活を保障する責任を負っています。企業は、営利追求を第１の目的として、人を雇い、商品やサービスを生産・流通・販売して経済的な富を生み出します。市民社会は、人びとが個人として、あるいは市民的団体に所属して互いに交流し活動する領域で、会社に勤めている人も公務員も勤務時間外にはこの領域にあることになります。

社会には、貧困、環境、地域再開発、障がい者・外国人・女性・子ども・高齢者の支援など、取り組まれるべき社会的問題や課題が数多くあります。こうした社会的課題への取り組みは、通常の考え方では経済的利益を生まないもの

社会的企業の位置づけ

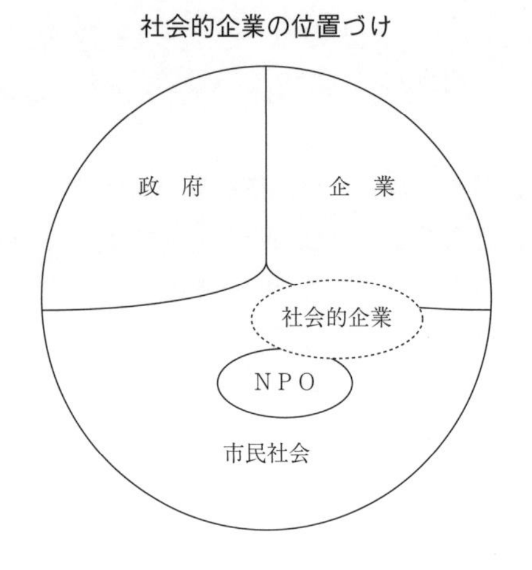


がほとんどであり、企業が本業としてこれに関わることは基本的にありませんでした。社会的課題への取り組みは、何といっても、公的部門である政府や地方自治体の役割とされていました。福祉国家がもてはやされた「大きな政府」の時代には、政府や自治体は、良くも悪くも、地域や市民生活のなかに出ていって社会的な課題に積極的に取り組む姿勢を見せていました。しかし、1980年代以降の新自由主義の台頭によって、「大きな政府」は非効率であると否定され、民営化と規制緩和が促進されて、政府はその役割を縮小していきました。それに伴い、それを補うために一般市民によるボランティアやNPO（非営利組織）の活動への期待が大きくなりました。また、そうでなくても、行政は問題への取り組みのための政策転換や意思決定に時間がかかったり、その官僚主義的な体質から、個別的なニーズに対して当事者の立場にたって柔軟に対応できなかったりすることが多く、市民のなかから草の根的に生まれてくるNPOの方が社会的な課題やニーズに素早く的確に応えられる面があります。市民社会の領域のなかで、社会的な問題に対する意識をもち、その解決のために活動したいというエネルギーが集まって組織化されたものがNPOです。

こうしてますます大きな役割が期待されるNPOですが、NPOがその活動を広げていくには大きな限界があります。一般的に言って、NPOは大きな資金や収入源をもたず、常勤のスタッフもあまりおらず、本業の仕事がない日にボランティアベースで活動する人たちによって主に担われている団体が大半を占めています。利益追求ではなく社会貢献をして生きていきたいと思ってもNPOでは生活の糧が得られず、その結果、NPOは人材難と資金難から活動の幅が広げられないということになります。

そこで出てくるのがNPOと企業の中間の領域に位置する社会的企業です。

社会貢献という目標を維持しつつ、ビジネスの手法を取り入れて、ボランティアではなく仕事として社会的課題の解決に取り組むこと、利益をあげることによって事業を持続・拡大させ、広い範囲に影響力を及ぼして社会を変えるという大きな目的を達成できるようにすること、これが社会的企業がめざすものです。これまでは、社会貢献や社会福祉の世界とビジネスの世界とは水と油のようなものと考えられ、前者には「金儲けを考えるなんてとんでもない」という空気がありました。自分の利益を捨てて奉仕するという無私の精神は尊いものであり、今後も人間性の1つの核心として称揚されるべきものですが、今のところ、残念ながらそれだけでは十分な社会的広がりをもたず、山積する社会的課題の解決には遠く及びません。社会的企業は、これまで隔絶していたNPOと一般企業の領域に橋をかけ、両者の創造的な融合を通してこれからの世界に新しい社会的なエネルギーを生み出そうとするものなのです。また、特にヨーロッパ型の社会的企業は、排除される人びとを社会に統合するという高度に公的な役割を担うことが政策的に期待され、また政府や公的部門との関係の強さからも、企業だけではなく政府という極も巻き込んで、社会の質や関係性のあり方を総体的に変えていく可能性も秘めています。

社会的企業は世界中でその数を増やしつつあり、国際的に広範囲に活動するものから地域で地道に活動するものまで、それぞれに社会に対してインパクトを与えています。とはいえ、社会的企業が1つの社会的現象として登場し注目されるようになってから、まだそれほどの年月は経っていません。社会的課題の解決を目的としてビジネスの手法やエネルギーを利用すると言いながら、いつしか強力な市場経済の論理に取り込まれ、社会貢献が二の次になってしまうという危険もないとは言えません。公的事業をできるだけ安く済ませようとする政府の下請けとして上手に使われてしまうという懸念もあります。社会的企業がその革新的な力を最大限発揮できるよう、世界中で力強く伸び始めたその芽を大事に育てていくことが必要です。

**✐ もっと知りたい人のために**

牧里毎治監修、川村暁雄ほか編『これからの社会的企業に求められるものは何か——カリスマからパートナーシップへ』ミネルヴァ書房、2015年。

## ⑲-1　日本の社会的企業

日本でも社会的企業がメディアに紹介される機会が増え、一般にも少しずつ知られるようになってきました。

日本の社会的企業の先駆者の１人である駒崎弘樹さんは、ITベンチャー企業から転進して、2004年に病児保育を行うNPO「フローレンス」〈http://www.florence.or.jp/〉を立ち上げました。彼は、子どもが病気になると保育所では預かってくれず、そのために会社を休んだ親が解雇されたりする現状に憤りを感じ、この問題を解決する事業を始めることを決意しました。従来の病児保育の事業所のほとんどが補助金頼りで赤字というところで、駒崎さんは「脱施設・保険」型という、経済的自立を可能にする新しいモデルを開発しました。固定した施設をもたず、地域のベテランママさんたちに子どもを預かってもらうしくみを確立したこと、また利用料を利用の有無にかかわらず毎月の定額制にしたことによって、不可能と思われた商業ベースでの病児保育事業を現実にしたのです。フローレンスはその後も、障害児保育・待機児童・幼児の虐待死などさまざまな問題への独創的な取り組みを打ち出し、その活動の幅を広げ続けています。

このほかにも、環境・貧困・若者・教育・保健福祉・まちおこしなどさまざまな分野で、多彩な社会的企業が出てきています。北海道の「べてるの家」、東京の「ぱれっと」、神戸の「プロップステーション」など、障がいのある人たちに仕事を提供することを主な目的とした社会的企業も少しずつ増えてきました。「ETIC（エティック）」など、社会起業家を発掘して支援するためのNPOもあります。「お上にお任せ」、「空気を読んで人と同じように行動する」といった意識が強い日本で、行き詰まり感を打ち破って新しい社会の形を生み出していくために、こうした社会的企業の胎動をどれだけ後押しし育てていけるかに日本の将来がかかっています。

# グローバル化と社会福祉の変容

## 1　危機の日本社会

現在、日本の社会は深刻な状況に置かれています。新自由主義的な経済政策によって格差が拡大し、貧困層を支えるべき失業手当、生活保護、職業訓練などの支援は十分機能していません。自殺者の数はここ数年、減少傾向にあるとはいえ、その率の高さは世界でトップクラスです。「一億総中流」と呼ばれた時代は遠い過去となり、社会は、高給を得る一部の人びとと、非正規やパートなど不利や条件で働く、あるいはそもそも職が得られない人たちの間で大きく分裂しています。正社員として働ける若者はますます少なくなり、女性の働く環境や子育て支援が改善されないこともあって、将来の不安から結婚できない、あるいは結婚しても子どもはつくらない人たちが増え、少子高齢化の進行はとどまるところを知りません。

## 2　「社会」と経済

なぜこのようなことになっているのでしょうか。ここではしばらく歴史を長期的な視点から振り返り、「社会」と市場経済の間の亀裂という考え方からこれを説明していきたいと思います。ここで言う「社会」とは、人びとの生活の多くの部分がそのなかで完結し、まとまりをもった人間集団として自己維持しようとする共同体のことを広く指すものとして理解してください。1つの「社会」は、そのなかに政治・宗教・思想・文化などさまざまな領域を含みこんでいます。また、「社会」は人びとが必要な物資をつくり出し、交換し、消費することなしには成り立ちませんから、モノの生産や交換の領域である「経済」も当然その一部であるはずです。近代以前は、経済は「社会」の存続という目的を物理的に支える一側面として「社会」に従属し、経済史家のカール・ポランニーにならって言えば、「社会に埋め込まれて」いました。近代社会を生み出した原動力の１つは、経済に市場という原理が導入されることによって、人は自由な個人としてモノを生産したり売買したりできるようになり、それによって成立した資本主義というシステムが爆発的に発展し、経済が「社会」からかなりの程度自立して、独自の論理で動くようになったことにあります。

## 3　グローバル化の第１の波

19世紀には、産業資本主義の高度な発達を背景として、イギリスを中心とした自由貿易主義が世界に広がり、利潤を目的とした生産と流通が世界の広い範囲で飛躍的に発展しました。ここでは、これを近代におけるグローバル化の第１の波と呼ぶことにしましょう。この市場経済の発展を思想的に支えたのが自由主義で、自由主義論者は、市場経済の自由な活動を阻害するものは極力排除すべきであり、国家は経済を規制することを止めて、「夜警国家」すなわち治安維持など最小限の役割に縮小されるべきだと主張しました。

こうして「社会」から相対的に離れて動くようになった資本主義的な経済は、「社会」との間に矛盾をはらみます。「社会」はさまざまな側面を含む総合的なものとして人びとの生活そのものの存続や発展を目標としますが、市場経済は利潤や経済的効率性という即物的な目標を追求します。また、市場経済と「社会」では、基盤となる空間が異なります。「社会」は時代と場所によってその空間的範囲はさまざまですが、近代社会においては、おおむね国民国家を基盤とし、範囲もほぼそれに準ずるものと考えてよいでしょう。これに対し、資本主義的な市場経済は、本来的に国境を越えて世界的に展開される性質をもっています。

市場経済は、基本的な要素として労働・土地・貨幣を必要とし、これらを商品化して自由に売り買いすることによって成り立ちます。しかし、これらは本来商品としてつくり出されたものではなく、もともと人・自然・交換手段としてあったものです。人が生活を維持していくための活動が値段をつけられ労働市場で売り買いされる「労働」となり、商品としての「労働」はできる限り値切られ、不要になれば捨てられます。大いなる自然は細かく切り分けられて「土地」となり、財力がある一部の者に囲い込まれます。19世紀に発展した市場経済は、大きな富を生んだ半面、貧困と人びとの自然とのつながりの断絶をもたらし、人びとの生活基盤を掘り崩して「社会」を大きく動揺させました。

生活を脅かされた人びと、あるいは「社会」からは、これに抵抗する動きが起こってきます。20世紀に入って、世界市場に対して自国を閉じようとする保護主義や極端なナショナリズムが高揚し、資本主義自体を廃絶しようとする社会主義運動も盛んになっていきました。国内、国家間の対立が深まり、1930年代の大不況によって加速された大混乱は、結局、第２次世界大戦へと至りました。

第２次世界大戦後、グローバル化の第１の波によって生じた市場経済と「社会」の間の亀裂を最終的に調停するものとして、西側諸国において誕生したのがいわゆる福祉国家でした。福祉国家は、自由主義が主張した「夜警国家」とは反対に、市場を規制し、国家の役割を大きくして、さまざまな給付や社会サービスを通して積極的に国民の生活を守り、向上させることをめざします。この戦略は大成功を収め、西側諸国は歴史上かつてないほどの繁栄と社会的安定を達成することができました。

## 4　福祉国家の危機とグローバル化の第２の波

しかし、1970年代のオイルショックを契機とする高度経済成長の終わりによって、風向きは大きく変わりました。福祉国家は、経済的非効率を助長し、人びとの働く意欲を萎えさせ、国の財政を破綻させると諸悪の根源のように言われるようになり、多くの西側諸国が、福祉をカットし、国家による規制を廃して再び市場経済を自由に作動させようとする新自由主義の方向に舵をとっていきます。1980年代末から社会主義諸国が次々と崩壊し、金融市場の飛躍的な拡大もあって、特に1990年代からは市場の膨張とグローバル化の傾向が非常に顕著になりました。日本でも「構造改革」路線によって新自由主義的政策が強力に推進されました。

新自由主義的な政策は世界中で巨大な富を生み出した一方で、大企業が経済変動に適応できるよう国家が労働関係の規制を大幅に緩和したことにより、人びとの生活は大きな影響を受けました。労働者はリストラで容易に解雇されるようになり、派遣などの非正規労働者も急増し、人びとの間の経済格差は急速に拡大しました。そうして得られた企業の経済的繁栄も2008年末からの世界同時不況によって吹き飛び、その後のいわゆるアベノミクスによる一時的な回復も色あせて、現在多くの人びとが冒頭にみたような困難な状態に置かれています。

## 5　「社会」と市場の歴史的サイクルと現在

こうしてみてくると、「社会」と市場の関係に数十年単位の振り子のような大きなサイクルがあることがわかります。19世紀に市場が大発展して「社会」の存立基盤を脅かし（第1のグローバル化の波、自由主義）、これに対して「社会」（国家）が押し返して市場を規制して保護的な施策をとり（西側における福祉国家、東側における社会主義国家の成立）、1970年代からそれが行き詰って再び市場が圧倒的に優勢になり（第2のグローバル化の波、新自由主義）、現在はその新自由主義の失敗と各国の「社会」に与えたダメージの大きさがあらわになっている段階です。現在の日本の状態は、「社会」に対する市場の優位によって、日本の「社会」に大きな亀裂が入り、基盤が大きく掘り崩されている状態であるとみることができます。

## 6　これからの社会福祉

人びとが生活を保障され、幸せに暮らせる世界をめざすには、今後どうしていけばよいのでしょうか。大まかに言って、市場の行きすぎを正して「社会」

をより大切にする方向に行くべきですが、第１のサイクルのときのような極端なナショナリズムや戦争はもちろん避けなければなりません。いろいろな考え方があるでしょうが、グローバル化と市場経済の進展という歴史の大きな流れを元に戻すことは当面は現実的でないので、これらの構造的条件を前提としつつ社会や世界のより良いあり方を模索していくことになるでしょう。

基本的には３つの方向が考えられます。１つめは、世界市場を世界規模の「社会」（国家）のなかに埋め戻そうとする方向です。これは世界国家あるいは地球レベルの福祉国家を考えることになります。本書の㉒で紹介されているグローバル・タックス導入の試みなどは、こうした方向をめざすものだと言えます。２つめは、国家ではない組織、すなわち国境を越えて活動するNGOや、より広く、さまざまな社会的な問題に取り組む世界中の市民の活動をさらに活性化して、人びとの生活を保障し、高めていくことです。こうした動きについては、本書の⑱、㉓などを参照してください。３つめは、現代に合った新しいタイプの福祉国家、あるいは福祉社会をつくり上げていくという方向です。この３つの方向はどれも重要で、並行して追求されていくべきですが、最初の２つは他の章に譲って、ここでは以下、第３の方向について述べていきます。

## 7　新しい形の社会へ

まず第１に、新しい福祉国家は経済成長から再分配へと舵を切るべきです。福祉国家は一般に経済政策と社会保障政策を二本柱としますが、従来の福祉国家は、さまざまな経済政策によって経済成長を促進し、失業率を減らすことを特に重視していました。無駄な道路やダムなどをたくさんつくってでも経済のパイを大きくし、無理やりにでも雇用を創出することで人びとの生活を保障しようとしていたのです。しかし、こうした戦略は政府の財政赤字を増やすばかりの結果になっています。また、環境への負荷もますます大きくなります。これからは、発想を根本的に変え、経済成長よりも、分配のあり方を変えることに重点を置く必要があります。

余裕があるところから税金を取って困っているところに回すという財の分配

はもちろんですが、労働の再分配もこれからの重要な課題です。ポスト工業化社会である現在、経済の主役はIT・金融・知識産業など、製造業と比べて比較的人手を必要としない産業です。労働生産性が上がって少ない労働で多くのモノやサービスが生産できるようになったこと、また海外生産が当たり前になったことが相まって、雇用が少なく貴重なものになり、正社員として比較的安定した仕事を得ている人とそうでない人の間に大きな亀裂が生じています。労働関係の制度改革によって安定した雇用を増やす努力とともに、ワークシェアリングと言われる、労働時間を削減し、人びとの間で雇用を分け合うしくみを確立していく必要があります。

第2に、「人への投資」を重視することです。雇用の創出を最重要視する従来のやり方は、その仕事をする人の生活や人生全体への目配りが弱く、人の育成や支援を二の次にしていました。特に日本は国際的にみて、その傾向が強かったと言えます。こうしたやり方では、いったん雇用を失えば、その人や家族の生活や人生に一気にそのしわ寄せが来ます。現代の雇用が構造的に不安定であるならば、失業者の生活保障とともに、新しい技能や知識を習得するための職業訓練や生涯教育、女性が働きやすくなるための子育て支援など、人が生きていくための力を増すための給付やサービスを充実させていく必要があります。また、社会の将来を担う子どもや若者の育成も非常に重要です。従来は雇用を中心に社会保障が設計されていたため、引退した後の老後の保障に重点が置かれていましたが、現在は、貧困や社会的不適合により人生の早い時点で将来の職業生活で大きなハンディキャップを負わされる子どもや若者が急増しており、「人生前半の社会保障」の充実が急務となっています。

第3に、社会の枠組みを柔軟にする必要があります。グローバル化、ポスト工業化した経済においては、経済や企業のあり方はこれまでになく柔軟になっています。モノ・金・情報がたいへんなスピードで世界中を駆け回り、企業は工場や事務所を比較的簡単に海外に移転できますし、人が余れば解雇して人員を調整することができます。経済がこのように変化し、ものごとの移り変わりが激しい時代になったのに対し、日本の社会は堅い枠組みをもったままです。ほとんどの日本人の人生は、教育の期間と就労の期間がくっきりと分かれています。たとえば高校や大学まで教育を受けて就職した後、何年か経って再び教育機関に入って学びなおすということは日本人にとっては大きな冒険です。それどころか、卒業した年に「新卒」での就職の機会を逃がしただけで、大きなハンディキャップを負ってしまうのが現状なのです。リストラされた後の再就職も大きな困難がつきまといます。また、多くの女性は結婚や出産によって職業生活の停止や中断を余儀なくされ、その後同じレベルの仕事に復帰できる人は一部に限られています。これがたとえば北欧では、学校を卒業後、何か社会経験をしてから就職する、あるいは就職した後に学校に入りなおして（学費は基本的に無料です）新しい職業に就くということはごく普通ですし、ほとんどの女性は出産後も元の仕事への復帰を保障され、手厚い子育て支援にも支えられて、一生フルタイムの仕事を続けられるのです。人生においてさまざまなルートがあり、仕事がなくなったり子どもができたり、あるいは１～２年休暇を取ったりしても、その人の人生の不確実性や選択を柔らかく受け止められるような社会環境が、現代においては生活保障の一環として必要とされているのです。

「社会」と市場の歴史的な大きな振り子のなかで、現在、私たちはまさに転換期にあります。人びとの生活を保障し、その質を高めていくことを使命とする社会福祉のあり方も変わっていかなければなりません。上に述べたような変化をもたらすためには、人びとが連帯の精神や市民意識を高め、幅広く政治構造や社会的慣習を見直していくことが必要になってくるでしょう。グローバル化が進む現代において、社会福祉は、狭い意味での社会福祉や社会保障を越えて、社会全体の枠組みとともに変わっていくことが求められています。

**✐ もっと知りたい人のために**

宮本太郎『生活保障——排除しない社会へ』岩波書店、2009年。

## ⑳-1　新しい社会を切り拓く北欧

フィンランドのハーガ・ヘリア応用科学大学。壁をガラス張りにして外から見えるようにしている＝片岡信之撮影

国が国民の生活を高いレベルで保障する北欧型福祉国家は、新自由主義を掲げて突き進むグローバル化の波に押し流されてしまうだろうと以前は考えられていました。しかし、最近では、高い社会の質を維持しつつグローバル化への適応力も強い社会として再評価されるようになっています。

高福祉高負担、国が高い税金を取って社会福祉に大きな役割を果たすと聞くと、自由や柔軟性がないイメージですが、北欧社会は非常に柔軟で革新的です。デンマークでは、労働者の約３分の１が１年間に職を替えます。「フレキシュリティ」と呼ばれる政策によって、企業は景気や業績の変動に対応して比較的容易に労働者を解雇できますが、失業者は手厚い保障を得ながら適切な職業訓練を受け、新しい成長産業での職を見つけることができます。「学力世界一」として知られるフィンランドの教育は、知識の詰め込みではなく考える力を養うことを重視したものです。教育は大学まで無償で、何歳になっても学校に入りなおして学ぶことが可能です。教育にせよ職業訓練にせよ、「人への投資」が大いに重視されています。また、北欧諸国は女性の社会進出が進んでいます。子育てや高齢者介護に対する社会の支援が充実しており、女性もフルタイムで一生働くのが普通で、主婦はほとんどいません。経済的に自立しているため、長年一緒に暮らしても法的には結婚しないカップルも多く、成人が親と同居することもなく、伝統的な「家」という概念が解体された「個人単位社会」となっています。

個人の自立性が非常に高い一方で、社会的連帯も強いのが北欧社会の特徴です。地方分権が進んでおり、地方自治体が人びとの生活に密着した社会サービスを担っています。市民が行政を監視するしくみが確立され、税金が身近なところで有効に使われていることを市民は実感できます。地域での NPO の活動も活発です。「国の財布が自分の財布」と言われるような政治に対する強い信頼、高い公共意識に支えられた社会的連帯感があってこそ、高い税金も可能になります。北欧の社会は、単に優れた社会福祉制度をもつというのではなく、その基礎となる社会のありようを不断に変革して高めることの大切さを私たちに示してくれています。

## ⑳-2　日本に来る外国人看護師・介護士

少子高齢化が進む日本では、看護・介護に携わる人材の不足が大きな問題になっています。政府は、2008年にインドネシア、2009年にフィリピン、2014年にはベトナムから看護師および介護士の受け入れを開始しました。上記３国の政府との経済連携協定（EPA）にもとづいて、2016年時点で3,800人以上の看護師・介護士が来日し、約半年間の日本語研修を受けた後、日本各地の病院や施設で働いてきました。しかし、政府は従来、これは看護・介護分野での労働力不足への対応策ではなく、あくまで相手国との経済的連携を強化することを目的とした特例であるとの強弁を続け、外国人労働者の受け入れを厳しく制限する政策を堅持してきました。

ところが、厚生労働省の推計でも2025年には介護職員が全国で約38万人不足すると予測されるなど、事態の深刻化に押され、ついに政府は介護について外国人労働者受け入れの方向に舵を切らざるをえなくなりました。2016年秋、国会は「出入国管理および難民認定法」を改正し、外国人の在留資格に新たに「介護」を追加しました。これにより、EPA 締結国以外の国々の人々も、日本で介護福祉士の資格を取得すれば、特例ではなく正式に在留資格を得て、日本で無期限に働き続けることが可能になります（また、これとは別に外国人技能実習制度も新たに介護を対象職種に含むように変更され、介護の現場で外国人実習生が最長５年間「実習」できるようにもなっています）。

こうした政策転換を受け、介護福祉士養成施設（大学や専門学校など）へのアジアからの留学生が急増しています。日本介護福祉士養成施設協会によると、例年20人程度だった外国人入学者数が、2015年度は94人、2016年度は257人となりました。介護事業者がベトナムからの学生を寮に住まわせ専門学校に通うサポートをしたり、ベトナムの日本語学校と提携してベトナム人留学生を多く見込む養成校開校を計画したりするなど、積極的に外国人を呼び込もうとする試みも現れています。

新しい政策が定着すれば、現状の人材不足の深刻さからして、介護の現場で外国人が働く流れは、今後、かなりのペースで拡大することが予想されます。欧米諸国ではずっと以前から起こっていたことですが、外国人と手を取り合って共存する社会をどう作っていくのか、外国人看護師・介護士受け入れの問題は、社会福祉の領域を超えて日本の将来にとって重要な試金石となるでしょう。

## ⑳-3　ブータンの「国民総幸福(GNH)」――新たな社会福祉に向けた示唆

持続可能な発展・開発（経済成長の追求と自然・生活環境の保全のバランスの取れた発展・開発）は、日本を含む世界各地で緊要課題になりました。また、そうしたなか、国民総幸福（GNH、Gross National Happiness の略）を掲げてきたブータンに注目が集まっております。「公正で持続可能な社会経済の発展・開発」、「自然環境保全」、「文化の保護と振興」、「良い統治」を４本柱とする政策です。

持続可能な発展・開発が重要になってきた背後には、経済グローバル化によって世界大に産業発展が進み、自然環境への負荷が高まってきたという事情があります。また、産業発展を果たした国どうしの国際競争が激化し、それに応じなくてはならない企業や政府によって労働条件の改悪が進められ、正規雇用が減ってきたという事情もあります。その結果、生活支援を必要とする人が増え、しかも企業税収も伸び悩むようになったため、社会福祉（生活保護や失業保険や高齢者年金など）の財源確保がこれまで以上に難しくなりました。

そうしたなか、従来のように経済成長で得られる富を再分配して、生活支援を必要とする人を救済するという、事後処理的な社会福祉のあり方はいつまでも続けられなくなり、それを改める必要性が高まりました。人間の生活基盤たる自然・生活環境を大事にすることで、できる限り生活困窮者が出ないで済むような、あるいは、まわりの他者と手を携えながら日々暮らしていける社会を創る必要性です。

発展途上国のブータンには、先進諸国の後追いが欠かせません。生活水準の底上げのために経済成長を追求し、そこから生まれる富の再分配に依拠した社会福祉制度を整えるという意味での後追いです。他方、先進諸国のように自然・生活環境に負荷をかけてまで経済成長を追求せず、他者や自然との共生を軸とした地域共同体の保全を顧慮する国家運営を希求してきた点では一日の長があります。

このように公助（政府による生活保障）頼みでなく、共助（社会内の互助）の継承・発展を志向したGNHは、今後の日本の社会福祉像を考えるうえで有用な示唆を与えます。いざというときに頼りになる周りの助けや、安穏で心豊かに日常を過ごせる環境がますます得がたくなったと言われる今日、そうした状況や人びとの意識を生んできた従来の経済成長路線や、そこで生まれた富の再分配を軸としてきた社会福祉のあり方を見直す必要に迫られています。

# 第V部
# 環境と平和の世紀へ

ケニアの首都ナイロビにあるスラム、キベラの子どもたち。キベラの推定人口は100万人。貧困、虐待、路上生活など、スラムの生活はとても厳しい。それでも子どもたちはたくましく生きている＝上村雄彦撮影

# 21 核のない世界へ

21世紀の今も、核兵器は最も危険な大量破壊兵器であり、人類の大きな脅威です。2009年に就任したオバマ米大統領は、4月にチェコのプラハで行った演説で「核のない世界」を訴え、ノーベル平和賞を受賞し、2016年には被爆地広島を訪問しましたが、核軍縮の大きな進展はないまま8年の任期を終えました。本章では、核兵器の問題を考える主要論点を提示します。

## 1 米国の原爆開発・投下と広島・長崎の被爆体験

### (1) 原爆開発と投下の経緯

1938年にドイツの物理学者が核分裂という現象を発見し、膨大な核エネルギーを軍事利用できる可能性が出てきました。当時のドイツはヒトラーの率いるナチスが政権を獲得し、1939年9月に第2次世界大戦を始める一方、国内や占領地域のユダヤ民族への組織的な迫害を始めていました。ドイツには放射線や原子核の研究をしていたユダヤ系の研究者もいましたが、多くが米国などに亡命しました。そのなかの1人、レオ・シラードは原子爆弾の出現を予見し、ドイツがそれを開発することに危惧を抱きました。そこで第2次世界大戦の始まる直前に米国に渡って著名な科学者アインシュタインを説得し、米国に原爆開発を促す手紙をルーズベルト米大統領に送りました。これが原爆開発の直接のきっかけとなったのです。

米国は1941年10月、原爆開発を正式に決めると、その2か月後に日本軍から真珠湾を攻撃され、第2次大戦に参戦しました。翌1942年8月に「マンハッタン計画」と呼ばれる秘密の原爆製造計画がスタートします。その後、ドイツは原爆を開発してないことが判明し、ドイツ降伏の見通しも立ったため、米英首脳は1944年９月のハイドパーク会談で原爆の日本への投下を決めました。1945年５月にドイツが降伏し、米国は投下目標として最終的に広島、小倉、新潟、長崎を候補地に選び、８月６日に広島、９日に長崎に投下しました。

### （2）被爆体験が示す核の危険性

原爆の威力はすさまじく、死者数は広島市で約14万人±１万人、長崎市で約７万4000人にのぼりました（両市の推計）。太平洋戦争中、国内では200以上の市町村が米軍の空襲を受けましたが、死亡率を比較すると、広島市が約41％、長崎市が約27％、次いで東京（都区部）が1.4％、他はすべて１％未満で、原爆の圧倒的な破壊力を示しています。原爆の破壊力は爆風、熱線、放射線の３つから成り立っています。爆心地付近では、秒速300メートル以上の爆風が吹き、地表の温度は約6000℃に達したと言われます。

それ以上に原爆の危険性を示すのが放射線です。強い放射線を浴びた被爆者は、脱毛、下痢、発熱、嘔吐などの「急性障害」や、白血病やガンなどの「後障害」などに苦しみました。最近の研究で、これらの障害は「放射線が遺伝子に傷をつけること」に起因することが明らかになっています。また、皮膚の上から放射線を浴びる「直接被曝」と、放射性降下物（いわゆる死の灰）が体内に長期間とどまって引き起こす「内部被曝」という、異なる被害の存在も明らかになりました。内部被曝による被害は、核実験や原発事故、劣化ウラン兵器によっても発生しています。こうした「核の危険性」を正確に世界に伝えることは、被爆地の重要な役割です。

### （3）米国の「投下正当論」とアジアの見方

悲惨な被爆体験をもつ日本では、核兵器廃絶を求める意見が多数派を占めています。一方、原爆を投下した米国では、核廃絶を支持する声も存在しますが、広島・長崎への原爆投下については「戦争終結の手段としてやむをえなかった」とみる原爆投下正当論が、現在でも多数派です。

その根拠の１つとされるのが、「原爆を投下しなければ、本土決戦が行われ、原爆の死者数を上回る100万人の死者が出ていた」という見方です。この意見は原爆投下から１年半たった1947年２月、ヘンリー・スティムソン元陸軍長官が「原爆投下の決定」という論文のなかで発表しました。当時、米国では原爆投下に対して賛否両論がありましたが、この論文が出ると世論は急速に原爆投下擁護に傾き、「100万人救済論」が定着していきました。

これに対し、100万人という予測自体に根拠がないとの見方も、米国の歴史研究者の間で1960年代から有力になっています。1945年６月にホワイトハウスで開かれた大統領と統合参謀本部との会議に提出された資料では、本土上陸作戦を行った場合の死者数が、２万5000人から４万6000人と予測されており、米国の歴史学者バーンスティンは「米国指導者に、地上戦の死傷者を減らすために原爆を使用する考えはなかった」と指摘しています。

一方、中国や韓国には、原爆投下により日中戦争や日本の植民地支配が終わった、という見方が根強く、広島や長崎が原爆の被害を訴えても、日本の軍事侵略や植民地支配の帰結でやむをえないと受け止められることがあります。

日本からの核廃絶の訴えは、ノーモア・ヒロシマという言葉に代表されるように、悲惨な核の被害を二度と繰り返すな、という意見に集約されますが、どの国がどの国に対して、戦争のいかなる経緯のなかで核兵器を使用したのか、という歴史的文脈にはあまり目を向けてきませんでした。これに対し、米国は戦争政策としての原爆投下の正当性を主張し、中国、韓国は原爆を投下されるに至った日本の戦争・植民地支配の是非を問いかけていますが、原爆被害そのものの内容を対象とした議論ではありません。

核兵器の最大の問題点は、それが軍事目標や兵士だけでなく、一般市民（非戦闘員）を無差別かつ大量に殺戮（りく）することであり、生き残った人たちに対しても、通常兵器と異なり、数十年以上たっても放射線による障害を与え続けることです。核問題を考えるには、それぞれの論点を整理して議論し、そのうえで核兵器の危険性に関する共通認識を築くことが必要でしょう。

## 2　戦後の核軍拡・核拡散

米国の原爆投下からわずか４年後の1949年８月にソ連が原爆実験に成功すると、米国は1952年に初の水爆実験に成功しました。1954年には太平洋のビキニ環礁で水爆実験を繰り返しましたが、３月に第五福竜丸の被災事件が起き、国際的な原水爆禁止運動のきっかけとなりました。

ソ連も1953年に水爆実験を行い、1957年には世界初の人工衛星スプートニクの打ち上げにも成功して核兵器の運搬手段である大陸間弾道ミサイル（ICBM）の開発を始め、米国に衝撃（スプートニク・ショック）を与えました。

1962年10月にはソ連がキューバに秘かに核ミサイルを持ち込み、米国が発見して臨戦態勢をとったため、核戦争直前となる「キューバ危機」が起きましたが、米国がトルコからミサイルを撤去する引き換えに、ソ連がミサイルの撤去に応じ、衝突は回避されました。

米国の核弾頭数は1964年に３万発を超え、数の上ではソ連の約６倍で優位に立っていました。このためソ連は劣勢を挽回しようと、急ピッチで核弾頭の製造を続け、1960年に約1600発だった核弾頭は、1970年代後半には米国を数の上で上回り、1980年には３万発を超え、1986年には４万5000発に達しました。これに対しレーガン政権は1980年代、宇宙空間から弾道ミサイルを迎撃する戦略防衛構想（SDI）を発表し、ソ連に大きな動揺を与えました。

世界全体の核弾頭数は1986年のピーク時には６万5000発に達し、1991年までは５万発を上回っており、その実に98％が米ソの核弾頭でした。冷戦終結後の今日でも、米ロの核弾頭が世界のほぼ95％を占めています。

英国は1952年に原爆実験を行い、1957年には水爆実験にも成功して３番目の核兵器国となりました。フランスが1960年２月、原爆実験を行い、中国も1964年10月に原爆実験を、1968年６月には水爆実験を行いました。これら５か国はその後、核不拡散条約（NPT）で今日まで、核兵器保有を認められています。

またインドとパキスタンが1998年に核実験を行って核兵器保有を宣言しました。イスラエルは1980年代までに核兵器開発に成功し、核兵器を保有しているとみられますが、対外的には核保有を肯定も否定もしない「曖昧政策」をとっています。北朝鮮も2006年、2009年、2013年、2016年に核実験を行いました。

## 3　核兵器の規制

国際社会はこれまで、核軍拡や核拡散を防ぎ、核軍縮をめざすいくつかの規制を設けてきました。主なものは以下のとおりです。

**・核不拡散条約（NPT）**

NPT は、米ロ英仏中５か国を「核兵器国」として核兵器保有を認める代わりに、核軍縮の義務を課し、その他のすべての加盟国には「非核兵器国」として核兵器の保有を禁じる一方、原子力の平和利用への支援を約束しています。1968年に署名され1970年に発効しました。しかし、当初から核兵器国と非核兵器国の義務が不平等だと言われ、また加盟国のはずのイラク、北朝鮮、イランで核開発疑惑が生じました。イスラエル、インド、パキスタンが未加盟なことも問題です。2017年２月現在の加盟国は191か国です。

**・核実験禁止条約**

1963年、米英ソ３か国が部分的核実験禁止条約（PTBT）に署名して発効しました。大気圏や水中での核爆発実験を禁止する内容で、これ以降、地下核実験が主流となりました。その後、地下核実験も含めたすべての核爆発実験を禁止する包括的核実験禁止条約（CTBT）が1996年の国連総会で採択されました。2011年２月現在、182か国が署名し、うち153か国が批准しています。CTBT は発効の条件として、原子力施設をもつ特定の44か国すべての批准が必要ですが、そのうち北朝鮮、インド、パキスタンは署名しておらず、米国、中国、イスラエルなど６か国が批准してないため、発効の見通しは立っていません。

**・非核兵器地帯条約**

一定の地域を非核兵器地帯に定め、核兵器の実験、製造、使用などを禁ずるとともに、核兵器国による持ち込みや配備も禁止する非核兵器地帯条約が、これまでラテン・アメリカ、南太平洋、東南アジア、アフリカ大陸、中央アジアの各地域で成立しています。

**・米ロ間核兵器削減**

米ロ両国は、核兵器の削減を目的とする戦略兵器削減条約（START）交渉を始め、1991年には双方の核弾頭数を6000発に減らすSTART Ⅰに署名し、翌年発効しました。1993年には3000～3500発に減らすSTART Ⅱに署名し、米国は1996年、ロシアは2000年に批准しましたが、米ブッシュ政権がSTART交渉から脱退して発効せず、それに代わって米ロは2002年、戦略核弾頭を2012年までに1700～2200発に削減する戦略攻撃兵器削減条約（モスクワ条約）に署名しました。しかし、削減状況をチェックする検証手段の取り決めがないなど、不備が指摘されてきました。

## 4　オバマ政権の誕生と「核のない世界」への動き

米国に2001年に誕生したブッシュ政権は、9．11同時多発テロ以降、「対テロ戦争」を掲げ、テロリストに対しては核兵器を含むあらゆる手段で戦うと表明し、核軍縮には背を向けてきました。しかしその後、国際社会では再び核軍縮・核廃絶を求める動きが活発になっています。その国際世論を背景に、オバマ米大統領は2009年４月、プラハで演説を行い、「核のない世界」を訴えました。2013年６月にはベルリンで演説し、米ロの戦略核弾頭の「３分の１」削減を訴えました。こうした動きをみてみます。

**・大量破壊兵器委員会（ブリクス委員会）報告書**

スウェーデン政府の支援で2003年末に設立された「大量破壊兵器委員会」が、2006年に『恐怖の兵器―核・生物・化学兵器からの世界の解放』と題する報告書（ブリクス報告書）を発表し、大量破壊兵器の非合法化や戦略核兵器の大幅削減など、60項目の提言を行いました。

**・米国４氏の核廃絶提言**

2007年と2008年に、米国のシュルツ元国務長官、ペリー元国防長官、キッシンジャー元国務長官、ナン元上院軍事委員長の４氏が、核廃絶提言を発表しました。４氏はいずれも米国政権の中枢にいた政治家であったことから、提言は各国のメディアで紹介され、大きな反響を呼んでいます。

**・核不拡散・核軍縮に関する国際委員会（ICNND）**

オーストラリアと日本の政府が2008年に設立した「核不拡散・核軍縮に関する国際員会」（ICNND）も、2010年に報告書を発表しました。2025年までに米ロ双方の核弾頭数を500発まで減少したうえで、廃絶をめざすとしています。

**・米ロ新核軍縮条約**

START Ⅱに代わる米ロ間の新たな軍縮条約の交渉が進められ、米ロは2010年４月、双方の核弾頭数を７年以内に1550発まで削減する、などの内容の新STARTに署名し、同条約は2011年２月、発効しました。

**・NPT再検討会議**

NPTは、条約の順守をチェックする再検討会議を５年に１度、開くことになっています。1995年の再検討会議では、CTBT交渉など核軍縮の目標を盛り込んだ文書を採択し、翌年にCTBTが成立しました。2000年には、核保有国による「核廃絶への明確な約束」など、13項目の核軍縮への措置を盛り込んだ最終文書を採択しました。しかし2005年には、米国が非協力的な態度をとったことなどから、成果なしに終わりました。

2010年のNPT再検討会議では、「核廃絶への明確な約束」の再確認など計64項目の行動計画を盛り込んだ最終文書が採択され、初めて核兵器禁止条約構想に言及するなど、一定の成果がありました。米国のオバマ新政権が核軍縮に意欲的なこと、国際社会でさまざまな核軍縮・核廃絶提案が出されていることなどから、「核のない世界」へ向けた前進が期待されました。

しかし、2015年のNPT再検討会議は、中東の非核化などをめぐって核保有国と非核国の意見が合わず、最終文書は採択されないまま閉会し、成果なしに終わりました。

### ・「核兵器の非人道性」訴え賛同国により核兵器禁止条約成立

2010年以降、核兵器の非人道性に着目して核兵器の法的禁止を求める動きが広がりました。同年、赤十字国際委員会のケレンベルガー総裁が核兵器の法的禁止を訴え、12年にはスイス、ノルウェーなど16か国が「核兵器の非人道性に関する共同声明」を発表して核兵器の法的禁止を訴えました。同じ主旨の共同声明への賛同国は2015年には159か国に増え、同年、国連総会で核兵器禁止条約を検討する公開作業部会の設置が決まりました。2016年3月と8月に公開作業部会が開かれ、同条約の交渉会議を2017年に開くよう勧告した報告書案が賛成多数で採択されました。2016年の国連総会では、同条約交渉の開始を求める決議案が採択され、条約交渉会議が2017年3月および6月～7月に国連で開かれました。そして最終日の7月7日、同条約案が賛成122か国・地域、反対、棄権各1か国で採択されました。

同条約は批准国が50か国以上になると発効する条項が盛り込まれており、2020年10月に批准国が50か国に達したため2021年1月下旬に発効しました。しかし核兵器保有国や、日本など「核の傘」の下にいる国々は条約に反対しており、その国々をいかに巻き込むかが今後の課題とされています。とりわけ「唯一の戦争被爆国」として「核兵器のない世界をめざす」と表明している日本は、米国の核の傘に依存しているため、同条約には一貫して反対の立場を取っています。その一方で日本は、核兵器保有国と非核国の「橋渡し」をするとも表明していますが、その実効性が問われています。

#### ✎ もっと知りたい人のために

広島市立大学広島平和研究所監修『なぜ核はなくならないのかⅡ』法律文化社、2016年。

## ㉑-1　原爆の無差別な被害に巻き込まれた人たち

核兵器の最大の問題の１つは無差別な被害であり、広島でも国籍・民族の区別なく、さまざまな人が亡くなりました。21世紀の今もその危険性は変わりません。

広島に原爆が投下される９日前、呉市の軍港にいた戦艦など10数隻が米軍の総攻撃を受けました。米軍機も22機が撃墜され、このうち山口県の山中に墜落したB-24爆撃機ロンサムレディー号など、４機の乗組員計14人が生き残って捕虜となり、広島市の爆心地から400メートルにある中国憲兵隊司令部に移送されました。

その後、ロンサムレディー号の機長ら２人は東京に連行され、残る12人は広島で被爆死しました。１人の米兵が被爆翌日、相生（あいおい）橋の欄干に縛りつけられて死んでいたのが目撃されています。米兵の遺骨や遺品は戦後、米国の遺族に送られ、中国憲兵隊司令部跡には1998年、彼らの死を悼む銘版が設置されました。

被爆当時、広島市内には約５万人あまりの朝鮮半島出身がおり、推定で３万人前後が死亡しました。そのなかに李氏朝鮮の最後の国王の甥、李鍝（イ・ウ）氏がいました。李鍝氏は1912年ソウル生まれで、日本の陸軍士官学校を経て軍人となり、1945年７月に広島の第二総軍司令部に教育参謀として赴任しました。８月６日朝、馬に乗って出勤する途中、相生橋付近で被爆し、似島（にのしま）の救護所に運ばれましたが７日未明に亡くなりました。

遺体は８日、市内の飛行場からソウルに運ばれました。準皇族扱いの李鍝氏には侍従武官が仕えていましたが、責任を感じて自決しました。平和公園内の在日韓国人原爆犠牲者慰霊碑には李鍝氏のことが記されています。1970年に建立された慰霊碑は当初、広島市から平和公園内への設置を認められず、かつて李鍝氏が救出された本川（ほんかわ）橋そばにありましたが、1999年に移転が認められました。

平和公園から南に約500メートルの元安（もとやす）川河岸に「興南寮跡」と書かれた銘版が建っています。戦時中、大東亜共栄圏を掲げた日本政府は、1943年から1945年にかけて、東南アジアの若者計205人を「南方特別留学生」として国内の大学や陸軍士官学校に受け入れました。広島でものべ20数人が広島文理科大学などで学びましたが、留学生のための「興南寮」にいた約10人が被爆し、２人が死亡しました。生き残った留学生のなかには、後にブルネイの首相やフィリピンのマニラ大学総長を務めた人物もいます。

## ㉑-2 平和教育の現実

被爆地広島で暮らしていると、平和教育や平和学習という言葉を頻繁に耳にします。戦後、長崎とともに世界的な平和の聖地の１つとなった広島において、平和教育は間違いなく、地元の人びとの平和を大切にする想いを育んできたと言ってよいでしょう。原爆を投下したアメリカに対する恨みを乗り越えながら、普遍的な世界平和を訴える姿に、世界の多くの人びとが共感を覚えてきたのでした。先日意見交換した、あるアメリカの平和教育担当者は、広島には平和について自由に議論できる社会的雰囲気があること自体がすばらしいと驚嘆していました。そういう社会は、実は世界的にみると、決して一般的とは言えないのです。

しかし、長年にわたり小・中学校を中心に実施されてきた広島の平和教育は、今、大きな転機に立たされています。１つには、「被爆者」の証言を直接聞くことのできる機会が、あまり残されていないためです。被爆からすでに75年以上、生存する被爆者は、もはや数少なくなってきました。年月とともに風化する記憶を、今後どのように継承していくことができるのでしょうか。

もう１つは、強烈すぎる体験を継承することの難しさです。たとえば、あまりに凄惨な体験をベースとしてきたため、戦争や核兵器に反対するという結論にいたるまでのプロセスが軽視されがちでした。結果として、被爆の実相に焦点が当てられる一方で、核兵器をめぐる国際情勢の現実、核兵器運用の実態、核兵器削減に必要な条件、あるいは日本が核武装しようとしていた事実などに、広島の人びとの大半は、ほとんど関心をもってきませんでした。また、子どものうちから残酷な被害について見聞きしたためトラウマになってしまったり、毎年繰り返される内容のマンネリ化に意味を見出せなくなったという話も、しばしば耳にします。

もっとも、こうした問題の責任を現場の担当者たちだけに押しつけることはできません。そもそも平和教育は正規の授業科目ではなく、必修授業の時間を確保することだけでも精一杯のなか、現場の努力によってなんとか維持されてきたのです。まして、小学校や中学校の教員は、今や必ずしも被爆者でもなければ、国際政治や心理学の専門家でもないのです。

いかに結論が正しくとも、それだけで人びとの心を動かすことはできません。そのことを踏まえたうえで、まさに世界的な遺産とも言える大切な記憶を、地域として、国として、大切に守り伝えるという努力が、いま私たち自身に求められているように思います。

# より公正な地球社会をめざして
## ——国際連帯税と世界社会フォーラムを中心に

## 1　はじめに

❷では、途上国と先進国の貧しさの原因として、必要な資金の不足、実体経済を「支配下」に置くギャンブル経済、多国籍企業と結びついたアメリカ、新自由主義的グローバリゼーションの進展、地球的統治の欠如を吟味しました。そして、問題解決の方向性として、必要な資金の創出、ギャンブル経済の抑制、「人間の顔をした」グローバリゼーションの創造、そして地球的統治の再構築を示しました。それにしても、どうすればこのようなことが可能になるのでしょうか。

本章では、その鍵として、国際連帯税（グローバル・タックス）と世界社会フォーラムを中心に考察を行い、より公正な地球社会の実現に向けての処方箋を考察したいと思います。

## 2　国際連帯税とは何か

国際連帯税とは、「グローバルな活動に、グローバルに課税し、グローバルな活動の負の影響を抑えながら、税収を地球環境破壊、世界の貧困など、地球規模問題の解決に充てていく税のしくみのこと」を言います。

たとえば、国境を越えて行われている外国為替取引に税金をかけ、投機的取引を抑制しつつ、税収をあげる通貨取引税、地球規模で二酸化炭素の排出に税金をかけ、二酸化炭素の排出を抑えて温暖化を防止しつつ、税収を再生可能エネルギーの開発や普及などに充当する地球炭素税、武器の取引や売り上げに税金をかけ、武器取引を抑制しつつ、税収をあげることを目的とした武器取引（売上）税などがあります。

そんな構想は実現不可能だと思われるかもしれませんが、実は2006年７月からすでに実施されている国際連帯税があります。それが、航空券連帯税です。これは、グローバル化の恩恵を受けている飛行機の利用客（豊かな人びと）に課税し、その税収をHIV/AIDS、マラリア、結核・C型肝炎・新型コロナウイルスに苦しんでいる途上国の貧しい人びとの治療を向上させるために創設された国際組織（国際医薬品購入基金、Unitaid）の財源にする国際税制です。

航空券連帯税は、現在フランス、チリ、コートジボワール、韓国など10か国で実施されており、これまで約15億ドル（約1650億円）の税収をあげています。税のかけ方は国によって異なりますが、フランスの場合、フランスを出発するすべての国際航空便において、ファーストクラス・ビジネスクラスの乗客には40ユーロ（約5000円）、エコノミークラスには４ユーロ（約500円）の税を課します。

税収はUnitaidに集められ、Unitaidは連帯税という安定した財源を用いて、大量かつ長期的にHIV/AIDS、マラリア、結核などの医薬品や診断技術を購入することで、これらの価格を劇的に低下させ、途上国の貧しい人びとの治療に貢献しています。たとえば、Unitaidの設立からたった１年で、HIV/AIDSの分野では、医薬品の価格が25～50％下がり、53か国で28万人以上の人びとが治療を受けられるようになり、今ではHIV/AIDSの治療を受けている子どもの４分の３が、Unitaidの恩恵に与っています。

航空券連帯税の実施を国際的に決定し、Unitaidの創設の契機となったのは、2006年２月に開催された革新的資金メカニズムに関するパリ会議でした。この会議では、国際連帯税など革新的資金メカニズムを推進する「革新的開発資金に関するリーディング・グループ」が創設され、現在65か国の政府に加えて、国際機関やNGOも参加して、航空券連帯税の普及や他の国際連帯税を含む革新的資金メカニズムを議論し、政策に落とし込もうとしています。

現在、リーディング・グループで最も議論になっているのが、金融取引税です。そこで、ここでは金融取引税について、もう少し詳細にみてみたいと思います。

## 3　金融取引税の可能性

金融取引税とは、株式、債券、通貨、デリバティブ（金融派生商品）などのあらゆる金融商品の取引をするたびに税金をかけ、投機的取引を抑制しつつ、税収をあげようとする構想です。これが実現できれば、投機の抑制のみならず、税率や税のかけ方にもよりますが、年間でおよそ72兆円の税収が得られると試算されています。持続可能な開発目標の達成のために必要な年間追加資金が260兆円であることを考えると、この額がいかに大きいかがわかります。つまり、貧困問題など地球規模問題を解決するのに必要な資金の創出も、ギャンブル経済のコントロールも、この税が実現すれば大きく前進すると考えられているのです。

しかも、金融取引をする人びとや諸団体に国境を越えて税金をかけるので、納税者は地球規模となります。したがって、金融取引税を実施するためには、彼らが納得のいくように、地球レベルでお金の流れを透明にし、税収の使途を民主的に決める統治・管理のしくみが求められます。これこそが、より透明で、民主的な地球的統治の基礎になるものです。

たとえば、Unitaid の組織は、意思決定機関である理事会、事務局、信託基金、多様なアクターが参加して情報を交換し、議論を行い、理事会に助言を与える諮問フォーラムから構成されています。ここで一番重要な機関は理事会ですが、理事会は創設国であるフランス、ブラジル、チリ、ノルウェー、イギリスにスペインを加えた６名、アフリカ連合（AU)、アジアから各１名ずつ、市民社会（NGO、患者コミュニティ）から２名、財団から１名、WHO から１名の合計12名の理事で構成されています（日本も2020年に理事会に加わりました)。

理事会のメンバーに、政府代表以外の理事が加わっていること、とりわけ南北の NGO が入っていることは特筆に値します。これまで、NGO は国連の諮問資格の取得、政府間会議へのオブザーバー（会議には参加できるが議決権をもたない）参加などを通じて、間接的に意思決定に影響を及ぼしてきましたが、今回は国際機関の最も重要な理事会のなかに直接 NGO のメンバーが入り、意思決定の中核部分で影響力を行使できる立場になっているのです。つまり、組織上は意思決定の中心部に市民社会の声、草の根の現場の思いが届けられることを保証するものとなっています。

また、Unitaid は諮問フォーラムを設置することで、理事会に入れなかった国々や団体の意見をすくい上げるようにしています。透明性については Unitaid 憲章で透明性原則を掲げ、実際に理事会の議事録、決議、予算について、随時ホームページで掲載されていることから、透明性はかなり高いと考えられます。

Unitaid の統治のあり方は、理事には政府代表しかなれず、しかも「1ドル1票制（出資金が多ければ多いほど、発言権も多くなるしくみ）」を敷いている IMF や世界銀行などと比べて、より透明かつ民主的と言えるでしょう。もし金融取引税が実現すれば、このような新しい形の地球的統治を、より大きな規模で行える可能性があるのです。

## 4　実現に向けての課題と国内外の動向

しかしながら、金融取引税に対しては金融業界が大反対ですし、各国の財務省も慎重です。たとえば、金融取引税は市場をゆがめる、技術的に不可能、世界で一斉に実施しなければ租税回避が起こるというような批判を浴びせています。最後の点は、ニューヨーク市場で税をかければ、資金が東京市場に逃げるし、東京市場で税を実施すれば、ロンドン市場に逃げるという批判です。

それにもかかわらず、世界金融危機を受けて、多くの首脳たちが金融取引税を提言し始めています。たとえば、シュタインブリュック・ドイツ財務大臣（当時）は、「金融市場参加者の全員が同等の貢献を行うようにするためには、すべての G20参加国における国際金融取引税の課税が明らかに適切な手段と言える。すべての金融商品取引に対して0.05％の課税を実施することをめざし、G20が具体的措置をとるよう提案する。G20が団結して立ち上がれば脱税行為は不可能に近いし、市場を大幅にゆがめる作用もない」と国際金融取引税の提案をしています。そのうえで、「国際金融取引税を進める論拠は明らかである

――この税は公正であり、害にならず、多くの利益をもたらす。もしこの案より適当な、公正な負担共有の方法があるならば、聞かせてもらいたい。もしないのならば、この税をただちに導入しようではないか」と主張しています。

それでは、世界に冠たる金融街シティを抱える金融立国のイギリスはどうなのでしょうか。金融業界を監督する官庁のトップであったターナー・イギリス金融サービス庁長官（当時）は、「シティにおける金融業界は肥大化しすぎたばかりでなく、『社会的に無益だ』」と評して、過度の暴利行為を防止するためにシティに対する課税を支持すると表明し、「もし自己資本比率の引き上げで不十分であれば、私は金融取引に対する課税を喜んで考慮する」と言明しています。これに対して、イギリスのブラウン首相（当時）は、このような税は検討するに値すると述べたばかりでなく、G20の場で各国に国際金融取引税の提案を行っています。

これらの流れのなかで、リーディング・グループも2009年10月22日に、「開発のための国際金融取引に関するハイレベル・タスクフォース」閣僚会議を開催し、9名から成る国際専門家グループを創設しました。その後、専門家グループは2010年7月に「グローバル連帯税（グローバル通貨取引税）を実施すべきだ」との報告書をリーディング・グループに提出しています。

そして、2011年9月に歴史が動きました。欧州連合（EU）の執行機関である欧州委員会が、加盟国に対して金融取引税の実施を要請する指令案を出したのです。これに対し、保守党政権に変わっていたイギリスなどは強く反対しましたが、結果的にフランス、ドイツ、イタリア、スペインを含む10か国が同税の導入で大筋合意し、詳細についての議論を続けています。

日本においても、すでに2008年2月に超党派の国会議員が「国際連帯税創設を求める議員連盟」を創設し、2009年4月には寺島実郎氏（日本総合研究所会長、多摩大学学長）を座長とする「国際連帯税推進協議会（通称：寺島委員会）」が設立され、「日本政府は通貨取引税を率先して実施すべきだ」との中間報告が岡田外務大臣（当時）、菅財務大臣（当時）に手渡されました。その後、2010年11月には、「協議会として、日本政府にグローバル通貨取引税の導入を提言する」と謳った最終報告書が前原外務大臣（当時）に手交されています。

その後、欧州での動きを受けて2014年11月に第二次寺島委員会が発足し、課税原則などさらに詳細な議論を行いました。その成果は最終報告書として2015年12月にとりまとめられ、その後菅官房長官に手渡されました。

しかしながら、金融取引税のような国際連帯税を次々と実現させ、世界に拡大するためには、政府や専門家だけに任せるわけにはいきません。より大きな流れをつくることが必要なのです。そこで、鍵になるのが、グローバル市民社会です。⓲では、事例として、スタンプ・アウト・ポヴァティ（SOP）を吟味しましたが、本章では、SOPよりも規模が大きく、きわめてユニークな動きを見せている世界社会フォーラムについて考察したいと思います。

## 5　世界社会フォーラムとは何か？

世界社会フォーラム（WSF）は、新自由主義的グローバリゼーションが世界を席巻し、特にその経済政策の実施により社会の底辺に位置する弱者に多大な悪影響が及ぶなかで、生成されてきた社会運動やNGOネットワークの「ネットワークのネットワーク（これをメタ・ネットワークと呼びます）」です。WSFは、世界の巨大企業のトップなどグローバル・エリートたちが、国際政治・経済のあり方やめざすべき世界を議論し、ネットワーキングを推進している「世界経済フォーラム」（別名ダヴォス会議）に対抗する形で出てきました。

WSFはダヴォス会議が象徴する世界の権力者が推し進める世界、すなわち新自由主義的グローバリゼーションやあらゆる形態の帝国主義に"No"を突きつけ、それとは異なる「もう1つの世界」を求めて、世界中からNGO、社会運動、市民運動、労働運動、平和運動などが数万単位で結集し、情報や経験の共有、自由な議論・討論、縦横無尽のネットワーキングが行われる空間、「巨大な社会学習の場」となっています。

WSFは、2001年に2万人、2002年に5万5000人、2003年に10万人、2004年に8万人、2005年に15万5000人、2006年に14万人、2007年に5万8000人、2009年に13万3000人、2011年に7万5000人、2013年に6万人、2015年に7万人、2018年に8万人の参加者を集めています（2008年、2010年は統一開催なし）。

世界社会フォーラムに参加したエイズ患者の女性たち。「HIV に感染しても、幸せに生きられる」と口ずさみながら、会場のまわりを楽しそうに練り歩いていた（ケニアの首都ナイロビ）＝上村雄彦撮影

WSF は「全体として意思決定を行わないこと」、「あらゆる団体や運動体に開かれた空間であること」、「中心のない水平的なメタ・ネットワーク構造」、「党派的政治の排除」という４つの特徴をもちますが、これらの特徴によって世界中のNGO、NGO ネットワーク、労働組合、社会運動、平和運動、農民運動、先住民運動、「もたざる者」の運動が合流し、世界各国から多様なテーマや価値観をもつ、多彩なネットワークを包摂するメタ・ネットワークを構成するようになりました。

この WSF は世界にどのような影響を与えているのでしょうか。まず、その影響は、2002年11月にイタリアで開催された WSF の地域フォーラムであるヨーロッパ社会フォーラムにおけるイラク反戦デモで見られました。ここには100万人の人びとが集いました。また、毎年数万規模で結集する世界社会フォーラムは、各国のメディア、特に開催地やブラジル、ヨーロッパのメディアに取り上げられていることから、新自由主義的グローバリゼーションの進展による諸問題を社会一般に知らしめる役割を果たしています。

その影響を受けて、世界経済フォーラムが徐々に変質してきたという指摘もあります。たとえば、新自由主義的グローバリゼーションに対して賞賛一辺倒だったダヴォス会議が、貧富の格差拡大などその負の側面を認め、是正策を議論するようになり、WSF と深く関わってきたブラジルのルラ大統領（当時）をダヴォスに招いています。

WSF は、政治的指導者、政党、政府に一定の影響を与え、政策立案者が利用できるアイデアの宝庫と見なすことができるとも論じられています。また、多くの政治家たちがダヴォスよりも WSF に参加したがっており、「WSF はダヴォスを殺した」という見解もあります。これらのことから、多少なりとも

WSF の影響を推測することはできるでしょう。

## 6　おわりに

しかし、世界社会フォーラムだけで、国際連帯税が実現していくわけではありません。国際連帯税を実現させ、より公正な地球社会を創造するためには、世界各国の首脳、リーディング・グループのような政府間会合、専門家、グローバル市民社会がともに共通の目的を実現させるためのパートナーとして手をつなぎ、それぞれの強みを生かしつつ、弱みを補い合えるような協働と、共に地球を統治していくあり方（グローバル・ガヴァナンス）が求められています。

2010年6月に、日本はリーディング・グループの議長国に選出され、2010年12月にリーディング・グループの総会を東京で開催しました。まさに、ここで述べたさまざまなアクターによる協働と地球的統治を推進できる機会を与えられたのです。残念ながら、そのときは導入には至りませんでしたが、ODA を増額するのが難しい状況にある日本が、新たな方法で世界に貢献できる手段が国際連帯税なのです。

その意味で、今後日本が国際連帯税の導入、さらにはより公正な地球社会の実現に向けて、リーダーシップを発揮することができるかどうかが問われているのです。

**✐ もっと知りたい人のために**

上村雄彦編著『世界の富を再分配する30の方法——グローバル・タックスが世界を変える』合同出版、2016年。

## ㉒-1　フェアトレード（公正貿易）

フェアトレード商品取扱店の店頭表示（カナダ）＝中村都撮影

途上国の人びとは、なぜ貧しいのでしょうか？途上国では、一次産品（コーヒー、カカオ、バナナ、綿花など）や、その関連品（ジーンズなど）の生産で生計を立てている人びとが、数多くいます。そしてこれらの商品は、通常の国際貿易ではしばしば、生産者がまともに生活するのが困難なほどの低価格で取引されたり、あるいは価格が乱高下するために、生産者の収入が急に落ち込んだりすることがあり、こうしたことが途上国での貧困の一因だと考えられています。

そこで、こうした途上国産の一次産品やその関連品を、先進国が適正な価格で輸入・販売することで、途上国の人びとの生活を向上させようとする取引が、近年になって活発化しています。これが、フェアトレード（公正貿易）と呼ばれるものです。ここで「適正な価格」とは、生産者が人間として尊厳ある生活を営める価格のことを意味しており、通常の国際貿易での取引価格よりも、少し高めに設定されています。

したがって、フェアトレードでは、生産者は通常の国際貿易よりも多くの収入を得ることができます。またフェアトレードでは、生産者の生活が安定するように、購入契約を長期的なものとしたり、生産者への代金の支払いの一部を前払いとするのが普通です。ただし、フェアトレードは単なる慈善ではありません。割り増しで支払われる分の一部については生産者組合において積み立てて、積み立て金がたまったら、学校や病院の整備など生産者の住む地域の生活の改善に投じてもらうというのが、一般的です。そして積み立て金の具体的な利用方法は、生産者によって民主的に運営される生産者組合で決定されます。つまり、フェアトレードとは、貿易を通じて、途上国の社会開発を進めたり、人びとの組織力・発言力を高めることをも狙った開発戦略の１つなのです。

最近は、大手スーパーでもフェアトレード商品が販売されています。みなさんも、商品の購入を通じて、途上国の人びとの生活の向上に貢献してみませんか。

## ㉒-2 ジェンダーと国際関係

女性と子どもは戦争や紛争の最大の被害者。そういう主張を耳にすることがあります。実際には、戦闘行為で最も生命を落とすのは男性です。なぜなら、武力行使の現場に駆り出される戦闘員は、正規軍・非正規軍（民兵）ともに男性が大多数を占めるからです。

では、なぜこのような主張がなされるのでしょうか。多数の難民や死傷者を出した大きな２つの大戦を経験したにもかかわらず、世界各地では現在でも国家間で見られる政治経済的な従属関係や国内の異なる勢力間の権力争い（大国が後ろから各グループに経済・軍事援助をしていることがたびたびある）により、武力紛争が絶えません。これらの地域では命を落としたり重傷を負う人々が絶えず、家族とともに住み慣れた地を離れ、命からがら逃げざるをえない人々もいます。たとえば、水や食糧が底をつくなかで、いくつもの山や海を越えなければならないような過酷な長時間移動と、それに伴う肉体的・精神的な緊張が引き起こした栄養失調や極度な疲労により、命を失ったり各種の感染症にかかる子ども・妊産婦もいます。また、戦争や紛争下ではたびたび性暴力が起きており、主な被害者は女性です。その目的は、①敵側に属する女性に性暴力を加えることで、敵全体に屈辱を与えること（争っている国家や諸勢力間、または同一の勢力内にある女性に対する差別的な所有意識を利用してなされる)、②自らの占領・支配下にある地域で社会的に弱い立場に置かれている女性をターゲットにして、自らの権力を誇るとともに支配欲を満たすことにあります。

このように戦争や紛争の被害は、爆撃による直接的な被害のみならず、多大な間接的被害を生みます。その被害を含めたところで、女性や子どもが最大の被害者という話が成り立つのです。戦争や紛争の背景には先述したように、大国による政治経済上の利権争いや支配力拡大の意図があります。その点にかんがみると、自分とは関係がない地域の出来事に思えても、実のところ生じている被害に自分が加害者として間接的にかかわっているともいえるのです。またこの問題は、植民地支配下にあった地域が国家として独立した後に、旧宗主国（植民地支配をした国家）の大企業等が経済的利益のために進出し、地元の人びと、とりわけ女性（子どもが含まれることも）を安い労働力として搾取している構造とも似ています。これらを同時に自分の問題として考えていくことが必要です。

# 23 グローバル市民社会の可能性

## 1　市民がつくった国際条約

1998年12月、1つの条約が結ばれました。その名前は対人地雷禁止条約。条約をつくるための交渉が行われたのがカナダのオタワであったことから、オタワ条約とも呼ばれています。この条約には1つの特徴があります。それは、条約をつくるのに非政府組織（NGO）が大きな役割を果たしたということです。その経緯を、対人地雷*の廃絶を求めて活動する日本のNGO連合「地雷廃絶日本キャンペーン」のホームページにある「市民がつくった“オタワ条約”」によってみてみましょう。

＊　対人地雷：人を負傷させせることを主な目的とした地雷。「地雷廃絶日本キャンペーン」〈http://www.jcbl-ngo.org/対人地雷/対人地雷とは/〉によれば、対人地雷は第1次世界大戦、第2次世界大戦、朝鮮戦争などの主要な戦争のほか、さまざまな地域の国内武力紛争でも使われてきました。特に被害が大きい国・地域には、アフガニスタン、ボスニア、カンボジア、チェチェンなどがあります。対人地雷は安いものでは数百円で製造できるといった手軽さから、世界各地の国内紛争で使用されました。これまでに数億個の地雷が使用されたと言われています。そして、いったん設置されると、戦争終了後も取り除かれず、子どもを含めた住民が地雷を踏んで死傷するといった被害が後を絶ちません。この問題は人道的問題であると同時に、地雷被害者の生活を破壊するなど、戦後の社会の安定や経済の開発を阻む問題としても認識され、非政府組織や国際機関が地雷の撤去作業を進めていますが、地雷撤去の費用は高く（1個の撤去に300ドルから1000ドル必要）、手作業でしか撤去できないため、今でも多くの地雷が地中に残されたままになっています。

地雷廃絶のための条約作成の道のりは、1991年に米国とドイツの2人のNGO活動家が連絡を取り合ったことから始まりました。この2人は、長く続いた武力紛争の後も地雷が多く残されている国々で地雷によって手足を失った人びとのための義肢や車椅子をつくる仕事をしていましたが、被害者数が一向に減らないことから、地雷廃絶のための具体的な取り組みが必要だと考えたのです。２人の呼びかけによって、1992年10月、米国やヨーロッパの６つのNGOが「地雷禁止国際キャンペーン（ICBL）」を始めました。当初はなかなか賛同者が増えませんでしたが、被害が特に深刻なカンボジアの状況などを伝えるうちに、多くのNGOが参加するようになりました。そして、キャンペーン開始から３年後の1995年にカンボジアで開催された国際会議には、世界各国から170以上のNGOが集まりました。

ICBLは各国政府に対して地雷の全面廃絶を働きかけ、1995年にはベルギーで「対人地雷全面禁止法」という国内法の成立に結びつきましたが、同年に開催された国際会議では、参加国の間で地雷の全面禁止について意見が一致しませんでした。そこで、NGOは、全面禁止に積極的な国だけによる交渉を先行させることを提案し、翌年４月にICBLとこれらの国々の代表による会議が開催され、この後も、交渉が続けられました。

カナダやノルウェー、オーストリア、南アフリカ共和国などが地雷の全面禁止に積極的だった一方、米国やロシア、中国、日本などは消極的だったなかで、対人地雷の禁止は軍縮問題ではなく人道問題だと考えるICBLが打ち出した「全面禁止に賛成する国々だけで条約をつくる」というユニークな考え方で交渉が進み、最終的に1997年12月３日に対人地雷禁止条約が正式に調印されたのです。

もともと、多くの国が参加して武器の廃止など軍縮のための条約をつくる機関としては、1984年に組織されたジュネーブ軍縮会議があります。1960年に設置された「10カ国軍縮委員会」（ソ連、ポーランド、チェコスロバキア、ルーマニア、ブルガリア、米国、英国、仏、カナダ、イタリアが参加）を起源とするこの会議は、これまでに、米、露、英、仏、中国の核兵器国以外の国が核兵器をもつことを防ぐための核兵器不拡散条約（1968年）をはじめ、いくつかの軍縮のための条約をつくってきました。しかし、参加国すべての合意が決定の条件となっているジュネーブ軍縮会議では、米国やロシアなど大国の反対で軍縮条約が合意できないことが多かったのです。ところが、対人地雷禁止条約では、カナダやオーストリアなどの中堅国が交渉で中心的役割を果たしました。そして、これを後押ししたのが国際的なネットワークをつくったNGOだったのです。つまり、外交官など各国政府の代表や政治家ではなく、NGOを組織する普通の人びとが国境を越えたつながりをつくって、条約成立に大きな役割を果たしたのです。

このように、国際政治に影響力をもつことができる人びとの国境を越えた連携のあり方を示す表現として、「グローバル市民社会」という言葉が近年使われるようになってきました。以下では、「グローバル市民社会」とはどういうものなのか、どのような経緯をへて現れてきたのかについて、みていくことにしましょう。

## 2　市民社会とは何か

まず、「市民社会」という概念についてみてみましょう。この概念は古い歴史をもち、その起源は古典古代にまでさかのぼることができます。すなわち、紀元前8世紀頃から紀元前4世紀半ばまでの間、古代ギリシャで栄えた都市国家における政治のあり方を示すものとして「市民社会」という考え方が示されています。ここでは、「市民」とは良い社会を実現するための政治に参加する人びとのことを意味しました。そして、「市民社会」と国家は一体のものと見なされていました。

その後、17～18世紀になると、人間は生まれながらに誰にも侵されることのない権利をもち、国家はその権利を保障する存在であるという社会契約の思想が生まれます。そこでは、「市民社会」は基本的権利を保障された個人によって構成され、誰に対しても法律が公平に適用される法の支配にもとづく社会と考えられるようになりました。そして、同質的で平等に権利を保護された国民によって構成される国民国家が経済の発展とともに台頭すると、「市民社会」は、基本的人権を保障されて私有財産をもつ個人が、政治には参加することなくもっぱら私的利益を求めて活動する場と見なされるようになりました。

20世紀に入ると、全国民の動員を必要とする世界規模の戦争が発生します。このような状況のなかで、国民の政治への参加が再び問題となってきます。

これに加えて、国家が政府の機構を強化拡大し、教育や保健・医療、福祉など国民生活のさまざまな場面に関与するようになると、個々人の生活への国家の介入・監視が問題として意識されるようになってきました。特に、冷戦期にソ連の統制下に置かれた東欧諸国では、秘密警察などの国家機構が国民生活の隅々にまで監視の目を光らせ、言論や集会の自由など市民の政治的権利が奪われていきました。また、アジアや中南米、アフリカの発展途上地域では、中央政府が経済開発を主導するなかで権力者の私的利益を蓄積するための政治が行われたこともあって、国民の間に大きな貧富の格差が生じます。これらの国では、厳しい経済状況に対する国民の不満や国家の支配体制に対する国民の批判を押さえ込むために、国軍や警察を動員して強圧的な手段を用いて治安を維持するなど、強権的な支配が行われました。

他方で、経済の発展によって、特に欧米諸国や日本では企業の政治的影響力が強まり、国民の生活にも企業の影響力が浸透していくようになります。たとえば日本では、従業員は企業での長時間労働を強いられ、企業が発生させる大気や水の汚染によって地域住民に大きな被害が及ぶこともありました。このような状況のなか、一般国民は、自らの生活が企業によってコントロールされているような感覚をもつようになっていったのです。

以上のように、特に20世紀の後半になると、国民は政府と企業による生活の支配に対する疑問を強めるようになっていきます。国民国家の成立とともに確立されたはずの個人の基本的権利が、政府や企業によって侵害されているのではないかという疑問です。

このようななかから、政府や企業とは区別される市民間の交流の場としての「市民社会」を確立・発展させようとする機運が世界的に高まっていきました。この「市民社会」では、市民は政治権力や企業を監視し、自分たちの生活を守り向上させるためにお互いに連携して活動し、ときには、現状を変えるための運動（市民運動や社会運動）を起こします。また、近年では、市民が政策決定過程に直接参加する傾向も強まっています。そして、このような「市民社会」では、市民は社会一般の問題に関心をもち、理性をもって相互に尊重し合う関係を形成して問題解決のために活動する存在として描かれるのです。

以上、古典古代から現在に至るまでの「市民社会」概念の変遷を概観してきました。ここからは、「市民社会」が世界的なネットワークとして新たな展開を見せるようになった経緯をみていくことにしましょう。

## 3　グローバル市民社会の時代へ

1989年11月、当時の東ドイツにあったベルリンを東西に隔てていた壁が、人びとの手によって壊されました。これは冷戦の終わりを象徴するできごとでした。冷戦の終結は、同年12月に地中海のマルタ島で会談した米国のブッシュ（父）大統領とソ連のゴルバチョフ共産党書記長の両首脳によって宣言されました。しかし、ベルリンの壁を壊したのが市民であったように、冷戦を底辺から掘り崩したのも市民でした。

冷戦期の東欧諸国では、上述のように、言論や結社の自由などの基本的人権が抑圧されていました。しかしそのなかでも抑圧的な政治体制に反対する人びとが、個人の尊厳と政治的自由を求めて活動していました。特に、1975年に、東西両陣営の欧米諸国が参加した全欧安全保障協力会議において東側諸国が人権を尊重することが合意のなかに盛り込まれて以降、人権擁護を求めるグループの活動が東欧諸国で活発化しました。これらのグループは、市民による自律的な組織化と西欧諸国や世界の市民団体との連帯を追求していきます。他方、西欧諸国では、ソ連によるアフガニスタン侵攻（1979年）以後の政治的・軍事的緊張のなか、西洋諸国へのミサイル配備に対する反対を中心とした平和運動が活発化し、東西欧州全体を巻き込む市民運動に発展します。

こうして欧州では、体制の異なる国々を含めた国境を越える市民のネットワークが形成され、人権と平和という問題意識を共有してその実現を求める運動が80年代を通して続きました。そして、東欧諸国における共産党一党支配体制の崩壊と冷戦の終結へと至ったのです。

この運動は、問題意識をもった市民が政治のあり方を変えるために国境を越えて連帯したという点で、「グローバル市民社会」の実践的モデルの１つになったといっていいでしょう。そして、このような国境を越える市民の連帯は、1989年以降、さまざまな分野で実現していきます。冒頭に紹介した対人地雷禁止条約に関する世界的なNGOの連携はその一例です。ここで、もう一度この事例に戻り、「グローバル市民社会」の特徴を整理しておくことにしましょう。

## 4　グローバル市民社会の特徴

ここでは、対人地雷禁止条約成立までの過程で、普通の人びとがどのような行動をとっていたのかを考えていきたいと思います。

第１に、最初に地雷廃絶の必要性について訴えかけを始めたのは、米国とドイツのNGOメンバーでした。彼らは、自分の国ではなく、東南アジア地域のカンボジアや中米地域のエルサルバドルという他の国で起きている地雷被害をなくさなければいけないと考えたのです。つまり、自分の身の回りのことや国内の問題ではなく、国境の外にある地域や国の問題に関心をもち、その現状を変える必要があるという意識をもっていたのでした。

次に、彼らは、地雷被害をなくす取り組みを進めるために、いろいろな国のNGOに呼びかけました。そして、米国やヨーロッパの国々の６つのNGOが地雷廃絶の国際的な運動を始めたわけです。さらに、この運動は３年の間に世界の170以上のNGOが参加する大きな運動に発展しました。つまり、最初に地雷廃絶という目標を掲げた２人は国境を越えたところにいる人びとと連携を取ろうとし、彼らと同じような問題意識をもつ人びとやグループがいろいろな国にいたことから、普通の人びとの幅広い国際的なつながりができたのです。

そして、地雷廃絶の国際的な運動を始めたNGOは、各国政府に対して、地雷廃絶に向けた政策を採用し、また、国際的な取り決めをつくるように働きかけました。つまり、彼らは、戦争で使われた地雷をそのままに放置している各国政府の行動が人びとの平和で安全な暮らしを脅かしていると考え、その行動を変えるように各国政府に要求したのです。

以上にみたような人びとの行動は、次の点で「グローバル」な「市民社会」

の特徴を備えているということができるでしょう。すなわち、自分のことや自国のことだけでなく、広く国境を越えた地域で起きている問題に対する関心と、その問題を解決しようという意識をもつこと。問題を解決するために、同じような問題意識をもつ人びとと国境を越えて連携すること。そして、その問題を引き起こしている政治的な原因や経済的な状況を変えるために自らが動き、また、政府や企業、国際組織に働きかけることです。

以上のような特徴をもつ「グローバル市民社会」がさまざまな分野で国際的な規則やルールをつくるようになれば、そのことが、翻って「グローバル市民社会」の存在をより強く人びとに意識させるようになると考えられます。国際的な規則やルールは、「グローバル」な人びとや国家の関係を規律するものであり、共通の価値意識を「グローバル」に形成するための基盤を提供するからです。今後、「グローバル市民社会」がどのような展開を見せるのか、具体的な問題をめぐる市民の国境を越えた行動を見守っていくことが大切であると言えるでしょう。

**✎ もっと知りたい人のために**

毛利聡子『NGO から見る国際関係――グローバル市民社会への視座』法律文化社、2011年。

## ㉓-1 インターネットと市民社会

インターネットは、1990年代半ばから一般に普及しました。これによって、一般市民は瞬時に広範囲に情報を伝える手段を手に入れ、彼らがインターネットを用いて表明した政治的意見が、容易に世間に広まるようになりました。

言論の自由がある国では、市民や市民団体の運動が政治に大きく影響を及ぼすことがあります。たとえば、日本貿易振興機構（JETRO）の2021年のレポート（「有権者の多様性が進展、接戦州で勝敗要因に（米国）―2020年大統領選、接戦州でマイノリティー市民は―」[前編]；「ラテン系有権者に多様性、きめ細かなアプローチが課題（米国）―2020年大統領選、接戦州でマイノリティー市民は―」[後編]）は、2020年に実施された米国大統領選挙において市民団体の活動がマイノリティー市民の投票を促してバイデン候補の当選に一役買っていたことを報告していますが、これらの団体は、ツイッターやフェイスブックなどのソーシャル・ネットワーキング・サービス（SNS）を運動に活用しています。

インターネットは政府による言論の自由の規制の試みや政治的抑圧を市民が世界に伝えることも可能にしています。1997年に中国に返還された香港をめぐっては、中国政府の影響力の下で2011年に教科書に愛国教育を盛り込もうとした香港特別行政区の試みが学生たちの反対運動で失敗に終わって以降、2014年に「雨傘運動*」があり、2019年には「逃亡犯条例改正**」への反対や普通選挙の実施要求などを掲げた反政府運動が翌年にかけて行われました。これらの運動に対して、香港特別行政区は、警察を用いて強権的な取締りを行いましたが、その様子は、運動に参加した学生や市民らによってSNSを通して世界に発信されました。なお、中国本土では表立ってツイッターやフェイスブックが利用できませんが、wechatやweiboなど独自のSNSが発達しています。そして、中国の市民の中には、これらを利用して自らの政治的意見を表明する人々もいます。

政府が情報の流れを管理しにくいインターネットは、市民的連帯の形成を容易にし、その政治的影響力を強めます。しかし、インターネットによる市民の情報発信を阻害しようとする政府の試みも続いています。政府による規制は中国だけの問題ではありません。例えば、日本では2011年に「情報処理の高度化等に対処するための刑法等の一部を改正する法律」が成立しました。この法律では、警察などの捜査機関がインターネット利用者の通信履歴を入手しやすくなり、コンピューターや携帯電話等に保存されているデータを幅広く差し押さえることも可能です。また、SNS等は寡占企業によって運営されることが多く、運営企業による介入もあります。さらに、近年ではSNS等を通じた個人に対する誹謗や中傷によって被害者の人権が著しく阻害侵害される事例もしばしばみられます。インターネットと市民社会の関係を考える際は、これらの問題の存在も意識する必要があります。

＊　雨傘運動：香港は、1997年に中国に返還されて以降、「一国二制度」（中国の中で資本主義と社会主義を併存させる制度）の下で自治を行ってきました。しかし、中国政府が普通選挙の実施を約束した2017年の香港特別行政区行政長官選挙に先立つ2014年に、中国の全国人民代表大会（日本では国会に相当）常務委員会が民主派の立候補を制限する決定を下したため、これに反発する民主派の学生や市民が、普通選挙の実施を求めて抗議活動を展開しました。ただし、この運動は大きな成果を得ることなく収束しました。

＊＊　逃亡犯条例改正：香港以外で犯罪を行った者が香港に逃亡してきた場合、容疑者引渡し協定を締結した国や地域からの要請があれば、香港が容疑者をその国や地域に引き渡すことを定めた条例を改正しようというものです。改正内容は、引き渡し手続きを簡略化することと協定締結相手国・地域を拡大することです。この改正によって香港内で逮捕された容疑者が中国本土に引き渡されることへの懸念が高まって反対運動が起き、「逃亡犯条例改正」は実現しませんでした。しかし、この後、2020年５月に中国政府が「香港特別行政区国家安全維持法」を制定して、香港の民主化運動と言論の自由の規制が強化されました。

# トランプ政権期からの環境と平和
## ――環境平和学というチャレンジ

## 1　はじめに――平和や環境はもう無意味なのか？

平和、人権、平等、環境保全といった〈正しさ〉に意味がなくなる？

たいへんな時代になりました。「政治的正しさ（ポリティカル・コレクトネス）なんて、もうかまってられない！」と叫ぶトランプ演説に、「USA、USA」と連呼し熱狂する群衆（米大統領候補選出2016年７月共和党大会）。工場の閉鎖や移転、地域の衰退と失業、マネー経済で儲ける富裕な１％との絶望的な格差拡大、移民の増加、テロの脅威に直面し、政府や国際機関はマクロ経済の成長政策や人道的対処など正論ばかりで自分らの苦境には届かない、もはや我慢できない、多様性の共存もジェンダー平等も偽善だと、多くの人たちが既存の政治への反乱を起こしたのです。いずれも民主的投票によるトランプ候補当選や英国のEU離脱、欧州統合への反発と排外主義の高揚には通底するものがあります。

こうした今、平和や環境にはどんな意味があるのでしょうか。

## 2　平和なら到達できるはずの未来を奪う暴力

まず平和をイメージとして思い浮かべてみませんか。

家族が仲良く食事をしている様子。親しい人（たち）との親密な時間。スポーツや趣味、あるいは学習・研究などに没頭する姿。ほかにも苦しい紛争や対立がやっと終わったときのことを想い起こす人もいるはずです。

そこから、平和とは誰もが共通してその実現をねがう望ましい状態と言えそうです。ところが、実際それはあまりに多様で、人による違いが大きく、つかみどころがありません。

では平和の反対は何か。すぐに戦争という答えが返ってきます。戦争と平和は反対語のようにセットで用いられてきました。では戦争さえなければ、本当に平和でしょうか。たとえば飢えて死にそうだったり、犯罪や原発事故に巻き込まれたりしたとき、あるいは不況で失業を予感する朝、そこに平和はありません。戦争がなくてもピースレスの（平和でない）状態はたくさんあります。平和を定義することはこのように難しいのです。

ノルウェー出身の著名な平和研究者ヨハン・ガルトゥングは、平和をまず暴力の不在とおき、人びとの到達できるはずだった望ましい状態の実現を阻み現在の苦境に引き下げているものが暴力だと、半世紀も前に定義しました。

到達できるはずの状態を潜在的実現可能性 potential realizations とガルトゥングは表現します。潜在的といっても、潜在的（potential：ポテンシャル）とは、運が良ければ実現する程度の可能性ではありません。水力発電用のダムが水をいっぱいに湛えた状態なら、水の位置エネルギー（potential energy）が一定の発電能力を保証しています。そのように、かならずや実現されるはずの未来、それが潜在的実現可能性です。

たとえば寿命を例に考えてみましょう。

25歳のある男性が暴漢に殺害されたとします。厚生労働省の簡易生命表（2015年）によると、25歳男性の平均余命は約56年、平均推定値として81歳まで生きるはずという潜在的実現可能性は失われました。その差56年間の未来を奪ったもの、それが犯人による暴力なのです。

## 3　構造的暴力としての環境破壊

暴力にも、意図的であったりなかったり、物理的な暴力や心理的なものなど、さまざまな種類があります。なかで最も重要なのが、暴力の加害者が存在するかしないかの区分だとガルトゥングは指摘しました。加害者が存在する直接的暴力と、加害者が不在で社会の構造に組み込まれた構造的暴力です。どちらも人びとの潜在的実現可能性を阻害します。

腹を空かした子どもがやっとの思いで手に入れたパンを、誰かが力ずくで奪ったなら、その子は飢え死にしてしまうかもしれません。この横取り行為が潜在的実現可能性をこわす直接的暴力であることはすぐわかります。

ところが世界中で頻繁に起きている事態は違います。市場に食糧があふれていても、貧しくて買えずに、多くの子どもたちが飢えて死にかけ、発育を阻害されているのです。直接手を下す行為者が不在でも、潜在的実現可能性は剥奪されています。貧富の格差や弱体な福祉制度といった社会の仕組みに問題はあるのです。だからこれを構造的暴力といいます。直接的暴力（人為的暴力）にたいして間接的暴力ということもあります。

直接的暴力なら暴漢から逃げて距離をおいたり、犯罪者なら逮捕して暴力をふるえなくしたりすればいいし、戦争の場合は停戦・兵力引き離し・非武装地帯の設置などがまずは有効です。他方、構造的暴力には構造的な対処が必要になります。たとえばジェンダー差別には、まず女性参政権の保障や男女雇用機会均等法制定のように不平等をなくすための社会ルール変更が求められます。さらに学校教育やマスメディアを通じた啓発活動によって、人びとそれぞれの意識変化を促していくことが重要です。

ガルトゥングによる構造的暴力の発見は平和学の対象を大きく広げることになりました。これまでの戦争や武力紛争といった直接的暴力に加えて、貧困・飢餓・社会的差別など構造的暴力への取り組みも重視されるようになったのです。そして環境破壊も、しばしば構造的暴力として、平和学の重要テーマに浮上しました。

## 4　自然循環という制約を超えてしまった西欧近代

それでは、今日なぜ環境問題が平和への重要な課題とされているのでしょうか。開発や経済成長という、豊かさを求める人間活動の拡大が、地域環境および地球環境の限界にぶつかっている実状と、それは不可分です。

数百万年前、人類は自然生態系のなかに現れ、水や養分の循環という制約のなかで小集団をつくり細々と生き続けてきました。そのうち火や道具を使うようになり、焼き畑耕作や牧畜を開始します。それにつれて集団が大きくなると、森の木を切りすぎたり、動物を獲りすぎたりしがちになります。居住地域の環境を壊すと、飢餓という強烈なしっぺ返しを受けます。そこで人びとはある地域内を転々と移動して一カ所での環境への負荷を減らし、また狩猟・漁獲にも禁猟（漁）区・時期などのタブー（禁止則）を設けました。その活動を生態系の復元力の範囲にとどめ、自然との調和のなかで生きるすべを身につけた集団だけが生き残れたのです。古代文明も周囲の生態系を破壊し、砂漠化で滅びたとされます。

ところが西欧近代は違いました。地域環境の制約を突破して、人類史のわずか１万分の１にすぎない過去500年ほどのうちに、世界中を大きく作り変えてしまったのです。

軍事力にまさる西欧列強は競って海外に植民地を求め、世界中から富を持ち帰りました。これは直接的暴力によって植民地支配という新たな秩序、つまり構造的暴力を生み出していく過程です。西欧は植民地から奪った富を元手に科学技術を進展させて産業革命を起こし、分業と機械化・動力利用によって生産力を飛躍的に高めていきました。

海を越えた大量輸送は、植民地からの資源を用いた工業生産を拡大します。被支配地域は奴隷や低賃金労働力の供出だけでなく、工業製品の市場ともされました。近代以前は各都市とその周辺農村による自給ベースの小規模生産が主流だった西欧が、植民地の時代には世界をその経済活動に巻き込んでいきます。地域の自然循環という制約はまるでなかったかのように、世界規模の経済循環が成立し、各地に浸透していきました。

## 5　開発主義の時代と苦痛外部化の暴力

20世紀の２度にわたる世界大戦争をへて、各地の独立運動の高まりとともに植民地体制は解体が進み、代わりに開発主義の時代を迎えます。

トルーマン米大統領は1949年１月の就任演説で旧植民地諸国を初めて「低開

発」と規定し、米企業の投資や開発援助の促進を訴えます。これが開発主義の出発点でした。米国の諸大学では開発経済学が開講され、旧植民地諸国からの留学生たちが米国をモデルにした開発政策を学び、持ち帰ります。こうして開発主義は世界に広められます。この動きは東西冷戦期における旧社会主義圏との開発競争でもありました。

以来ずっと、開発こそが最も重要でかつ達成可能な政策目標とする観念の枠組み、つまり開発パラダイムが世界を覆いつくしていきます。開発パラダイムを前提に、開発への国民的動員を図るイデオロギーが開発主義です。

米国政府や米企業だけでなく、国際機関も開発主義の拡張に大きな役割を果たします。ことに1947年に国連機関となった世界銀行は、途上国の開発に必要な資金の融資や保証、知的支援を提供する国際開発金融機関です。世界銀行グループには、最貧国に対する長期無利息の資金貸出業務を行う国際開発協会（IDA、1960年に設立）もあります。アジア開発銀行など、世界各地域の開発銀行、そして先進各国の政府開発援助（ODA）も加わります。

国連は1960年代を「国連開発の10年」とするなど、開発主義とその政策展開に大きな役割を果たしてきました。1960年代以降に発足した国連の機関は、国際連合貿易開発会議（UNCTAD、1963年）、国連開発計画（UNDP、1965年）など、多くが開発を名称や主要目的に掲げています。

ところが「開発の10年」、さらに「開発の次の10年」（1970年代）を経て、石油などの資源開発が進み先進工業諸国の大量生産を急伸させますが、低開発＝貧困はいっこうに解決されず、南北格差はむしろ拡大しました。そこで経済開発一辺倒ではいけないと、社会開発／人間開発／参加型開発／ジェンダーと開発／持続可能な開発など、開発の多様なバージョンがつぎつぎと考案され、開発政策の手直しがなされます。しかし開発に内在する問題性は問い直されなかったのです。

開発には豊かさ・便利さ・快適さをふやす「快」志向が内在します。だが「快」には食べ物の好みのように個人差や文化差が大きく、また同じ「快」が繰り返されると飽きて嫌になるなど、変動します。そのうえ新製品を自分だけ入手して羨まれる優越感という「快」に浸ったり、西欧近代のように植民地から奪って苦痛を押しつけ（つまり外部化し）繁栄を手に入れるなど、「快」志向は問題だらけです。しかも果てしない豊かさ追求が資源の枯渇や気候変動まで招くようになってしまったのです。

むしろ人類としての共通性は「苦」のほうにこそあるのではないか。たとえば愛する人との別離や病苦は誰にとっても辛いのです。ことに本人に責任のないことから生じる「不条理な苦痛」を減らすことこそ人類的課題だと、市井三郎はその著書『歴史の進歩とはなにか』（岩波書店）で提唱しました。民主党政権で2010年に首相となった菅直人のいう「最小不幸社会」とも通じるものがあります。

戦後の日本では、1973年までの高度成長期が典型的な開発主義の時代でした。開発は経済的な豊かさ実現と同時に、深刻な産業公害をもたらしたのです。経済成長の条件は国際競争力のための生産コスト低減、すなわち公害という不条理な苦痛の地域住民への外部化でした。公害の典型例とされる水俣病は多くの人命を奪い、いまもなお人びとを苦しめ、訴訟などの紛争が続いています。水俣病のもたらした苦難にみるように、不条理な苦痛はその大部分が暴力の結果なのです。

## 6　サブシステンス志向の環境平和学

このように開発はその現場住民たちの生存環境そのものであるサブシステンスをしばしば奪って実施され、各地で紛争の原因ともなってきました。開発が望ましいものだとの思いこみから脱却し、環境破壊・人権侵害などの苦痛を減らそうと取り組むことが、紛争の緩和・解決や暴力の克服、すなわち平和実現につながっていくのです。

サブシステンスとは生存の基盤であり、サステイナビリティー（永続可能性）の条件のすべてです。これには自然生態系と人類の社会関係という両面があり、あわせて生命の存続と再生産を支える生命維持系（システム）を構成します（図）。サブシステンスを「個人と集団が潜在的実現可能性をまっとうし、さらに人類として永続しうるための諸条件のすべて」とわたしは定義して、人間と自然生態系との関係、および社会関係のすべてから暴力をなくしていく「サブシステンス志向」を提唱してきました。そのさらにくわしい内容は郭・戸崎・横山編『環境平和学―サブシステンスの危機にどう立ち向かうか』（法律文化社）等を参照してください。

サブシステンスの構成模式図

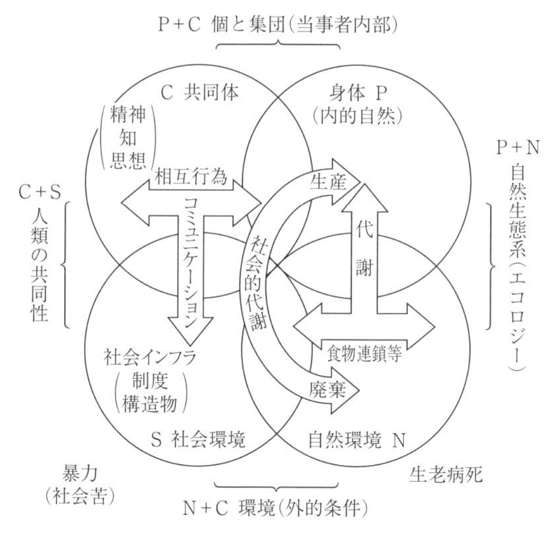


注：図中で代謝とは物質エネルギー代謝、社会的代謝は社会的物質エネルギー代謝をさす。
出典：横山正樹「『開発パラダイム』から『平和パラダイム』へ」（戸崎純・横山正樹編『環境を平和学する！―「持続可能な開発」からサブシステンス志向へ』第4章、法律文化社、2002年、46頁）の記述より筆者が着想・作図したもの。

前節の初めに示したように、20世紀後半には地域および地球規模の環境破壊によって人間社会の存続が重大な危機に瀕しているという認識が広がりました。これを背景に、1992年、国連地球環境サミット（首脳会議）がブラジルで開かれます。それを契機に広く使われるようになった用語が、サステイナブル・ディベロップメント（SD、永続可能な開発・発展）です。そこでサステイナブルであるべきは地球環境であり、サブシステンス、つまり自然の循環と人間社会のはずでした。ところが持続すべきは経済発展や成長であるかのような逆立ちした議論すら見られます。SDには、開発主義にとらわれたまま、開発・発展とサステイナビリティ（永続性）を組み合わせて造語するという安易な妥協があったのです。

いまや際限ない開発競争や経済成長の追求がグローバルな環境破壊と社会格差拡大をまねき、自然循環と人類の共同性の永続可能性を脅かしています。なかでもより深刻な被害を受けているのは、先住民族や第三世界の多数を占める貧困層と、まだ発言力を持たない子どもや今後に生まれてくる子孫たちです。いま私たちのめざすべきは、世界中の民衆と未来世代の人びとに不条理な苦痛を押しつける（外部化する）ことのない、サステイナブル（永続可能）な社会ではないでしょうか。そうしたサブシステンス志向の平和学が環境平和学です。

## 7　おわりに

では本章冒頭で言及した、平和、環境保全など〈正しさ〉の追求は間違っていたのでしょうか。いや、もうおわかりのとおり、既存の政治がグローバル化による経済成長をめざす開発主義にとらわれたまま、先進諸国でも格差や苦痛の拡大を許してきた、それが問題だったのです。だからこそ開発主義を見直し、禁止則による歯止めを適切に設けることを通してサブシステンス志向に切り替える必要があります。

自然環境と社会関係の破壊に対抗する人びとの活動は、水俣をはじめ、国内外の各地に数多くあり、それらのネットワークも広がってきました。まずは身近なところから始める小さな実践でいいのです。環境・人権・貧富の格差・ジェンダー問題などに取り組むサブシステンス志向のNGO活動に、あなたも（まだなら）参加してみるとともに、環境平和学の理解をさらに深めていきませんか。

✐ **もっと知りたい人のために**

郭洋春・戸﨑純・横山正樹編『環境平和学――サブシステンスの危機にどう立ち向かうか』法律文化社、2005年。

## 執筆者・訳者紹介（五十音順、＊は編著者）

**李　善愛**（い・そんえ）[⓫-3]
宮崎公立大学人文学部教授

**伊藤和子**（いとう・かずこ）[⓲-2]
弁護士、ヒューマンライツ・ナウ事務局長

**上村雄彦**（うえむら・たけひこ）[❷, ⓲, ㉒]
横浜市立大学学術院国際総合科学群教授、同グローバル協力コース長

**ウー、グレース**（Woo, Grace L. X.）[❾, ❾-1〈原文〉]
元・サスカチュワン大学（加）先住民研究プログラム教授、Lawyers' Rights Watch Canada 理事

**岡田仁子**（おかだ・きみこ）[❹-2, ❼, ❼-1, ❼-2]
神戸女学院大学非常勤講師

**落合栄一郎**（おちあい・えいいちろう）[❿-2]
ジュニアータ大学（米、ペンシルバニア）名誉教授

**片岡信之**（かたおか・のぶゆき）[⓳, ⓳-1, ⓴, ⓴-1, ⓴-2]
四国学院大学社会福祉学部教授

**清末愛砂**（きよすえ・あいさ）[⓲-1, ㉒-2]
室蘭工業大学大学院工学研究科教授

**小池（相原）晴伴**
（こいけ（あいはら）・はるとも）[❿]
酪農学園大学農食環境学群循環農学類教授

**小林知子**（こばやし・ともこ）[⓯-1]
福岡教育大学教育学部教授

**鈴木晃志郎**（すずき・こうしろう）[❾-3]
富山大学人文学部准教授

**妹尾裕彦**（せお・やすひこ）[㉒-1]
千葉大学教育学部准教授

**道券康充**（どうけん・やすみつ）[⓰, ⓰-1, ⓱, ⓱-1]
国連開発計画（UNDP）危機局プログラムスペシャリスト

**遠井朗子**（とおい・あきこ）[❻, ❽, ❽-1, ❿-1, ⓫, ⓫-1, ⓫-2]
酪農学園大学農食環境学群環境共生学類教授

**永井真理**（ながい・まり）[⓰-2]
国立国際医療研究センター国際医療協力局医師

**永澤雄治**（ながさわ・ゆうじ）[❺-1]
尚絅学院大学人文社会学類教授

**中根智子**（なかね・さとこ）[❷-2]
龍谷大学国際学部講師

**中原ゆかり**（なかはら・ゆかり）[⓬-1]
愛媛大学法文学部教授

**＊中村　都**（なかむら・みやこ）
[新版はじめに, ❶-2, ❺-2, ❻-1, ❻-2, ⓯]
追手門学院大学基盤教育機構教授

**中山紀子**（なかやま・のりこ）[⓬-2]
中部大学国際関係学部教授

**西村謙一**（にしむら・けんいち）[❽-2, ❽-3, ⓮-2, ㉓, ㉓-1]
大阪大学国際教育交流センター准教授

**子島　進**（ねじま・すすむ）[⓬-3, ⓲-3]
東洋大学国際地域学部教授

**橋本博子**（はしもと・ひろこ）[⓭, ⓭-1, ⓮, ⓮-1]
元・モナシュ大学（豪）Faculty of Arts, Lecturer

**真崎克彦**（まさき・かつひこ）[❶, ❶-1, ⓴-3]
甲南大学マネジメント創造学部教授

**水本和実**（みずもと・かずみ）[❺，㉑，㉑-1]
元広島市立大学広島平和研究所副所長・教授

**宮脇史子**（みやわき・ふみこ）
[❾，❾-1〈翻訳・用語解説〉]
神戸国際大学経済学部非常勤講師

**森田明彦**（もりた・あきひこ）[❷-1]
尚絅学院大学名誉教授

**大野　旭**（おおの・あきら）[❾-2]
静岡大学人文社会科学部教授

**横山正樹**（よこやま・まさき）[㉔]
フェリス女学院大学名誉教授

**吉田　敦**（よしだ・あつし）[❹，❹-1]
東洋大学経済学部教授

**吉田晴彦**（よしだ・はるひこ）
[❸，❸-1，⓬，㉑-2]
広島市立大学国際学部教授

# 新版 国際関係論へのファーストステップ

2011年8月31日　初版第1刷発行
2017年5月1日　新版第1刷発行
2023年7月10日　新版第5刷発行

編著者　中村（なかむら）　都（みやこ）

発行者　畑　光

発行所　株式会社 法律文化社

〒603-8053
京都市北区上賀茂岩ヶ垣内町71
電話 075(791)7131　FAX 075(721)8400
https://www.hou-bun.com/

印刷：中村印刷㈱／製本：㈲坂井製本所
装幀：白沢　正

ISBN978-4-589-03852-4